U0099404

世界哲學家叢書

嚴　復

王　中　江　著

1997

東大圖書公司印行

國家圖書館出版品預行編目資料

嚴復／王中江著．--初版．--臺北市：
東大發行：三民總經銷，民86
　　面；　公分．--(世界哲學家叢書)
參考書目：面
含索引
ISBN 957-19-2084-3 (精裝)
ISBN 957-19-2085-1 (平裝)

1.嚴復-學術思想-哲學

128.2　　　　　　　　　　　　86002272

國際網路位址　http://sanmin.com.tw

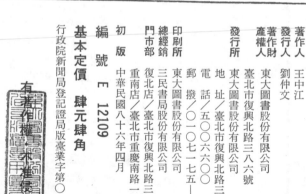

ⓒ　嚴　　復

著　作　人　王中江
發　行　人　劉仲文
產權作財人　東大圖書股份有限公司
發　行　所　東大圖書股份有限公司
　　　　　　地址／臺北市復興北路三八六號
　　　　　　電話／五○○六六○○
　　　　　　郵撥／○一○七一七五──○號
印　刷　所　東大圖書股份有限公司
總　經　銷　三民書局股份有限公司
門　市　部　復北店／臺北市復興北路三八六號
　　　　　　重南店／臺北市重慶南路一段六十一號
初　　　版　中華民國八十六年四月
編　　　號　E 12109
基本定價　肆元肆角
行政院新聞局登記證局版臺業字第○一九七號

ISBN 957-19-2085-1 (平裝)

「世界哲學家叢書」總序

　　本叢書的出版計畫原先出於三民書局董事長劉振強先生多年來的構想，曾先向政通提出，並希望我們兩人共同負責主編工作。一九八四年二月底，偉勳應邀訪問香港中文大學哲學系，三月中旬順道來臺，即與政通拜訪劉先生，在三民書局二樓辦公室商談有關叢書出版的初步計畫。我們十分贊同劉先生的構想，認為此套叢書（預計百冊以上）如能順利完成，當是學術文化出版事業的一大創舉與突破，也就當場答應劉先生的誠懇邀請，共同擔任叢書主編。兩人私下也為叢書的計畫討論多次，擬定了「撰稿細則」，以求各書可循的統一規格，尤其在內容上特別要求各書必須包括（1）原哲學思想家的生平；（2）時代背景與社會環境；（3）思想傳承與改造；（4）思想特徵及其獨創性；（5）歷史地位；（6）對後世的影響（包括歷代對他的評價），以及（7）思想的現代意義。

　　作為叢書主編，我們都了解到，以目前極有限的財源、人力與時間，要去完成多達三、四百冊的大規模而齊全的叢書，根本是不可能的事。光就人力一點來說，少數教授學者由於個人的某些困難（如筆債太多之類），不克參加；因此我們曾對較有餘力的簽約作者，暗示過繼續邀請他們多撰一兩本書的可能性。遺憾的是，此刻在政治上整個中國仍然處於「一分為二」的艱苦狀態，加上馬列教

條的種種限制，我們不可能邀請大陸學者參與撰寫工作。不過到目前為止，我們已經獲得八十位以上海內外的學者精英全力支持，包括臺灣、香港、新加坡、澳洲、美國、西德與加拿大七個地區；難得的是，更包括了日本與大韓民國好多位名流學者加入叢書作者的陣容，增加不少叢書的國際光彩。韓國的國際退溪學會也在定期月刊《退溪學界消息》鄭重推薦叢書兩次，我們藉此機會表示謝意。

　　原則上，本叢書應該包括古今中外所有著名的哲學思想家，但是除了財源問題之外也有人才不足的實際困難。就西方哲學來說，一大半作者的專長與興趣都集中在現代哲學部門，反映著我們在近代哲學的專門人才不太充足。再就東方哲學而言，印度哲學部門很難找到適當的專家與作者；至於貫穿整個亞洲思想文化的佛教部門，在中、韓兩國的佛教思想家方面雖有十位左右的作者參加，日本佛教與印度佛教方面卻仍近乎空白。人才與作者最多的是在儒家思想家這個部門，包括中、韓、日三國的儒學發展在內，最能令人滿意。總之，我們尋找叢書作者所遭遇到的這些困難，對於我們有一學術研究的重要啟示（或不如說是警號）：我們在印度思想、日本佛教以及西方哲學方面至今仍無高度的研究成果，我們必須早日設法彌補這些方面的人才缺失，以便提高我們的學術水平。相比之下，鄰邦日本一百多年來已造就了東西方哲學幾乎每一部門的專家學者，足資借鏡，有待我們迎頭趕上。

　　以儒、道、佛三家為主的中國哲學，可以說是傳統中國思想與文化的本有根基，有待我們經過一番批判的繼承與創造的發展，重新提高它在世界哲學應有的地位。為了解決此一時代課題，我們實有必要重新比較中國哲學與（包括西方與日、韓、印等東方國家在內的）外國哲學的優劣長短，從中設法開闢一條合乎未來中國所需

求的哲學理路。我們衷心盼望，本叢書將有助於讀者對此時代課題的深切關注與反思，且有助於中外哲學之間更進一步的交流與會通。

最後，我們應該強調，中國目前雖仍處於「一分為二」的政治局面，但是海峽兩岸的每一知識分子都應具有「文化中國」的共識共認，為了祖國傳統思想與文化的繼往開來承擔一分責任，這也是我們主編「世界哲學家叢書」的一大旨趣。

傅偉勳　韋政通

一九八六年五月四日

自　序

　　當我們有了想做一件事情的願望時，適逢機會降臨了，那將會是愉快的。不過，機會有這樣一種特性，即不易得到，卻容易失去。所以，一旦有了機會，接待它的最好辦法也許就是古人所說的「見機而作，不俟終日」吧！

　　說來也巧，我之有機會系統研究嚴復，兩次都是在海外萌生出來的。1987年初，我赴日本進行為期一年多的留學研究。在那裏，我著手考慮博士論文的選題。起初，我把題目設計為「中日近代思想比較研究」。但是，這樣大的題目怎麼下手呢？經過仔細推敲，我發現這種題目實在是大而無當，根本不適合我。於是，我把問題縮小到中日啟蒙思想上，並希望選擇兩位在中日近代思想史上有代表性的人物具體比較研究一下。通過與日本近代人物的接觸，我選中了福澤諭吉。在中國近代人物中，嚴復首先進入到我的視野中。我覺得把他們放在一起相提並論比較合適，從他倆入手，以小見大，不失為一法。徵得尊師張岱年先生的同意，我把論文題目確定為「中日啟蒙思想比較——嚴復與福澤諭吉」。論文是回國後，在1989年完成並通過答辯的。後米以《嚴復與福澤諭吉——中日啟蒙思想比較》之名出版了，我也自認為我是專門研究過嚴復的人。雖然題材是對兩個人的比較，但所採取的方法是，先分論後合說，因此，在

我的意識中，我覺得是對這兩位在中日近代歷史上占有重要地位的人，都有認真的考察，可以說合則一體，分則兩立，無論是研究嚴復，還是探討福澤諭吉，此書尚有一點參考的價值。但是，我必須承認，對這兩位人物的考察都有些單薄，尤其是像嚴復這樣複雜的人物。這種不滿足感，促使我希望有機會能寫一本專論嚴復的書。

1995年11月，應臺灣民族文化基金會的邀請，我赴臺作一個月的訪問研究。在那裏，我有幸親炙韋政通先生。韋先生在海內外學界頗負盛名，其學令人敬仰。此前，先生其文其著我曾拜讀過，也與先生通過書信。惜一直沒有機會同先生晤面，聆聽其教誨。在臺灣是一個好機會。事先與先生約好，在一個下午，我與一位朋友，一起前往臺北市內湖韋先生的住所，訪問先生。先生熱情接待，然不事寒喧；表情略帶嚴肅，但即之也溫。先生對拙著《理性與浪漫——金岳霖的生活及其哲學》頗致鼓勵，我引以為珍。先生以新著《思想的探險》見贈（自述其學思歷程的書），並引出了話題。先生娓娓講了其學思和心路之歷程。一顆「咬定青山不放鬆」的執著心靈，一股樂之不疲的奮鬥精神，一種普世關懷的使命感，聽之使我深受感化。對先生來說，作為一個知識分子，除了為學，還要成就一個人格。而這兩者的完成，都離不開健康的身體，所以也應注意健身。不知不覺之中，已到了吃晚飯的時間。先生在離住所不遠的一家飯店招待我們。晚飯後，與先生一起在附近散步。這一帶風景怡人。背後山丘屹立，前面碧湖伴繞。湖光山色，清風拂面，置身其中，逍遙之情，油然而生。環湖有一石子小道，樹木草坪相襯，晚間顯得格外幽靜。先生也以身居其地為喜。在孔子的意識中，「智者樂水，仁者樂山」。但對先生而言，則是智仁兼為，山水俱樂。漫步斯道，細語陣陣，仿佛世外。湖邊小閣座落，閣下設有石凳石

桌。我們與先生坐下，繼續談論。話間，我問及先生與傅偉勳先生一起主編的「世界哲學家叢書」之進展和嚴復是誰承擔的。先生言，嚴復好像還沒有人寫。說到這裏，我說，如果沒人寫，我希望承擔。後經先生查對，確實尚沒人承擔。先生出以信任，就把《嚴復》的寫作任務，交給了我。這樣，我就意外地得到了一個重溫嚴復的難得機會。從臺灣回大陸後，我開始了《嚴復》一書的寫作準備。不管如何，由於有先前（包括後又陸續發表的幾篇論文）的基礎，研究工作進展得比較快。我給韋先生去信，說明了寫作安排。韋先生在回信中強調，嚴復跨越兩種文化，又生存於中國巨變之時代，很不好寫，希望我下功夫，在嚴復研究上立一新里程碑。從複雜性上說，嚴復的確不容易寫，但要在嚴復研究上有所突破，則尤為不易。因為儘管本土上的嚴復研究，仍顯得薄弱，但太平洋對岸有美國的史華慈(Benjamin Schwartz)，他是國際上享有聲名的嚴復研究的重鎮；近鄰有日本的緒形康，他以《翻譯文化論》之名而完成的博士論文，探賾索引，具體而微，別立嚴復研究一新局面。要在他們的研究基礎上前進一步，非短期可為功。但我仍以韋先生的期待，高自要求，不敢懈怠。經過半年左右的密集工作，我寫出了《嚴復》一書的書稿。如果問此書在嚴復研究上有什麼新貢獻，那肯定是談不上的。但我能引以自慰的是，它比起《嚴復與福澤諭吉》中的「嚴復」來應該有所進步，在某些問題上深化了，內容充實了，敘述方式也作了一點改進。如果說這仍有王婆賣瓜自賣自誇的嫌疑，那麼究竟如何，就要由大家來評判了。

王中江

1996年6月

嚴　復

目　次

第一章 歷史舞臺：背景與使命

　　不同的歷史時代，呼喚著不同的歷史人物，而不同的歷史人物最終又各自塑造著千姿百態的歷史。歷史時代與歷史人物的這種互動性，構成了歷史演進的基本結構。普通所說的「時勢造英雄」和「英雄造時勢」，所揭示的也就是這個道理。如果我們把歷史時代比作成一個大舞臺，那麼歷史人物就是這個大舞臺上的所有演員。顯然，每個人物都有其自己的不同性情、内在素質和不同喜好，因而他們也就各自扮演著不同的角色。或主或配，或正或反，而且各異，栩栩如生，共同演出一幕幕扣人心弦的歷史劇目。我們這裏要講述的一位歷史人物，是嚴復。他出生於十九世紀中葉，並活動到二十世紀初的二十年代，即晚清民初。那麼，他扮演一個什麼樣的角色呢？他是怎樣扮演這一角色的呢？他何以能扮演這一角色呢？他的角色對之後的歷史或人物所發生的影響又如何呢？等等，諸如這些問題將是我們討論的中心。

　　但是，在進入我們的討論中心之前，適當地敘述一下嚴復所處的時代背景和狀況，是必要的。因為這是嚴復得以活動的舞臺，沒有這一舞臺，嚴復縱然三頭六臂，恐亦無所施其才能，所謂「英雄無用武之地」也。

一、危亡變局

一般來說，無論是晚清民初的歷史見證者，還是後來的歷史學家，常常都把這一歷史時期，描述成巨變的時代。我們有充分的理由相信，正是這一時期，中國歷史進程中不時湧現的危機憂患意識達到了一次空前覺醒。如果說這種意識，在開時代風氣的先驅者魏源 (1794-1856) 和龔自珍 (1792-1841) 那裏還不夠強烈的話，那麼，到了洋務派那裏，這種意識就高漲了起來。大家熟悉並常常徵引的李鴻章(1823-1901)的一句話，頗具代表性和震撼性，他認為當時中國所面臨的是「數千年來未有之變局」和「數千年來未有之強敵」 ❶。同樣，張之洞(1833-1909)也表達了他的深深危機感：「今日之世變豈特春秋所未有，抑秦漢以至元明所未有也。語其禍，則共工之狂，辛有之痛，不足語也。」 ❷這段話出自張之洞的《勸學篇》，這部被晚清政府大加表彰的書，出版於1898年。三年前的1895年，被中國人認為是最恥辱、最不能忍受的一年。因為它被一個一千多年來一直以它為樣板、對它敬仰不已的東方「蕞爾國」日本所戰敗。這是中國人所不可想像的事，於是其危機感也就達到了頂點。一批與洋務派人物有著極不相同追求的維新派人士也紛紛表達了他們對時代的痛苦感受，認為當時的中國風雨飄搖，岌岌可危，面臨

---

❶ 李鴻章：〈籌議海防折〉，《李文忠公全集·奏稿》卷二四。

❷ 張之洞：《勸學篇·序》。曾紀澤把這種變局的時間跨度拉得更大：「上古之世不可知。蓋泰西之輪楫旁鶩於中華，五千年來未有之創局。」(參見鍾叔河：《走向世界：近代知識分子考察西方的歷史》，北京：中華書局，1985年版，頁二七八)

著亡國、亡教、亡種的危險。血氣壯烈的譚嗣同 (1865–1898) 在以「中國情形危急」為題的一次演講中，痛心疾首地說：「自道光以後，通商諸事，因應失宜，致釀成今日之衰弱。日本乃亞細亞之小國，偶一興兵，即割地償款，幾不能國。而德國又起而乘之，瓜分豆剖，各肆侵凌，凡有人心，其何以堪？」❸他還在一首詩中這樣抒發了自己的憂慮：「世間無物抵春愁，合向蒼冥一哭休。四萬萬人齊下淚，天涯何處是神州。」❹經過庚子之亂，八國聯軍打進北京，瓜分中國的危機，已不再是天方夜譚，「瓜分」的警鐘不時響徹在人們的耳邊。總之，從十九世紀中葉到二十世紀初，「世變」、「危亡」、「瓜分」等詞，成了中國知識分子描述時代狀況的常用語❺。

　　說起來，在帝國的歷史上，國家遭受內外困境和挑戰的先例，屢見不鮮，嚴重的甚至被異族奪取了政權，淪為受統治的地位，何以晚清民初的歷史境況，如此危難呢？這並不奇怪。簡單地說，在

---

❸　蔡尚思、方行編：《譚嗣同全集》，北京：中華書局，1990年版，頁三九七。

❹　譚嗣同：〈有感一首〉，載同上書，頁五四〇。

❺　當然，不能排除，仍有個別人對中國的危機，視而不見，盲目自大。朱一新是很典型的。他始終不肯承認，中國會受到西方的嚴重威脅：「彼戎狄者無君臣，無父子，無兄弟，無夫婦，是乃義理之變。將以我聖經賢傳平淡不足法，而必以其變者為新奇矣。……百工制器，是藝也，非理也。人心日偽，機巧日生，風氣既開，人莫之為而為者，夫何憂其藝之不精？今以藝之未精，而欲變吾制度以徇之，且變吾義理以徇之。何異救刖而牽其足，拯溺而入於淵？是亦又可以已乎？……治國之道以正人心，原風俗為先，法制之明，抑又其次，況法制本自明備，初無俟借資於異俗，詎可以末流之失，咎其初祖，而遂以巧利之說導之哉？」(〈朱侍御答康有為第五書〉，載《翼教叢編》卷一，頁一〇)

歷史上，中國文明的先進性是不言而喻的，尤其是同四周的一些民族相比。即使她一時在軍事上被異族所打敗，失去了政治上的支配權，但是，她相信，她在文化上仍具有無比的優越性，並能以此來同化異族而感到自豪。然而，到了晚清民初，中國所面對的已不是往昔實際上遠比它落後的「夷狄」了，而是經過了工業化、社會得到了高度發展的西方❻，而且，它所面對的又不是西方的某一個國家，而幾乎是整個西方的強國。同時，它還面對著近鄰的威脅，它就是迅速工業化一躍而成為新的世界強國的日本。一個國家面對如此多的國家，而又都是當時世界上的強國，這樣的歷史局面以往顯然從未遭遇過。因此，把當時的中國描述成空前的「世變」，絕非危言聳聽。

二、「自強」主題

伴隨危機意識成長的是「自強」意識。這是非常自然的事。一般來說，面對危難，如果我們不願自暴自棄，那麼，對付它的最佳選擇，就是自強向上，有所立焉。事實上，對當時的大多數知識分子來說，中國除了奮發自強，別無它途。如馮桂芬 (1809–1874) 就是持這樣的見解。他雖然還沒有擺脫老大中國的觀念，對受制於西方表示出憤憤不平的心情❼，但是，在西強我弱的事實之下，他開始承認，中國實有不如西方諸國的地方：「夫所謂不如，實不如也，

---

❻ 應該指出，在相當的一個時期，一些人並不認為中國比西方大大落後了，堅持「華夷之辨」的觀念。參閱韋政通的《中國十九世紀思想史》(上)，臺北：東大圖書公司，1991年版，頁六～九。

❼ 參閱馮桂芬《校邠廬抗議·制洋器議》卷下。

忌嫉之無益，文飾之不能，勉強之無庸。向時中國積習長技，俱無所施。道在實知其不如之所在，彼何以小而強，我何以大而弱，必求所以如之，仍亦存乎人而已矣。」❽在馮桂芬看來，肯定自己不如人，是一種恥辱，但如真能以此為恥，那麼雪恥的最好辦法就是「自強」（「如恥之，其如自強」），而現在正是自強的時機，不可喪失：「今者諸夷互市聚於中土，適有此和好無事之間隙，殆天與我以自強之時也。不於此時急起乘之，只逭天休命，後悔晚矣。」❾為了提高「自強」可能性的說服力，舉例是當時的知識分子們所採取的論證方式之一。他們舉出不求上進自取其咎的國家藉以自警，同時提出奮發努力後來居上的國家以充滿信心。日本被認為是後來居上的最強有力的例子，它是中國的近鄰，而過去它恰恰是一個弱小的國家，因而，在自強的國家中，它最受中國人的注目。照馮桂芬的說法：「日本蕞爾國耳，尚知發憤為雄。我大國，將納汙含垢以終古哉？」❿尤其是在1895年之後，日本常被作為中國自強的模特兒被引用，這在維新派人士那裏清晰可見，康有為(1858-1927)曾作《日本明治變政考》，進呈給帝國的最高決策者光緒皇帝⓫。康的高足梁啟超(1873-1929)更是認為日本的自強對中國最具借鑑意義⓬。

　　儘管在自強的方式上，人們的設計相差懸殊，但他們都一致認為，只有通過富強，才能從根本上擺脫中國所面臨的深重危機，並

---

❽　同❼。

❾　同❼。

❿　同❼。

⓫　參閱康有為〈上清帝第六書〉，載《戊戌奏稿》。

⓬　參閱梁啟超《變法通議》，載李華興、吳嘉勛編：《梁啟超選集》，上海：上海人民出版社，1984年版，頁五、一一。

能凌駕於西方之上。在魏源這位先知先覺者看來，國恥並不是一件壞事，它往往成為國家復興的契機，照《禮記》的說法就是「物恥足以振之，國恥足以興之」。只要自強有力，「何患於四夷，何憂乎禦侮。」⓭王韜(1828–1897)明確地把富強作為治國之本，認為捨富強無以為治：「蓋富強即治之本也。……舍富強而言治民，是不知為政者也」⓮。對陳虬來說，國之立、夷之禦，皆依賴於富強：「何以立國，曰富，何以禦敵，曰強」⓯。隨著中國危難的日益加深，知識分子們的受辱感更為深切，從而對「自強」的渴望也就越強烈。「自立」、「自強」、「富強」等口號，代表著晚清民初中國社會追求的根本目標。如果與帝國的歷史聯繫起來，這很容易使人想到先秦時代的法家。按照儒家的方針，治國的理想途徑是實行「仁政」、「王政」，即不斷地通過道德教化，達到國治天下平。這種治國之道，一直是儒家所津津樂道的「為政之本」，也是帝國的正統或主流路線。與此不同，法家優先考慮的是「法」和「霸道」，即通過「賞罰分明」的「法度」達到「富國強兵」。在帝國的歷史上，法家的這種觀念，實際上作為儒家觀念的補充得到了一定的應用。但說到底它不是治國的正宗，因而往往受到儒士們的攻擊。晚清民初的知識分子，在很多方面，都稱得上是「儒者」，但是，他們對「富強」的訴求，使他們逐漸偏離開儒家的正統路線，而向法家靠攏⓰。當然，他們也

⓭　見魏源〈聖武記・敘〉，《魏源集》，北京：中華書局，1976年版，頁一六六～一六八。

⓮　王韜：《韜園文錄・興利》外編卷二。

⓯　陳虬：《治平通議・救時要議》。

⓰　史華慈對此有較多的說明。參見《尋求富強：嚴復與西方》，江蘇：江蘇人民出版社，1995年版，頁九～一四。

不可能完全照搬法家的「耕戰」政策，因為他們通過與西方的接觸，發現社會經濟的支柱已經轉向工商業，這實際上又使他們與中國古代的「農本主義」形成了鮮明的對照❶。需要指出的是，當時仍有人並不把「富強」本身視為終極目標。在這種人的意識中，「富強」說到底只是工具，它之所以重要，是因為它能維護中國傳統文化的價值。在這一點上，張之洞具有典型性。正如辜鴻銘所揭示的那樣：「文襄之圖富強，志不在富強也，蓋欲藉富強以保中國，保中國即所以保教也。」❶

三、「變法」訴求

　　不管是把富強作為目標，還是把它當作手段，在知識分子那裏，它仍是中國首要的和迫切的任務。那麼，如何去達到富強或自強呢？不言而喻，這是晚清民初中國所要解決的一個根本性主題。主題越複雜，解決它的困難性就越大。回顧起來，晚清民初中國知識分子為解決此一主題，曾經投入了最多的資源，無論是思想上的，還是行動上的。就結果而言，如此大的投入，實際上並不那麼有效。但不能因此而輕視他們的嘗試和付出。

　　晚清民初的中國社會，風雲激盪，變幻莫測，身居其中的知識分子，有前有後，能力、智力各不相同，因而他們所設計的富強之道，莫衷一是，甚至截然對立。要把這一點說清，相當不易，何況這裏也不是適當的場所。在此只能作一粗線條的描述。

---

❶　如薛福成指出：「昔商君之論富強也，以耕戰為務，而西人之謀富強也，以工商為先。」（《籌洋芻議・商政》）

❶　辜鴻銘：《張文襄幕府紀聞》卷上，頁一〇。

　　說知識分子們設計的「富強」之道，存有差別，並不意味著他們在任何方面都不能具有一致性。通觀起來，晚清民初的大多數知識分子，都肯定「變法」的必要性，即堅持認為，要達到「富強」，不能不實行「變法」，它構成了時代思潮的主旋律之一。如鄭觀應這樣強調說：「中國當此危機之時，而圖安求治，上下皆知非自強不可，而自強非變法不可。」**⑲**

　　不言而喻，「變法」總是要求對舊有或現存秩序和制度作出改變，而這只有在被認為具有充分的正當性之後才是可能的。因而，晚清知識分子所面對的問題不僅是如何「變法」，而且是要為「變法」的正當性提供合法性或合理性論證。從觀念上看，「變法」並不是中國近代的產物，在帝國歷史上，它本身和組成它的「變」和「法」觀念都相當古老。「變」一般被認為是儒家經典《周易》的根本精神。但是，就整個儒家的氣質來說，它又帶有一定的保守主義傾向，對「變法」往往持一種消極的態度。由於漢以後，在帝國的歷史上它一直扮演著意識形態的角色，所以，它使所欲進行的制度改革變得相當困難。與此不同，法家對「變法」所持的態度要積極得多。早在先秦，「變法」之得到充分的運用和實踐，是與法家聯繫在一起的。商鞅（約前 390 – 前 338）最為著名，戰國時期，他率先在秦打出「變法」的旗號，推動最高決策者實行改革。但當

---

⑲　鄭觀應：《盛世危言·自強論》，夏東元編：《鄭觀應集》，上海：上海人民出版社，1982年版，頁三三八。在此之前，龔自珍已明確提出了「改革」的要求，非常難得。他說：「一祖之法無不弊，千夫之議無不靡，與其贈來者以改革，孰若自改革！抑思我祖所以興，豈非革前代之敗耶？前代之所以興，又非革前代之敗耶？」（〈乙丙之際著議第七〉，《定盦文集》卷上）又說：「法無不改，勢無不積，事例無不變遷，風氣無不移易。」（〈上大學士書〉，《定盦文集補編》卷二）

他開始這樣做的時候，他受到了舊禮制維護者的懷疑和強烈反對，此時他正是通過對「變法」的合理性論證，贏得了秦孝公的支持，才使他的「變法」理想得以實現[20]。晚清知識分子對「變法」的訴求方式，與商鞅具有很大的一致性，即首先要為「變法」尋求得到支持的根據。在這一方面，康有為極具象徵性。他作為一個書生，所希望的「變法」之所以能得到光緒皇帝的支持，就是因為他在給光緒皇帝的上書中，對「變法」提出的論證和呼籲深深地打動了皇上的心靈。如在〈上清帝第六書〉中，他對「變法」的合理性作了這樣的論證：

> 夫方今之病，在篤守舊法而不知變。處列國競爭之世，而行一統垂裳之法，此如已夏而衣重裘，涉水而乘高車，未有不病喝而淪胥者也。《大學》言日新又日新，《孟子》稱新子之國，《論語》孝子毋改父道，不過三年。然則三年之後，必改可知。夫新則壯，舊則老；新則鮮，舊則腐；新則活，舊則板；新則通，舊則滯；物之理也。
>
> 法既積久，弊必叢生。故無百年不變之法。況今茲之法，皆漢唐元明之弊政，何嘗為祖宗之法度哉？又皆為胥吏舞文作弊之巢穴，何嘗有絲毫祖宗之初意哉？今託於祖宗之法，因已誣祖宗矣。且法者所以守地者也，今祖宗之地既不守，何有於祖宗之法乎？夫能使守祖宗之法，而不能守祖宗之地，與稍變祖宗之法，而能守祖宗之地，孰得孰失，孰重孰輕？殆不待辨矣。[21]

---

[20]　參見《商君書錐指・更法》，北京：中華書局，1986年版，頁一～六。

[21]　康有為：《戊戌奏稿》。

　　對晚清知識分子來說，「法」都是特定歷史時期的產物，它只能適應於一定的時間和空間，並不具有普遍性和永恆性的特質。而「變」則是天道之必然，是事物發展的內在要求，它具有普遍的有效性。因此，對特定的制度和社會秩序作出改變，完全正當合理。梁啟超說：「法何以必變？凡在天地之間者，莫不變。」❷又說「要而論之，法者天下之公器。變者，天下之公理。」❷在此，「變」被提升為「公理」，而「公理」是不容懷疑的。除了調用這種新的知識觀念外，「變法」合理性的知識資源，仍主要來自傳統。諸如《周易》中的「窮則變，變則通，通則久」、《大學》中的「苟日新，又日新，日日新」、《孟子》中的「孔子聖之時者也」等等，這些話語不時出現在知識分子們的話語之中。

　　「變法」不只是一種原理，而且是人類社會進程中不斷得到實踐的歷史事實和經驗。顯然，這能為「變法」的實行提供充分的信心。在晚清知識分子看來，中國歷史是一部不斷變化的歷史，其程度或大或小，其時限或長或短。而變化總是與「變法」分不開的。王韜通過歷史事實批評了西方人認為中國不變的說法❷，薛福成依據中國歷史時代的更替，得出了「變法」並非個人的主觀好惡、而是「時勢為之」的結論❷。由於與外部世界的接觸，「變法」的歷史經驗，已不再局限在本土的歷史中，那些因「變法」已經達到富強的國家，不斷被「變法」者徵引過來，以加強其說服力。

---

❷　同❷書，頁三。

❷　同❷書，頁一〇。

❷　參見王韜：《韜園文錄・變法上》。

❷　參見薛福成：《籌洋芻議・變法》，丁鳳麟、王欣之編：《薛福成選集》，上海：上海人民出版社，1987年版，頁五五四～五五七。

　　但是，對於那些仍要維護舊秩序的人來說，「變法」根本上就是一個假問題。因為在他們看來，國家的治理，從來就不是靠「法治」，而是靠「人治」和「德治」。人是一切事物的出發點，人心如何將決定一切。「法治」既然不存在，「變法」也就無從談起。這關涉到如何看待「法」與「人」的關係。顯然，把「人心」的改變，作為政治的出發點，是儒家歷來所強調的，也被帝國的統治者引以為治國的法寶。用儒家的話說就是「有治人無治法」、「良法而亂之者有之矣，有君子而亂之者未之有也」。晚清極端的保守主義者所堅持的就是這一點。而對某些「變法」論者而言，「治法」優先於「治人」：「古語有之曰：『有治人而後有治法。』今則不然，『有治法而後有治人。』如無現用之官制，現行之條教，求其有一得之教，雖曠時廢日，必無成焉。」❷❻尚未完全擺脫「人治」本位觀念的鄭觀應對這種說法，引以為當，認為它接近於君主立憲政體，而這種政體能夠使君民同心，共致富強❷❼。

　　一味反對變法，畢竟是個別的人，因而堅持「變法」與反對「變法」的爭論，並不是主要的，主要的爭論集中在如何「變法」這一問題上。從十九世紀中期到世紀末，即在「革命」的訴求突出出來之前，如何「變法」的爭論，持續不斷，「變法」的實踐也不相同。爭論的焦點之一，是「變法」的限度。正如「變法」的「法」所意味的那樣，一些人認為，所要改變的只是法令和政策，而帝國的倫常和禮教是不能變動的。前者是所說的「器」，後者也就是「道」。洋務派明確地堅持「器」可變、「道」不可變的「變法」觀。從意識形態來看，這種觀念相當難以應付，「道」怎麼可以改變呢？因

❷❻　純常子：〈自強論〉，《鄭觀應集》，頁三四四。

❷❼　同❶❾。

而即使是康有為，也大講「變法」，而不講「變道」，那怕是他所講的「變法」，在洋務派看來，已經有了「變道」的實質了。如他對「民主」和「平等」的訴求，被張之洞等視之為破壞「禮教」的罪人。同樣，在原則上，譚嗣同也肯定「聖人之道」不能變。但是，他對「道器」關係的理解別具一格。他受王夫之的影響，把「器」看成為「道」的基礎，以「器」為「體」，以「道」為用。因此「器」變，「道」也變。他說：

> 道，用也；器，體也。體立而用行，器存而道不亡。……夫苟辨道之不離乎器，則天下之為器亦大矣。器既變，道安得獨不變？ **㉘**

這種說法，在一定程度上，已經具有了「變道」的意味了。而且他認為，「道」決非為本土所獨有，外部世界也有其「道」。

　　爭論繼續存在著，這就是如何對待「西法」的問題。這個問題在晚清民初成為中國知識界討論的「顯題」，並不偶然。「變法」是對舊法的改變，這可以說是「變法」的消極意義。從積極意義上看，「變法」意味著採用「新法」。那麼，「新法」來自何處呢？它當然完全可以來自本土內部，即「自發」地產生出來。帝國歷史上顯然不缺乏這樣的先例。但是，晚清中國所要採用的「新法」，主要卻不是來自帝國自身的經驗，而是來自於遠方的世界「列強」，因此，在很大程度上，「西法」就是「新法」的同義語，即西方近代的文明和文化。從開放性和國與國的平等性來說，文明化有先後之不同，

㉘ 譚嗣同：《思緯壹氤氳臺短書——報貝元徵》，周振甫選注：《譚嗣同選集》，北京：中華書局，1981年，頁二六～二七。

而文明是無國界的，它是人類能夠共同享有的財富。但是，一些因素使中國對「西法」的援用變得格外艱難。

其中之一是源遠流長的「華夷之辨」觀念。這種觀念堅持認為，中國是世界的中心，是人類文明的象徵和禮義教化之邦，而在它之外的所有的其它地區，都是不開化的、野蠻的夷狄，甚至被認為是不能與人類相提並論的「禽獸」之地。在這種「自我中心主義」和「唯我獨尊」的觀念支配下，帝國對外部世界往往採取「排外主義」的方針。當十九世紀中葉西方世界以武力打開中國國門的時候，中國人基本上仍把它們視之為「夷狄」，由於不知而對西方人產生的誤解，令人啼笑皆非。只是在與西方經過了相當的接觸和瞭解之後，「西人」、「西學」的稱呼才逐漸取代了「夷狄」。與這一過程相對應，中國對「西法」的採用，也極其緩慢。觀念上前後經歷了「師夷之長技以制夷」、「中體西用」、「西體西用」等模式，行動上就是「軍事」、「洋務」和「維新」等實踐。每一階段都來之不易，而結果則更令人沮喪。「戊戌變法」的失敗，通過「變法」達致富強的道路被認為已無可能，「革命」思潮應運而起，中國自此與「革命」結下了不解之緣。

其中之二是西方對中國採取的侵略政策，給中國人帶來了災難，這不能不引起中國人對西方的仇恨意識，並導致對「西法」的排斥。顯然，既要學習「西法」，同時又要反對西方的侵略，要在二者之間保持一種心理平衡，並不容易。搞不好，其結果就是在反對西方侵略的時候，連要學習的西方的「新法」也一起反對掉。事實上，義和團的行為方式，恰恰就是如此。

總之，中國的「變法」似乎注定了它的不幸結局。它既沒有來自下部的民眾的基礎，也沒有得到統治階級上層的普遍支持，以維

護自身利益為根本出發點的人物，數量多，權勢大，對「變法」的
敵視，不遺餘力。一部分頑固的文人和紳士對「變法」的自始至終
的反對，其影響力不能低估。而知識階層和開明人士，對「變法」
的設計，各執一端，彼此互相攻擊，難以形成一種整體優勢。

四、學問世界

如上所述，「變法」既是中國晚清的一股主要思潮，又是社會
改革的重大實踐。而這又都離不開學術和知識的資源。因此，伴隨
著「變法」的過程，晚清中國的學術和知識領域也在發生著變化，
就主要構成和態勢而論，它們是「經世之學」、「今文經學」和「西
學」。

「經世之學」，也可以稱之為「經世致用之學」，它的基本內涵
是強調把學術同現實緊密地結合起來，使之發揮改造社會的功能。「現
實性」、「廣泛性」、「可靠性」和「實用性」，可以說是它的一些主
要關懷。它所反對的是那些好高騖遠與現實無關的玄論，固守一隅
的「心性」之談，不可求其實的虛設，空洞無效的講說。正像「經
世」和「致用」字面所顯示的那樣，它要求學術能夠治理社會，具
有現實的效果。不言而喻，這種觀念並不新鮮。遠的不說，明末清
初，它作為一種思潮，在學術界已相當活躍。黃宗羲(1610–1695)、
顧炎武(1613–1682)、顏元(1635–1704)等，皆其代表。雖然程朱理
學和陸王心學，有時也講「經世」和「致用」，但明末清初，它作
為一種思潮的興起，恰恰是針對程朱理學和陸王心學的反叛而出現
的。針對程朱和陸王的「義理之學」、「心性之學」，明末清初的一
批學者，主張以經典為研究中心的「經學」和以治世、事功為目標

的「外王之學」、「致用之學」。顧炎武這樣說：

> 君子之為學，以明道也，以救世也。……某自五十以後，篤
> 志經史。著《日知錄》，上篇經術，中篇治道，下篇博聞，共
> 三十卷。有王者起，將以見諸行事，以躋斯世於治古之隆。❷

> 孔子之刪述六經，即伊尹、太公救民於水火之心，……故曰：
> 「載之空言，不如見諸行事，」……愚不揣，有見於此，故凡
> 文字不關六經之指，當世之務者，一切不為。❸

　　但是，清代經學的發展，「經世致用」的訴求恰恰被埋葬在「故
紙堆」中了，「通經以致用」卻成了「通經而遠用」。十九世紀以降，
中國社會問題日趨嚴重，政治、經濟不斷出現危機，外部威脅漸呈，
可以說是內亂外憂。在這種形勢下，現實社會問題的解決，成為知
識分子關心的焦點。同時，乾嘉考據之學，也已經走到盡頭，別開
學術新生面的要求突出出來。於是，「經世之學」，這一被遺忘的學
術形態，開始得到復興❸。魏源是其主要的代表人物。他與賀長齡
(1785–1848) 仿照《皇明經世文編》之名，共同編纂了《皇朝經世
文編》（又名《皇清經世文編》），此書卷帙浩繁，稱得上是一部經
世寶藏。此書的中心旨趣，是要求把為學同治世結合起來，注重學
術的「現實性」和「實用性」品格，使之對社會問題的解決發揮有

---

❷　顧炎武：〈與人書二十五〉，《亭林文集》卷四。

❸　顧炎武：〈與人書三〉，同上書。

❸　參閱梁啟超的《清代學術概論》二十；韋政通的《中國十九世紀思想
　　史》（上），頁三九～四三。

效的功能。如上所述，這種訴求並不新鮮，但在「家家許、鄭，人人賈、馬」的沈悶空氣之下❷，在國事艱難、知識分子救世無門的狀態中，它無疑為學界注入一股清風，為知識分子的現實關懷開闢一新天地。之後，「經世之學」的「學風」一直延續到清末。類似於《皇朝經世文編》的「經世之書」，還先後出現了葛士璿輯的《皇朝經世文續編》（盛康也輯有與此同名之書）、陳忠倚輯的《皇朝經世文三編》、何良棟輯的《皇朝經世文四編》、麥仲華輯的《皇朝經世文新編》等。這些書，體例或同或異，內容或多或少，但其用心，都是求「學以致用」、「明道求功」。因此，不管晚清「經世之學」在拯救中國社會中究竟發揮了多大的實際作用，但可以肯定的是，它的復興，再現了中國知識分子「家事、國事、天下事，事事關心」的社會歷史使命感。

與「經世之學」前後而興起的晚清另一有影響的學術形態是「今文經學」（核心為《春秋公羊傳》）。它的源頭可以上溯到西漢的「今文經學」。此一學派，以戰國時期師徒、父子口頭曾傳授過、並用漢代流行的隸書（今文）「著於竹帛」的經典為研究的對象，注重闡發文本的「微言大義」，以為現實的政治需要提供理論根據。它尤其重視今文經典中的《春秋公羊傳》，因為在今文經學家看來，此一經典最能體現孔子「託古改制」、追求社會理想的精神。西漢的董仲舒（前 190 – 前 105）為此一學派的開創者，東漢的何休(129–182)，以其著《春秋公羊解詁》，獲得了集大成的地位。今文經學在漢代曾盛極一時，後逐漸被與其相對立的「古文經學」所取代。有趣的是，晚清今文經學的復興，又是對乾嘉「古文經學」（即考據學）而起的一個反動。它萌生於常州的莊存與 (1719–1788)，

❷ 參見梁啟超：《清代學術概論》二十一。

經再傳弟子劉逢祿 (1776–1829)、劉的弟子龔自珍、魏源的繼承和發展，巍然而立。後王闓運、廖平 (1852–1932) 師徒也相繼治此學，至康有為而達到頂峰，同時也意味著其終結。如上所說，晚清中國社會內憂外患，危機四起。改弦更張，治世救民，勢在必行。這就需要一套相應的理論作為基礎，今文經學正是適應這一需要而復興的。晚清今文經學家，大力發揮《春秋公羊傳》中「張三世」、「通三統」、「託古改制」等「微言大義」，批評時政，呼籲改革和變法。特別是康有為，大膽而無所忌，作《新學偽經考》、《孔子改制考》，把今文經學藉現實而解經，藉經以應現實的「春秋筆法」發揮得淋漓盡致。康有為的論點，其根據不少地方令人懷疑，但他的結論，於學問領域開解放、批評和平等之精神❸，於社會政治揚「變法維新」之春風，對晚清中國社會的變遷起了重要的推動作用。

　　如果說「經世之學」和「今文經學」都是對中國傳統中已有「學問」的復興和重塑，那麼，晚清異軍突起的「西學」，則是從外部世界輸入進來的。當時所謂的「西學」，也稱「新學」、「外學」，以別於中國的固有之學——「舊學」和「中學」。說起來，在十七世紀初，隨著西方傳教士來華，以宗教、天文、地理和數理為主的西方學術已開始傳入中國，出現了概括這些學術的「西學」之名，並不時被運用在著論中，如傳教士高一志 (P. Alphonsus Vagnoni, 1566–1640) 所著之《西學修身》、《西學治平》，艾儒略 (P. Julius Aleni, 1582–1649) 所著之《西學凡》等。但是，由於清朝建立後，實行閉關鎖國政策，「西學」東漸的歷程被迫中斷。十九世紀中葉，在西方列強的砲火之下，帝國的大門土崩瓦解，遂開「西學」再傳中土

---

❸　康有為的「今文經學」為學問界帶來的「狂飆般」的影響，參閱梁啟超的《清代學術概論》二十三。

的契機。在這一過程中，傳教士仍是一支生力軍，他們在華創辦報刊，介紹西方文化和科學，同時設立眾多教會學校，所開課程，除宗教外，還有許多對中國來說是新學科的各種知識，這就構成了「西學」在中國傳播的重要途徑。另一途徑主要來自中國人自身。當時先進的中國知識分子和開明人士，隨著對西方文化的接觸，逐步認識到西方文化的新穎之處，於是形成了翻譯介紹西方文化的時代潮流，從製造技術到自然科學，從自然科學到社會科學，領域不斷擴大，知識愈來愈豐富，為中國人展現出了一個學問的新世界❸。由於「西學」的輸入，「中學」、「舊學」同「西學」、「新學」的關係，被突出出來，引發了「中西」、「新舊」文化異同、優劣之激烈而持久的爭論。但無論如何，「西學」的傳入，彌補了中國傳統學術的不足，使中國的知識世界走上了「科學化」的軌道。同時，「西學」新知，不僅為中國近代的工業化和經濟成長提供了知識基礎，而且為中國近代社會政治改革和發展提供了理論依據和目標。

　　至此，我們對晚清民初、特別是晚清的時代背景、歷史課題和拯救之道及實踐，作了宏觀的描述。本書的主人公嚴復，與這一大的歷史舞臺，息息相關。他身處其中，既是演員，又是冷靜的旁觀者；既是先知先覺的開拓者，又是安分守己的守護者。在他身上，熱血沸騰與穩健有度交織，迎新與承舊並存。他的心靈與行動，與時代的脈搏共舞，又把自己的「獨特性」顯示給了他的時代。如果我們真想認識他，那就耐下心來，沿著他所走過的「歷史足跡」，觀看他的角色，重訪他的身影吧！

---

❸　有關這方面的情況，請參閱傅蘭雅的《江南製造總局翻譯西書事略》和黎難秋的《清末科技資料翻譯初探》，載羅新璋編《翻譯論集》，北京：商務印書館，1984年版，頁二一一～二三三。

第二章 生命歷程

按照存在主義的觀念，人並不是抽象固定之物，而是一個活生生的存在歷程。他來到世間，亦非命中注定，而是被偶然拋出的。這看上去可能使人難堪，但是，如果他能接受這一事實，他仍能從虛無中創造出存在的價值。構成人一生的，是他的行動、活動和精神。在這些方面，他越富有「獨特性」，他就越具有與「眾」不同的「鮮明性」。因而，當我們提出「嚴復是誰」、要瞭解或認識「他」、捕捉他的「鮮明個性」的時候，我們就離不開他的生平事蹟，離不開他的心路和行動歷程。現在我們就從頭說起。

一、幼少求知

家世對一個人究竟意味著什麼，仍是一個頗有爭論性的議題。命定論顯然不可取，但沒有理由完全否定它對一個人可能發生或小或大的影響。嚴復對自己的一生並不滿意，其衡量的尺度，就來自於他對先天「秉賦」的信賴❶。

有關嚴復的主要傳記資料，都把嚴氏家族的系譜一直推到始祖

---

❶ 嚴復曾言：「間嘗自數生平得天不為不厚。」（參見《嚴復集》，第四冊，頁七八七）「吾受生嚴氏，天秉至高」（《嚴復集》，第二冊，頁三六〇）

嚴懷英（唐代人）。　嚴懷英原籍河南光州府固始縣，以軍功膺朝議大夫，隨王潮入閩，後即家居於侯官陽崎。這並不偶然。陽崎乃風景優美之地，據載：「陽崎溪山寒碧，樹石幽秀。外臨大江，中貫大小二溪。左右則有玉屏山、李家山、楞嚴諸丘壑。」❷陽崎之有「嚴」姓，自懷英始，閩之有「嚴」姓，則自陽崎始。嚴復歷代之先祖，雖非皆有功名，然亦不乏其人。二世祖嚴安、嚴樂，為官於閩。十二世祖嚴烜（1373–1450），永樂十三年進士，官至御史，顯赫於州里。十八世祖嚴涵碧，嘉靖己丑貢士。二十四世祖嚴煥然，嘉慶庚午舉人，松溪訓導。自二十五世祖嚴秉符（嚴復祖父）至二十六世嚴復父親嚴振先，皆以醫為業，名聞當地。嚴復五叔嚴煌昌，又名列舉人榜（光緒五年），　這也是嚴氏譜系中最後一位考中的舉人❸。由此言之，嚴復之家世，雖非歷代顯赫，但也算得上是書香門第，功名不絕了。頗具象徵意義的是，在陽崎（分上崎、中崎和下崎）的上崎，嚴氏家族有一座很顯眼的房子，被人稱之為「大夫第」。

　　世代至嚴復，在嚴氏譜系中為二十七世。嚴復一奶同胞四人，排行第二。兄名不詳，長嚴復二歲，幼殤。另有妹二人，名適何、適陳。嚴復出生於1854年1月8日（咸豐三年十二月初十），嚴復出生於福州南臺巷霞洲。初名體乾，字傳初。入馬江船政學堂後，改名為宗光，字又陵。步入社會後，又易名為復，字幾道。晚年號愈

---

❷　王蘧常：《嚴幾道年譜》，臺灣：臺灣商務印書館，1977年版，頁一。
　　又陳寶琛《清故資政大夫海軍協都統嚴君墓誌銘》描寫陽岐說：「旗山龍渡岐江東，玉屏聳張靈所鍾。」（《嚴復集》，第五冊，頁一五四三）

❸　參見官桂銓：〈嚴復世系簡說〉，載《文獻》，第四二期，1989年10月；
　　王蘧常《嚴幾道年譜》。

戀老人，又別號尊疑尺庵，別署天演宗哲學家❹。因世居於侯官，人稱「嚴侯官」、「侯官先生」。

嚴復的父親嚴振先開業行醫，在蒼霞洲他有一個「醫生館」。嚴復一家實際上就是住在這裏。嚴振先醫術高明，聞名當地一帶，人稱「嚴半仙」。他醫德高尚，為人治病，家境困難者常不收費，深受人們的敬仰。據嚴復孫女嚴停雲（華嚴）的回憶：「當時南臺島有六十四鄉，他的大名到處傳播；鄉人遇有疑難症候，都來找他，視同華佗再世，嚴半仙之名由是得來。每天出診，路上得經過一座橋，貧苦的病人常群集在那裏等候施診。他的轎子到了，便在廣場旁停下，立時出轎為眾人一一診視。這後來就成了慣例，他每天得在橋頭消磨好一段時間。病人如無力買藥的，他便代付藥款；有還就收，沒還也不索討。所以行醫多年，收入不多；有時維持家計也都困難，別說積蓄了。」❺

人們習慣於對後代作出過早的預測，照俗語的說法，就是「從小看大」❻。但嚴復小時如何，我們所知甚少。傳記材料只是說他「早慧」，並沒有提供具體的事例。常為人徵引的嚴復小時活動的一

---

❹ 同❸。

❺ 華嚴：〈吾祖嚴復的一生〉，載《嚴停雲教授紀念文集》，臺北：傳記文學雜誌社，民國82年，頁一四二。

❻ 《世說新語・言語》載：「孔文舉，年十歲，隨父到洛。時李元禮有盛名，為司馬校尉，詣門者皆俊才清稱及中表親戚乃通。文舉至門，謂吏曰：『我是李府君親。』既通，前坐。元禮問曰：『君與僕有何親?』對曰：『昔先君仲尼與君先人伯陽，有師資之尊，是僕與君奕世為通好也。』元禮及賓客莫不奇之。太中大夫陳韙後至，人以其語語之。韙曰：『小時了了，大未必佳!』文舉曰：『想君小時，必當了了!』」照此所說，「從小」不能「看大」。

件事，似乎與此無關，它也許更能說明其母教子有方。這件事是：
「鄰有鑿井，設架高丈餘。先生竊登之，俯視井底，大呼圓哉！圓
哉！陳太夫人聞而出視，大驚。恐其懼而下墜也，不敢斥言，遂陽
為悅狀而言曰：『兒能真過人，如憑梯下，則更能矣。』及下，始答
斥之。」❼

　　不管如何，按照傳統的方式，按照嚴復的家世，他如果要出人
頭地，要有功名，他應該走的正道仍應是科舉。實際上，這在嚴復
父母的心中一開始就是不言而喻的事。幼小之時，嚴的父親就教嚴
復讀書。當嚴復七歲時，他就被送進私塾，開始了以科舉為目標的
讀書生涯。據稱，他先後師從數人。其中一人，是他的五叔嚴煥昌
（字厚甫）。如上所說，嚴煥昌是光緒己卯年（1879年）舉人。由
此可知，他教授嚴復時，他也正在為科舉中榜而殫精竭力。他為應
付考試而採取的讀書方式，可能完全是枯燥無味的。這在他的年齡
層上也許是可以接受的，但幼小的嚴復就不一樣了。因而，當他把
他的讀書方式，施之於對嚴復的教育時，嚴復可能沒有多少興趣。
加之，他態度嚴肅，一本正經的樣子，嚴復對他只能是敬而遠之。

　　這種情況沒有持續下去。嚴復十一歲（1863年）時，他的父親
為他延請同鄉宿儒黃少岩執教授業。黃少岩沒有科名，清風布衣，
然為學「漢宋並重」，著有《閩方言》等書。黃少岩對嚴復教授頗
嚴，「時與他人合賃一屋，居樓上。每夜樓下演劇，布衣輒命就寢。
劇止，挑燈更讀，其嚴如此。」❽在黃的教育下，嚴復「始治經有家
法」，並「飫聞宋元明儒先學行」❾。但黃少岩並不呆板迂腐，「課經

❼　王蘧常：《嚴幾道年譜》，頁二。

❽　同上書，頁三。

❾　《嚴復集》，第五冊，頁一五四一。

之餘」，他喜歡給嚴復講「明代東林掌故」。嚴停雲說：「當時很多人抽大煙，老夫子有腰酸背痛的毛病，課餘利用鴉片以為鎮壓。常常一管煙槍在手，歪斜在床榻上；一面吞雲吐霧，一面講故事給學生聽。祖父一把小椅子貼近榻旁，凝著一亮晶晶的眼，聚精會神的聽教師講述《明儒學案》。」❿ 顯然，這不但能調動嚴復的學習興趣，而且也有利於培養他普世關懷的使命感。嚴復同他的老師的關係顯然是密切和融洽的，他們在一起愉快地度過了兩年。但是，不幸得很，1865年，黃少岩去世。這深深地觸傷了少年嚴復的心靈，他為他老師的不幸去世「哀慟不已」。 黃少岩對嚴復的學業極其關心，臨終前，他還把嚴復託付給他的兒子黃孟脩，以使嚴復「繼續就館」學習。看來，黃孟脩為嚴復授業是當之無愧的，他被選拔為「貢生」，而這一資格並不容易獲得。同年，嚴復同一位王姓姑娘結婚。這時他才十三歲。這樣小的年齡就結婚成家，對我們現代人來說，是很難理解的，但在傳統社會中，這是毫不奇怪的。嚴復的婚姻，可能仍是父母包辦的，浪漫的愛情婚前是無法培養出來的。但沒有留下記載說，嚴復對此有什麼異議。

當嚴復完婚不久並正在為科舉而苦讀之時（十四歲），當地流行霍亂。他的父親晝夜為人治病，也被傳染上了疾病，並因此而病逝。鄉人們對此作出了種種猜測，認為他是天神下凡，為人治病年限屆滿，羽化歸真。也有人說他託夢給他，於是來靈前拿香爐中的香灰以求治病，一時間香灰被索取一空。父親的去世，對嚴復全家的打擊無疑是巨大的。在中國傳統「父家長制」社會中，父親是一家之主。一個家庭，如果失去了父親，在很大程度上，就意味著這個家

---

❿ 同❺書，頁一四一。嚴復後來染上吸大煙的習慣，很可能就是從其師那裏得到的好奇心。

庭支柱的斷折。對嚴復這個經濟上本來就不富裕的家庭來說，維持生活和家計的問題馬上就突顯了出來。「醫生館」關閉，嚴復一家搬回到陽崎的「大夫第」，但這裏已「人滿為患」。隔牆外面有三間作為堆放雜物用的破舊小屋，於是就整理出兩間供嚴復一家來住。家庭的重擔落在了嚴復母親的肩上，她不僅要操勞持家，還要支撐門面。其艱難和辛酸，令人不堪忍受。嚴復把這一不幸的遭遇深深地埋在心田。晚年時，一次，周養庵請嚴復為其所畫「籌鐙紡織圖」題詩，嚴復見景生情，吐出了當年他所感受到的他和他母親的辛酸經歷：

我生十四齡，阿父即見背。家貧有質券，贖錢不充債。陟岡則無兄，同谷歌有妹。慈母於此時，十指作耕耒。上掩先人骸，下養兒女大。富貴生死間，飽閱親知態。門戶支已難，往往遭無賴。五更寡婦哭，聞者驚心肺。辛苦二十年，各畢衿縭戒。毛生遠奉檄，稍稍供粗糲。雖乏五鼎飽，幸免顏色菜。誰知罔極天，欲養已不逮。至今念慈顏，既老心愈痗。吾聞對歔者，不可為累憶。何堪垂暮年，睹此驚魂畫。嗚呼大宇間，此恨何時瘥。❶

這種感受非親身體驗不能深知。

由於家貧，嚴復不能再繼續聘師求學，這同時意味著嚴復對科舉這一中國人普遍嚮往目標的放棄。對嚴復來說，這肯定是可惜的，因為他已經擁有了相當豐富的中國文化教養。但就在此時，另外的機會降臨了。嚴復的同鄉前輩沈葆楨(1820–1879)，「以巡撫居憂在

❶ 《嚴復集》，第二冊，頁三八八～三八九。

里」。這個職務是顯赫的。嚴復的轉折點，實際上就取決於他。1866
年，作為洋務的一部分，左宗棠(1812–1885)在福州的陽崎創設「福
州船政局」（亦名「馬尾船政局」）。由於他另有新職，在他的推薦
下，沈葆楨就繼任福建船政大臣，專主福州船政局。船政局下設「福
州船政學堂」（又名「求是堂藝局」）。這是中國較早的海軍學校。
它的目的是培養海軍所需要的專門人才，分別由法國人和英國人主
持。「學堂」分前學堂和後學堂。前學堂（造船班）所開課程主要
有：法文、算術、幾何、代數、三角、天文、地理、航行等。後學
堂（駕駛班）所開課程主要有：英文、算術、幾何、畫圖、機械圖
說和機械操作等。除此之外，兩學堂還同課策論，並讀《聖諭廣訓》
和《孝經》。招收的學生年齡限制在十六歲以下，學習期限為五年。
學生在校伙食全免，每月發給每人銀子四兩。定期考試成績優等者，
賞銀十元。畢業後可以得到一份海軍方面的工作。這樣的條件顯然
是誘人的，尤其是對那些家境貧寒的子弟（包括嚴復）來說，更為
難得。而且，這樣的學堂對中國人來說，也完全是新穎的，在傳統
社會中不可想像，它表明帝國對「夷狄」新學的開放。當然，這樣
的學堂肯定不是中國人所認為的獵取功名的正道。

　　不能通過正宗的科舉之路求學的嚴復，於是就報考了「船政學
堂」。入學考試分筆試和口試。筆試的作文題目為「大孝終身慕父
母論」。對於剛遭遇喪父之悲的嚴復來說，這一題目，恰恰為他提
供了充分表達自己真情實感的絕好機會。最後，他的作文贏得了主
考官沈葆楨的稱贊❷，他以第一名的成績被錄取了。嚴復後來在談

---

❷　傳記文獻載：「沈文肅公初創船政，招試英少，儲海軍將才，得君文
　　奇之，用冠其曹，則年十四也。」(《嚴復集》，第五冊，頁一五四一)
　　又載：「侯官沈文肅公為船政大臣，招考子弟入馬江學堂習海軍。試

到他的此一經歷時，還頗為得意地寫下了這樣的詩句：「尚憶垂髫
十五時，一篇大孝論能奇」❸。由於學堂校舍一時還沒建好，就暫
借鄰近城內的白塔寺、神光寺和城南定光寺作為校舍。嚴復進的是
後學堂，學駕駛。據他的回憶，他暫時學習場所應是定光寺：「當是
時，馬江船司空草創未就，借城南定光寺為學舍。同學僅百人，學
旁行書算。其中晨夜毗之聲與梵唄相答。……回首前塵，塔影山光，
時猶呈現於吾夢寐間也」❹。嚴復在學堂前後共學習五年，他各科
成績都名列前茅。

　　畢業後不久，嚴復和他的同學劉步蟾、林泰曾、何心川等十八
人，被派送到建威訓練船練習，「遊歷各海口」，南至新加坡、檳榔
嶼，北至遼東、臺灣。1872年，福州船政局自己所製造的「揚武艦」
落成。「揚武艦」的製造，說明帝國已邁向新式造船技術，而「揚
武」之名，表明了帝國對這一技術的自豪感。嚴復又被改派到此艦
上練習，船長為英國人德勒塞(Tracey)。當時日本也正在籌辦海軍。
「揚武艦」開到了日本的長崎、橫濱等口岸，一時聚觀者達萬人之
眾，儼然向日本「耀武揚威」一次。但日本很快就向帝國的邊屬之
地臺灣挑釁。沈葆楨奉詔乘揚武艦前往籌邊，嚴復被邀隨行，「東
渡詗敵，並勘量臺東背旂萊蘇澳各海口，月餘峻事。」❺在臺之時，
一次偶然的機會，嚴復幫助同他一起赴臺的海關稅務司英人好博遜
(Hobson)脫離被害的危險。「一日好博遜晝寢，一生番突入所居。臺

　　題〈大孝終身慕父母論〉，府君成文數百言以進，為沈公所賞，遂錄取
　　第一。」(同上書，頁一五四六)
❸　嚴復：〈送沈濤園備兵淮揚〉，《嚴復集》，第二冊，頁三六四。
❹　嚴復：〈《海軍大事記》弁言〉，《嚴復集》，第二冊，頁三五二。
❺　王蘧常：《嚴幾道年譜》，頁六。

東歐人絕少，生番見之，頓起其好奇之心，欲行凶焉。適為府君所見，急招一通事帶熟番至，向生番有言，該生番始去，好博遜始免於難。」❻

如果嚴復與艦船打交道的生活一直持續下去，那他的歷史，就完全要另寫了。但是，嚴復很難滿足於此。他還有更廣大的求知欲望，這種欲望因德勒塞在華服務期滿的臨別贈言而增強：「君今日於海軍學術，已卒業矣。不佞即將西歸，彼此相處積年，臨別惘然，不能無一言為贈。蓋學問一事，並不以卒業為終點。學子雖已入世治事，此後自行求學之日方長，君如不自足自封，則新知無盡。望諸君勉之。此不等海軍一業為然也。」❼

二、英國留學

對改變嚴復一生命運具有關鍵性的機會來臨了，他獲准赴英國留學深造。到外部世界派遣留學生，對帝國來說，也是一件新鮮的事物。它正式開始於 1872 年。此前，已有中國人到外國學習的先例。特別是像容閎(1828-1912)，很具象徵意義。1847 年，十九歲的他，經過千辛萬苦，來到了太平洋彼岸的遙遠之邦 —— 美國，在這裏，他克服重重困難，度過了多年的留學生活，最終拿到了美國一流大學 —— 耶魯大學的畢業文憑。這是破天荒的事，「以中國人而畢業於美國第一等之大學校，實自予始」❽，容閎的說法並不誇張。但容

---

❻ 嚴璩：《侯官嚴先生年譜》，《嚴復集》，第五冊，頁 五四八。

❼ 同❻書，頁一五四七。

❽ 容閎：《西學東漸記》，鍾叔河主編：《走向世界叢書》，岳麓書社，1984年版，頁六一。

閎赴美留學，卻不是正式派遣出去的，是美國傳教士把他帶去的，當時帝國還沒有派遣留學生的政策。這一政策，到1871年才被正式確定。在這一過程中，已具有世界性眼光的容閎，起了推動和呼籲的重要作用。他曾竭力向權勢人物丁日昌、曾國藩等宣揚向外國派遣留學生的設想，曾國藩還把這一設想告訴了新任直隸總督的李鴻章。這些洋務派人士認為，派遣留學生到海外學習，有利於帝國的富強。最終，容閎的設想贏得了曾、李的支持，並由他們一起出面，上奏清廷。不久，奏請即被批准⑲。1872年，派遣留學生的計劃正式付諸實施，第一批留學生三十名被派往美國。

　　嚴復是帝國派出的第二批留學生。第二批留學生所要派往的國家是英國和法國。他們全部來自船政學堂。目的是透過學生直接赴洋深造，為中國海軍補充高層次人才。李鴻章、沈葆楨在〈閩廠學生出洋學習折〉中，對派遣學堂學生到歐洲留學的必要性作了這樣的申述：「察看前後學堂學生內秀傑之士，於西人造駛諸法，多能悉心研究，亟應遣令出洋學習，以期精益求精。後堂學生本習英國語言文字，應即令赴英國水師大學堂及鐵甲兵船學習駕駛，務令精通該國水師兵法，能自駕鐵船於大洋操戰，方為成效。」⑳這批留學生總共二十八名，其中十六名學造船專業，前往法國。其餘十二名是學駕駛專業，他們分別是：劉步蟾、林泰曾、蔣超英、方伯謙、嚴宗光（即嚴復）、何心川、林永升、葉祖珪、薩鎮冰、黃建勛、

---

⑲　參閱鍾叔河：〈1872-81年間的留美幼童〉，載同上書，頁一九〇～一九一。

⑳　李鴻章等：〈閩廠學生出洋學習折〉，《李文忠公全書・奏稿》卷二八。有關這方面的詳情，請參見沈傳經：《福州船政局》，成都：四川人民出版社，1987年，頁八二～一八五。

江懋祉和林穎啟等。與他們一起赴歐的有中國監督李鳳苞（字丹崖，1834-1887）、洋人監督日意格 (Prosper Marie Giquel, 1835-1886)、隨員馬建忠 (1844-1900)、文案陳季同和翻譯羅豐祿等。一行共三十三人，1877年3月31日，乘福州船政局的「濟安號」，先到香港。4月5日，改乘外國船，從香港前往英國。經過一個多月的航行，5月11日抵達倫敦。嚴復等英國留學生，住在樸茨茅斯(Protsmonth)海濱。他們先在樸茨茅斯工廠參觀，並進行一段時間的研修❷❶。留學生監督李鳳苞經過與出使英國欽差大臣郭嵩燾以及英方有關部門的協商，最後決定十二名留英學生中的方伯謙、何心川、薩鎮冰、林永升、葉祖珪和嚴復等六人，入格林威治皇家海軍學院 (Royal Naval College Greenwich)學習。留學生的履歷材料也從外交部移交到海軍部，嚴復的履歷上記載著這樣的內容：

年齡二十三歲。

在福州海軍工廠附設的船政學堂學習五年。

在練習艦上實習六年。

具有中國海軍的勤務經驗；練習艦海軍將校。

現在英國留學；始於 1877 年 5 月。

中國官制級別中的五級將校。

福州船政學堂艦船實習艦長德勒塞對他的評語是：非常優秀的軍官和領航員❷❷。

格林威治海軍學院始建於1871年，它的前身是王宮，喬治二世在同法國進行的戰爭中，曾被作為治療傷病員的海軍醫院。學院的

---

❷❶　參見手代木有兒：〈嚴復的英國留學──其軌跡和對西洋的認識〉，載《中國──社會與文化》，1994年，第九號，頁一八三。

❷❷　同❷❶書，頁一七一～一七二。

規模相當大，校內東側設有砲臺學堂、機器學堂、格致學堂、數學學堂、語言文字學堂、德國學堂和意大利學堂等。西側建有食堂、會客廳、臺球室、禮拜堂和以艦船模型展示幾百年來造船技術變遷的博物館等。按照學院的學制，每年6月底舉行年度考試。所開課程主要有：重學、化學、畫砲臺圖、算學、格致學、畫海道圖、德法俄土交戰例、論鐵甲船情形、論砲彈情形等。另外還設有試驗課。課堂上的氣氛，看來是活潑的。學生如有疑問，就向教師提出，「質問指責，受益尤多」❷。嚴復對自己的專業，是熱心和投入的。他的學習成績，不能說是最好的，但仍是優秀的。在他的《滬舸紀經》日記中，記載著與他所學專業相關的情況。在一些場合中，他講起那些科學知識時，滔滔不絕，興奮不已。他的英語，在出國前的水準上，經過在英國的直接訓練，已經得心應手，成為思考和表達的有效工具。

但是，嚴復的興趣和關心，並不限制在純專業的領域內。英國發達的社會和文明同中國的落後和貧弱所形成的強烈反差，引起了他的充分注意，促使他思考其中的原因。正如史華慈所分析的那樣：「在被送出國去學習某些專業知識的留學生中，那些最富天才的，很少能夠始終保持毫不旁鶩地研究既定專業的心態。與富強的東道國相比，中國那極其不能令人滿意的整個現狀不可避免地把他們的注意力引向專業之外的普遍問題。……這個問題就是西方富強的秘密是什麼，首先是英國富強的秘密何在？因為在1877年，英國已遠遠超過了富強的早期典型。正是這個迫在眉睫的問題，而不是閒逸的好奇心，引導嚴復熱切地考察英國的政治、經濟和社會制度，並

---

❷ 郭嵩燾：《倫敦和巴黎日記》，鍾叔河主編：《走向世界叢書》，頁四五〇。

且最終導致他全神貫注於當時英國的思想。」❷在對這一問題的探討上，郭嵩燾成為嚴復最知心的夥伴。

　　前面提到，郭嵩燾此時任「出使英國欽差大臣」。他出任這一職務，並不順利，曾遭到了一些頑固人士的反對，這些人仍以「天朝心態」看待世界，認為以堂堂帝國士大夫，竟要去朝奉「夷狄」，是一件恥辱的事情，當時流傳著這樣一首嘲罵他的對聯：

> 出乎其類，拔乎其萃，不見容堯舜之時；
> 未能事人，焉能事鬼，何必去父母之邦？ ❷

他的湖南同鄉劉坤一(1830–1902)毫不客氣地質問他說：「何面目以歸湖南？更何以對天下後世？」❷但是，他還是頂住這種壓力，出使英國。他於1877年1月，到達倫敦，比嚴復早到幾個月。嚴復到英國之後，何時第一次與他晤面，還不能十分確定。根據郭嵩燾日記的最早記載，1878年2月2日，「格林威治肄業生六人來見，嚴又陵（宗光）談最暢。」❷這可能就是嚴復第一次與郭嵩燾見面。如果是這樣的話，顯然，嚴復給他留下的第一印象相當好。自此之後，嚴復的名字，就不時出現在他的日記中，直到郭嵩燾1879年1月歸國，

---

❷　史華慈：《尋求富強：嚴復與西方》，江蘇人民出版社，1995年，頁二五～二六。在嚴復之後的孫中山、魯迅在國外留學時，沒有等畢業，就改變了自己所學的專業，原因是所學的專業不能發揮最有效的作用。

❷　引自鍾叔河：《走向世界：近代知識分子考察西方的歷史》，中華書局，1985年版，頁二一三。

❷　同❷。

❷　郭嵩燾：《倫敦與巴黎日記》，頁四四九、六五四。

他們之間有不少的交往，關係密切，感情融洽，引為「忘年交」。

說起來，他們年齡相差懸殊，郭嵩燾比嚴復大近四十歲，而且他們的地位也有很大差別。但是，這都沒有成為他們之間交往的障礙，這是什麼因素在起作用呢？分析起來，首先是郭嵩燾愛惜人才。在他看來，嚴復是一個非常優秀的青年，因而從內心裏喜歡他。如他的日記（1878年，光緒四年六月十七日）中有這樣的記載：「又陵之才，吾甚愛之」❷，而且，他在不少場合，對嚴復大加稱贊，說嚴復的英語水準「勝於譯員」，其他學生的「識解遠不逮嚴宗光」，讓其「交涉事務，可以勝任」❷等等。後接替郭嵩燾出使英國的曾紀澤也肯定嚴復是出色的：「宗光才質甚美，穎悟好學，論事有識」❸。正是出於對嚴復的欣賞和愛護，在他的任期內，他非常關心嚴復的發展，並為此而盡力提供有利的條件，如他讓嚴復陪他出席許多場合，把嚴復介紹給一些重要人物。特別是，1878年8月，他向英外交部提出請求，希望下學期在格林威治海軍學院學習的六名學生除嚴復外，其餘的五名到英國軍艦上進行實習訓練，而嚴復

---

❷　同❷。

❷　同❷書，頁八三八。

❸　曾紀澤：《出使英法俄國日記》，鍾叔河主編：《走向世界叢書》，岳麓書社，1985年版，頁一八六。當然，郭嵩燾對嚴復的狂傲深感不安，他擔心這對嚴復的前途會有不利的影響：嚴復「氣性太涉狂易。吾方有鑑於廣東生之乖戾，益不敢為度外之論。亦今負氣太盛者，其終必無成，即古人亦皆然也。」（《倫敦與巴黎日記》，頁六五四）。曾紀澤認為，郭嵩燾對嚴復的過多稱贊進一步助長了嚴復的狂傲，他不希望嚴復這樣下去：「然頗有狂傲矜張之氣。近呈其所作文三篇：曰，〈牛頓傳〉；曰，〈論法〉；曰，〈與人書〉。於中華文字未盡通順，而自負頗甚。余故抉其疵弊而戒勵之，愛其稟賦之美，欲玉之於成也。」（《出使英法俄國日記》，頁一八六）

則繼續留在學校裏學習，理由是中國政府對嚴復未來的職務另有計劃❸。根據郭的日記記載，他實際上是設想讓嚴復畢業後擔任外交官，從事外交事務。隨員陳季同、羅豐祿按留學生的表現和能力，把他們分為兩類：「儲用之才」、「辦理交涉之才」與「教導之才」、「續學之才」，他們都認為，嚴復是屬於後者❸。同樣，郭嵩燾認為嚴復是外交方面最為合適的人選：「有出使茲邦，惟嚴君能其任。如某者，不識西文，不知世界大事，何足以當此。」❸如果讓嚴復去監督軍艦，就浪費了他的才能。所以在他的任期屆滿後，他在給清廷總理衙門的文書中，建議讓嚴復等六人，充任公使館隨員❸等等，這都說明郭嵩燾對嚴復的愛惜和提攜。不言而喻，作為晚輩的嚴復，面對這樣關心他的長者和賢者，自然願意與其交往並引以為知己。

　　除此之外，還有一個也許是更重要的因素，郭嵩燾與嚴復關心著相同的問題以及思想觀念之間的彼此契合。在郭嵩燾出使英國一事上，令他最為不快的，要算是劉錫鴻被任命為副使，作為他的副手，與他一起同赴英國。與郭嵩燾的開明和達理通情相比，劉錫鴻可謂是頑固守舊，不明情理。因此，對這一安排，郭嵩燾極不贊成，並曾設法拒絕，但並無效果❸。在英期間，劉錫鴻不斷給郭嵩燾製造麻煩，把郭誣蔑為「投降媚外」者。但是，像嚴復這種富有朝氣、好學深思、不抱成見、虛心接受新事物的年輕人，自然就能成為他的志同道合者。他們都打破了「嚴華夷之防」，具有開放的心態，

---

❸　參見同❶文，頁一七四。

❸　參見同❶文，頁一七六。

❸　同❷書，頁四四九。

❸　參見同上書，頁八八五。

❸　參見同❷書，頁二四七～二五〇。

而這促使他們客觀地去認識一個新的世界；他們對自己的國家都具有強烈的歷史使命感，希望它富強，而這又促使他們去比較中西文化的差別，尋找富強與貧弱的不同原因。據傳記文獻載：「湘陰郭侍郎嵩燾出使英國大臣，見府君而異之，引為忘年交。每值休沐之日，府君輒至使署，與郭公論述中西學術政制之異同。」❸的確，在郭嵩燾的日記中，也留下了不少這方面的記載。如在1878年2月20日條下，載有嚴復對中西人身體素質的比較，認為「西洋筋骨皆強，華人不能。……此由西洋操，自少已習成故也。」❸1879年4月10日條下載：「嚴又陵言：『中國切要之義有三：一曰除忌諱，二曰便人情，三曰專趨向。』可謂深切著明。鄙人生平所守，亦不去三義，而以是犯一時大忌，朝廷亦加之賤簡，誰與知之誰與言之。」❸嚴復對他同郭嵩燾一起討論中西文化的情況，印象顯然是深刻的，他後來回憶說：「猶憶不佞初遊歐時，嘗入法廷，觀其聽獄，歸邸數日，如有所失。嘗語湘陰郭先生，謂英國與諸歐之所以富強，公理日伸，其端在此一事。」❸如果我們把嚴郭二人的中西文化觀作一詳細的比較，我們很容易發現，他們對不少問題看法驚人的一致性。問誰對誰的影響更大，這個問題並不重要，重要的是他們相互影響、相互啟發，一起充實和發展起新的思想和價值觀念。

　　總之，嚴復的英國留學，不僅掌握了專業領域內的科學知識，而且對社會領域和中西文化問題也形成了自己的一套看法。他後來之能成為第一位中西兼通的啟蒙思想家，與他的英國留學生活密不

---

❸　同❸書，頁一五四七。

❸　同❷書，頁三三五。

❸　同❷書，頁四五〇。

❸　嚴復：《法意》按語，《嚴復集》，第四冊，頁九六九。

可分。

三、天津水師學堂歲月

按照原來的計劃，嚴復在格林威治海軍學院兩年的學習課程結束之後，還要到英國的軍艦上作一年的實習訓練。但是，由於福州船政學堂需要教習（即今教務長），所以，當時的船政大臣吳贊誠就任命嚴復為後學堂教習，要他立即回國❹。經曾紀澤向英國外交部說明這一情況後，嚴復的實習計劃就取消了，他於1879年6月回國。上面談到，郭嵩燾一直認為，嚴復是外交方面的合適人才，他希望嚴復畢業後，能從事這方面的工作，所以，他任期滿後，就向總理衙門保薦嚴復等六人，擔任公使館隨員。但是，他的建議並未被接受。對中國海軍來說，嚴復是不能輕易放走的人才。而且，也確有人認為，嚴復適合擔任海軍所屬學堂的教務長。如福州船政學堂第三批留學生洋監督斯恭塞格（Segonnzac）在向曾紀澤提出的報告書中說：「嚴宗光於管駕官應知學問外，更能探本溯源，以為傳授生徒之資，足勝水師學堂教習之任。」❹李丹崖在給李鴻章的信中也說，嚴宗光學業造詣深厚，適合但擔任學堂的教習。因此，嚴復繼續服務於海軍並不奇怪。一方面，他本來是學習海軍專業的留學

❹ 黎兆棠：〈出洋限滿生徒學成並華洋各員襄辦肄業事宜出力分別請獎折〉載：「嚴宗光在抱士穆德肄業，隨入格林尼茨官學，考課屢列優等；又赴法遊歷後復回官學，考究數理算學、氣化學及格致駕駛、熔煉、槍砲、營壘諸學。（光緒）五年六月，吳贊誠以工次教習需才，調回充當教習。」《船政奏疏匯編》卷十八）

❹ 薛福成：《出使英法意比四國日記》卷三，岳麓書社，1984年版，頁二〇五。

生，而海軍當時也急需人才；另一方面，郭嵩燾當時已處在帝國權力的邊緣，他的聲音軟弱無力。

嚴復回福州船政學堂後，實際上在那裏任職時間並不長。1880年，李鴻章奏設「天津水師學堂」，理由是「北洋兵船陸續增置，駕駛、管輪兩項，需才甚亟。」❷水師學堂校址設在天津城東賈家沽機器製造局（東局）的旁邊，規模可觀：「堂室宏敞整齊，不下一百餘椽，樓臺掩映，花木參差，藏修遊息之所無一不備。另有觀星臺一座，以便學習天文者登高測望，可謂別開生面矣。」❸學堂仿照英國海軍教習章程制定條例和計劃。招收學員年齡限制在十四歲以上十七歲以下。設駕駛和管輪兩科，課程主要有英文、漢文、算學、幾何、重學、化學格致等。學習期限為五年，其中一年是在船上實習。畢業後在北洋海軍任職或派出留學。為了吸引更多的人報名，學生入學後的待遇頗為優厚。李鴻章原委派吳贊誠督率籌辦，因吳患病，改派吳仲翔任學堂總辦（校長）❹。由於此前嚴復已被認為是水師學堂教習的合適人選，李鴻章就調任嚴復任水師學堂總教習（官職級別相當於武職都司）。自此以後，嚴復在學堂度過了他生命歷程中二十年的漫長歲月。在這裏，他留下了複雜的歷史記憶，既有沉悶、苦惱和不得志的嘆懷，也有奮發、一躍而出成為思想界新星的業績。

被任命為總教習，看來嚴復是滿意的。而且，他所學的也正是

---

❷　張燾：《津門雜記》：《洋務運動》（八），上海人民出版社，1961年，頁三六〇。

❸　張燾：《津門雜記》卷中，光緒十年刊本，頁一九。

❹　參閱夏東元：《洋務運動史》，華東師範大學出版社，1992年版，頁四三〇～四三一。

海軍專業，在學堂應該是用武之地。但是，他在擔任這一職務不久，就感到不快，流露出不滿情緒來。如，大約在 1880 年至 1881 年之間，他在給從兄嚴觀濤的信中說：「弟自笑到家時忽忽過日，足履津地，便思鄉不置。天下茫茫，到處皆是無形之亂，饑驅貧役，何時休息，興言至此，黯然神傷；擬二三年後，堂功告成，便當瀝求上憲，許我還鄉，雖饘粥食苦，亦較他鄉為樂也。」❹而且隨著時間的推移，他的不滿情緒也在增長著，對學堂失去興趣，與李鴻章及堂內其他人士之間形成了一道無法縫合的鴻溝。造成這種結果的因素決不是單一的。嚴復在學堂內的職務升遷，並不順利。一直到 1889 年，他才被李鴻章提升為學堂會辦（副校長），次年提升為學堂總辦。他深為不滿地說：「眼前世界如此，外間幾無一事可做，官場風氣日下，鬼域如林，苟能拂衣歸里、息影敝廬，真清福也。兄自來津以後，諸事雖無不佳，亦無甚好處。公事一切，仍是有人掣肘，不得自在施行。至於上司，當今做官，須得內有人馬，外有交遊，又須錢鈔應酬，廣通聲氣。兄則三者無一焉，又何怪仕宦之不達乎？置之不足道也。」❻

與此相關，更主要的是嚴復認為他的權力在學堂內受到了極大的限制，有人不時地往上打小報告，事事作梗，這使他難以忍受：

> 李中堂處洋務，為羅稷臣壟斷已盡，絕無可圖。堂中洪翰香又是處處作鬼，堂中一草一木，必到上司前學語，開口便說閩黨，以中上司之忌，意欲盡逐福建人而後快。弟觀此情形，兄之在此當差，樂乎？否耶？

---

❹　《嚴復集》，第三冊，頁七三〇。

❻　嚴復：〈與四弟觀瀾書〉，同上書，頁七三一。

且潘子靜尚在營務處，與兄乃是對頭，定必散布謠言，密稟
榮相，於兄有大損。❹

同時，李鴻章對嚴復也存有戒心，並不完全信任他，使他的權力受
到約束，「文忠大治海軍，以君總辦學堂，不預機要，奉職而已。」❹
　　此外，不能忽視的是，在嚴復那裏，有遠遠超出一個學堂之上
的普遍關懷。也就是說，辦好一個學堂並不是他的理想目標，他追
求的是如何使整個國家富強。在這一方面，他的觀念、他的看法，
已遠遠超出了洋務範疇。李鴻章不是郭嵩燾，嚴復始終不能同他發
展出一種相互理解的融洽關係，在很大程度上，是根源於他們觀念
上的分歧。對嚴復來說，只從技術領域求富強而不改變人們的精神
素質和價值觀念，最終仍不能使中國徹底擺脫貧弱而走向持久的富
強。英人赫德 (Robert Hart, 1835–1911)，曾在中國擔任總稅務司，
1888年前後，嚴復與他有一次談話，他的一段話，給嚴復留下了深
刻的印象：「海軍之於人國，譬猶樹之有花，必其根幹枝條，堅實
繁茂，而與風日水土有相得之宜，而後花見焉；由花而實，樹之年
壽亦以彌長。今之貴國海軍，其不滿於吾子之意者眾矣。然必當於
根本求之，徒苟於海軍，未見其益也。」❹嚴復後來區分「治本」、
「治標」，提出變法的根本在於「民智、民德、民力」的改變，其
立足點，就是認為，富強決不是一件孤立的事情，它必須伴隨著社
會其它方面的改革，尤其是「基本能力」的改革。但是，這樣的「變
法」觀念，都在李鴻章的視野之外。嚴復擔心，如果不從根本上為

---

❹　同上書，頁七三二～七三三。

❹　同❾書，頁一五四一。

❹　同⓫。

中國尋求富強之道，滿足於洋務，這樣下去，中國就不會有出路。他的憂慮，李鴻章不能接受，反而被視之為過激：

> 君慨夫朝野玩愒，而日本同學歸者皆用事圖強，徑翦琉球，則大戚。常語人，不三十年藩屬且盡，緩我如老牸牛耳！聞者弗省。文忠亦患其激烈，不之近也。❺⓪

　　嚴復的痛苦不只是來自仕途不暢、事業上的不得志，也來自於他家庭和生活中的不幸。這些不幸，先後發生於從 1889 年到 1893 年的幾年間。1889 年，他的母親逝世，嚴璩《侯官嚴先生年譜》載：「十月丁內艱」❺①。按照傳統喪禮，父母丁艱，子女要在家守喪三年，不做官，不婚娶，不赴宴，不應考。母親的逝世，嚴復無疑是悲傷的。他雖沒有為母親守喪三年，但不能因此而懷疑他的孝心。1892 年，另一件不幸向他降臨，他的元配夫人去世。據稱，「王夫人，端淑有閫德」❺②。這對嚴復又是一個新的打擊。1893 年，他的知交郭嵩燾又在孤獨寂寞中逝世。郭的不幸遭遇與嚴復的懷才不遇，兩種境況合在一起，使嚴復對郭嵩燾的逝世充滿哀傷，他寫下了一副這樣的挽聯：「平生蒙國士之知，而今鶴翅氋氃；惟公負獨醒之累，在昔蛾眉謠諑，離憂豈僅屈靈均。」❺③

　　無力改變自己的現實處境而苦悶不已的嚴復，在 1890 年左右吸上了鴉片。他吸了多久，最後又是如何戒掉的，我們都不清楚。他

---

❺⓪　同❹⑤。
❺①　同❶③書，頁一五四七。
❺②　同上書，頁一五四三。
❺③　同上書，頁一五四八。

在給四弟嚴觀瀾的書信中，對此事只是簡略地提到：「兄吃煙事，
中堂亦知之，云：『汝如此人才，吃煙豈不可惜！此後當仰體吾意，
想出法子革去。』中堂真可感也。!」❷這是嚴復對李鴻章表示感激
之情的唯一記錄。嚴復吸上鴉片，可能出乎很多的人意料之外，他
的仕途雖然不暢，但也並不十分壞。以鴉片來消解自我，發洩內心
的苦悶，顯然是危險的，它很容易毀了人的一生。可貴的是，嚴復
沒有沉淪下去，他經過一個痛苦的過程，最終擺脫了這種麻醉劑，
使自己重新清醒起來。但這件事給嚴復留下的教訓是非常深刻的，
因為晚年他還蒙受著它所帶給他的痛苦，在給熊純如的一封信中，
嚴復說：「以年老之人，鴉片不復吸食，筋肉酸楚，殆不可忍，夜
間非服藥尚不能睡。嗟夫！可謂苦已！恨早不知此物為害真相，致
有此患，若早知之，雖曰仙丹，吾不近也。寄語一切世間男女少壯
人，鴉片切不可近。世間如有魔鬼，則此物是也。吾若言之，可作
一本書也。」❸

　　說起來，嚴復對他深感不滿的處境，並不是一味消極地聽天由
命，他也力圖改變它。從 1885 年到 1893 年，他先後四次參加了他
少年時曾為之奮鬥過的中國正宗的功名之路科舉考試。對他來說，
這樣的選擇如果能成功，他就能改變自己的身份，獲得具有影響力
的發言權，並把其理想付諸實踐。據傳記材料載：

> 府君自由歐東歸後，見吾國人事事竺舊，鄙夷新知，於學則
> 徒尚詞章，不求真理。每向知交痛陳此言。自思職微言輕，
> 且不由科舉出身，……。故所言每不見聽。欲博一等入都，

❷　同❷。

❸　《嚴復集》，第三冊，頁七〇四。

以與當軸周旋，既已入彀中，或者其言較易動聽，風氣漸可轉移。❺❻

但是，嚴復一次次都以失敗而告終。為同一目標參加四次考試，在我們今天看來，無疑是驚人的數字，但從科舉考試的歷史來說，實在微乎其微，歷史上為科舉中榜而出入考場不計其數以至皓首到老的大有人在。由此言之，嚴復仍可以繼續考試下去。但他可能是由於懷疑自己在這方面的能力而中輟了這一選擇。但他對自己一生未能通過科舉考試而步入仕途而深感遺憾。他在〈送陳彤卣歸閩〉一詩中寫道：「四十不官擁皋比，男兒懷抱誰人知？藥草聊同伯休賣，款段欲陪少游騎。……當年誤習旁行書，舉世相識如髦蠻。」❺❼由此言之，傳統的官本位觀念，在嚴復那裏，仍是相當濃厚的。後來，他一直把國民素質的改變作為帝國富強的根本基礎，而這最終又要借助於教育。但他卻不能在此身體力行，盡管有不少機會。在這一點上，日本的啟蒙思想家和教育家福澤諭吉與他形成了鮮明的對照❺❽。嚴復放棄科舉之路是明智的，甚至他本來就不該參加科舉考試。這不僅因為他的知識結構和所受到的訓練，與極其形式化的考試和內容格格不入，而且他即便能如願以償，進入某一決策部門，在帝國鐵板一塊日益腐化的政治秩序中，他的結局極可能是，要麼被同化，與俗合流；要麼被排擠，在權力的夾縫中，負獨醒之累，與在學堂中別無二致。

---

❺❻　同❶❸書，頁一五四七。

❺❼　《嚴復集》，第二冊，頁三六一。

❺❽　參見拙著《嚴復與福澤諭吉——中日啟蒙思想比較》，開封：河南大學出版社，1991年，頁二九九。

為改變自己的處境，嚴復還對張之洞曾抱過幻想。他想離開李鴻章而投奔張之洞，以求得到重用。他在給他四弟的信中說：「兄北洋當差，味同嚼蠟。張香帥於兄頗有知己之言，近想舍北就南，冀或乘時建樹耳。然須明年方可舉動也，此語吾弟心中藏之，不必告人，或致招謠謗也。」❺❾嚴復對張之洞實際上並不瞭解，他對他所抱的期望也過高，一直到1894年中日甲午之戰危機之際，他還對張之洞存有幻想，認為他能力挽狂瀾，建議陳寶琛寫信給張，謀求帝國的轉機：「公何不作一書與楚督張香帥，勸其作速籌款，設法購辦軍火為先，即使不及眼前之事，然……國禍益深，苟其不為，將終無及事之一日矣。張香帥能用先機大度之言，日後撐拄光復，期之一二人而已，他督撫持祿保位，公意中尚有何人也。」❻⓿但時過不久，嚴復對張之洞的幻想就被無情的事實打得粉碎。1895年3月，嚴復發表了〈闢韓〉一文，對專制觀念提出了尖銳的批評。但這卻引起了張之洞的強烈不滿：「鄂督張公之洞見而惡之，謂為洪水猛獸。命孝感屠君仁守作《〈闢韓〉駁議》，府君且罹不測，嗣有向張督解圍者，其事始寢。」❻❶因此，我們可以作同樣的設想，嚴復即使能成為張之洞身旁的幕僚，他也不會比在李鴻章那裏好多少。

四、西學第一大家

至1894年，嚴復在天津水師學堂中已度過了悶悶不樂的十四個

---

❺❾ 《嚴復集》，第三冊，頁七三一。

❻⓿ 同上書，頁四九八。

❻❶ 《嚴復集》，第五冊，頁一五四八。又載：「至是年，和議始成，府君大受刺激。」（同上）

春秋。對人的一生來說，這顯然是一個不短的時光。但遺憾的是，
他還沒有為自己找到安身立命之處，沒有發現適合於他的角色。不
管是命中注定，還是悲憤出奇文，抑或時代刺激，在經過長期的煎
熬之後，嚴復終於找到了自己所應扮演的角色。1894年至1895年的
中日甲午戰爭及其悲劇，空前地震驚了中國人，也使嚴復痛心疾首，
「誠恐四千餘年之文物聲明行將掃地以盡，此驚心動魄之事，不料
及吾身親見之也。」 ❷嚴復終於忍耐不住了，他作為新觀念的傳播
者、思想啟蒙者，開始在言論界發言：

> 甲午春半，正當東事㕮兀之際，覺一時胸中有物，格格欲吐，
> 於是有〈原強〉、〈救亡決論〉諸作，登布《直報》。❸

嚴復在思想文化界的一躍而出，大聲疾呼，開創了他的新的生命歷
程。這一歷程不僅使他奠定了在中國近代思想文化中的牢固地位，
而且也使中國歷史上第一次擁有了「西學」大家。

也許是無意識的，嚴復為他所能扮演的角色，實際上已經作了
長期的積累。前面談到，在英國留學期間，他就在所學專業之外，關
心起西方的文化，尤其是英國發達的社會和富強，並把它同中國的
貧弱相比較，尋找造成這種巨大反差的原因。據推測，他同時也開
始閱讀西方社會科學方面的著作❹。後來他的著作中所反映出的對
西方文化的許多認識和觀念，有不少就得自於他留學時的積累。如
平等、法、民主和科學等。他把這些看成是西方富強的基礎。他學

---

❷　《嚴復集》，第三冊，頁五〇〇。

❸　嚴復：〈與梁啟超書〉，《嚴復集》，第三冊，頁五一四。

❹　參見王栻：《嚴復傳》，上海人民出版社，1957年版，頁八～一〇。

的是具體科學，但他能夠下學上達，從對具體科學的學習中，體會
和把握科學的精神：「格物致知之學，尋常日用皆寓至理。深求其
故，而知其用之無窮，其微妙處不可端倪，而其理實共喻也。」❻回
國後，在1881年，他開始系統地閱讀斯賓塞(H. Spencer, 1820–1903)
的《社會學研究》（*The Study of Sociology*，嚴復譯之為《群學肄
言》），這部書的思想使嚴復欣喜若狂，他曾這樣敘述他閱讀此書後
的感受：

> 不佞讀此在光緒七八之交，輒嘆得未曾有，生平好為獨往偏
> 至之論，及此始悟其非。竊以為其書實兼《大學》、《中庸》
> 精義，而出之以翔實，以格致誠正為治平根本矣。每持一義，
> 又必使之無過不及之差，於近世新舊兩家學者，尤為對病之
> 藥。雖引喻發揮，繁富弔詭，顧按脈尋流，其意未嘗晦也。
> 其〈繕性〉以下三篇，真西學正法眼藏，智育之業，舍此莫
> 由。斯賓塞氏此書，正不僅為群學導先路也。❻

自此以後，嚴復就與斯賓塞結下了不解之緣。斯賓塞是他的論著中
所提到的最多的名字之一，也是他的觀念的主要來源之一。

到了 1894 年，在內外各種因素的促成下，他開始把自己的精力
集中投放在西方社會科學和思想文化的研究上，並認為這才是他應
該從事的真正的事業：「我近來因不與外事，得有時日多看西書，
覺世界惟有此種是真實事業，必通之而後有以知天地之所以位、萬
物之所以化育，而治國明民之道，皆舍之其由。」❼中國甲午之役的

---

❻　郭嵩燾：《倫敦與巴黎日記》，頁五八九。

❻　嚴復：《《群學肄言》譯餘贅語〉，《嚴復集》，第一冊，頁一二六。

教訓，使嚴復深深感到，洋務並不能使中國真正富強起來。對他來說，中國貧弱的根源在於「學術之非」和整個國民素質的低下，「中國今日之事，正坐平日學問之非，與士大夫心術之壞，由今之道，無改今之俗，雖管、葛復生，亦無能為力。」❻「四千年文物，九萬里中原，所以至於斯極者，其教化學術非也。」❻因此，只有改變這種狀態，中國才有希望達到持續穩定的富強。

　　嚴復明確了他的歷史使命，他不再為懷才不遇而苦惱。一方面，他著文立說；另一方面，他譯述介紹。這兩方面彷彿兩駕並行齊驅的馬車在他那裏奔跑。上面提到，1895 年，他連續在天津《直報》上發表了〈論世變之亟〉等幾篇文章，一下子他的聲名大震。他向人們展現了一個觀念的新世界，如「群學」、「鼓民力」、「開民智」、「新民德」、「治標」、「治本」、「以自由為體，以民主為用」等等。同時，他對中國傳統中的一些觀念和制度進行了毫不留情的批判，特別是他所說的後儒之學（漢學和宋學）和他曾為之而奮鬥過的科舉八股文考試。在他那裏，後儒之學成了「無實」、「無用」的同義語，它與西方有實有用的實證科學格格不入，因而必須與之告別。客觀的實際和親身的體驗雙重交織，使嚴復對科舉八股文考試的痛恨無以復加：「天下理之最明而勢所必至者，如今日中國不變法則必亡已。然則變則何先？曰：莫亟於廢八股。夫八股非自能害國也，害在使天下無人才。其使天下無人才奈何？曰：有三大害。」❼這三大害，照嚴復的說法就是「錮智慧」、「壞心術」和「滋

❻　嚴復：〈與長子嚴璩書〉，《嚴復集》，第三冊，頁七八〇。

❻　同❻。

❻　嚴復：〈救亡決論〉，《嚴復集》，第一冊，頁五三、四〇。

❼　同上。

遊手」。

在發表文章的同時，嚴復也開始了對西方學術著作的翻譯和介紹。他譯的較早的也是影響最大的一部著作是《天演論》(*Evolution and Ethics*)。在此之前，他曾譯了一部書，名為《支那教案論》(*Missionaries in China*)。此書是英人宓克(A. Michie)於 1892年間撰著的。按照嚴復的說法，宓克寫作此書的動機是：「時長江教案蜂起，作者蓋深憂夫民教不和，終必禍及兩國；而又憫西人之來華傳教者，膠執成見，罕知變通，徒是己而非人，絕不為解嫌釋怨之計，故著是書以諷之。」**⓻** 此書從中國自身和傳教士兩方面分析了教案產生的原因，嚴復認為「其言真洞見癥結矣」。 宓克是嚴復的朋友，不知他們何時相識。按嚴復所說，他譯此書是奉李鴻章的飭令 **⓼**。盡管教案問題是中國近代的難題之一，嚴復對此也頗為關心，後來他發表了好幾篇有關這一問題的文章。但他譯的這部書並沒有發生多大的影響。與此不同，《天演論》譯出後，很快在中國思想界引起注目。大約從 1895年嚴復開始翻譯此書，到 1896年已完稿，後又作了一些刪改 **⓽**。此書正式出版於 1898年，但在此之前已被傳閱，並有人將其初稿私自印行。晚清時期，《天演論》的版本達三十幾種之多。梁啟超和吳汝綸 (1840–1903) 是較早讀到譯稿的兩個人，他們都對嚴復的西學大加贊揚。此書之所以能發生巨大的影響，主要是由於其中的觀念具有深深的吸引力。嚴復於每篇譯文之後，大

⓻　嚴復：《〈支那教案論〉按語》，《嚴復集》，第一冊，頁五四。

⓼　嚴復何時譯出此書，尚不能確定。王栻估計為在甲午戰爭前後。參見同上注。

⓽　參見嚴復：〈與梁啟超書〉、〈與吳汝綸書〉，《嚴復集》，第三冊，頁五一五、五二〇。

都加一按語，求其本末，議論得失，與原著交相輝映，向人們提示了在競爭中求進化（「物競天擇」），在進化中求生存（「適者生存」）的普遍法則。這一法則既是一副強大的清醒劑，又是催人向上的振奮力量，為危機中的中國人提供了一種新的精神和價值。

　　從《天演論》譯出後到1900年嚴復離開天津水師學堂之時，他譯出的著作還有亞當・斯密 (Adam Smith, 1723–1790) 的《原富》(*An Inquiry into the Nature and Causes of the Wealth of Nations*) 和約翰・穆勒(J. S. Mill, 1806–1873)的《群己權界論》(*On Liberty*)。這兩部著作都是西方學術名著，前者是經濟學方面的，後者是政治學方面的。翻譯這兩部書，嚴復花費了大量的精力，特別是《原富》一書，包括他所加的按語，洋洋五六十萬言。此書新語疊出，義理紛繁，大都為中國人聞所未聞。在翻譯中，嚴復不僅字斟句酌，以求達理明旨，而且還參照古今諸說，辨析求正。此番苦功，誠可欽敬。這兩部書的翻譯，無疑大大豐富了中國人的知識世界。在嚴復譯書這一事業上，他遇到了一位新的知己，這就是上面提到的吳汝綸。吳汝綸為同治進士，曾師事曾國藩，與李鴻章亦有密切關係。在文風上宗法桐城派。嚴復所譯的《天演論》就是由吳汝綸作的序。他們相差十四歲之間，相互能發展出深深的友誼，一是吳汝綸的開明性，他存立舊學而不拒新學，這與嚴復比較接近；二是他的桐城文風，深合嚴復的口味。在嚴復任京師大學堂編譯局總纂時，吳汝綸任大學堂總教習，他們過往甚密。嚴璩《侯官嚴先生年譜》載：「吳丈深知中國之不可不謀新，而每憂舊學之消滅。府君曰：『不然，新學愈進則舊學愈益昌明，蓋他山之石可以攻玉也。』」❹在嚴復看來，「國人中舊學淹貫而不鄙夷新知者」，繼郭嵩燾之後，就屬

────────────

❹　《嚴復集》，第五冊，頁一五四九、一五五○。

於吳汝綸了。他們之間的友情顯然是深厚的，吳汝綸去世後，嚴復
寫了七首挽詩，表達了他的滿腔哀思。嚴璩所寫年譜載：「平生風
義兼師友，天下英雄惟使君。」⑦〈挽吳摯父京卿〉詩說：「仙舟幾
日去東瀛，槱木歸來忽就傾。難道此哀惟後死，忍將不哲累先生。
人間雞雍方為帝，海內雄文孰繼聲？地下倘逢曾太傅，定知老派各
縱橫。」⑦

　　與嚴復辛苦著譯、傳播新知、啟蒙國民的方向一致，經過一番
籌劃，1897年10月，他與夏曾佑(1863–1924)、王修植和杭辛齋等
一起在天津創辦了《國聞報》，此報屬於日報性質。此外又出一旬
刊，名為《國聞匯編》。按照分工，嚴復與夏曾佑負責旬刊，王修
植和杭辛齋共主日報。但旬刊不久停刊，日報就由四人一起主辦。
《國聞報》的宗旨，正如「國聞」二字所意味的那樣，它是希望通
過報紙，使國民廣知內外之事，以求富強：

> 《國聞報》何為而設也？曰：將以求通焉耳。夫通之道有二：
> 一曰通上下之情，一曰通中外之故。
> 上下之情通，而後人不自私其利；中外之情通，而後國不自
> 私其治。人不自私其利，則積一人之智力，以為一群之智力，
> 而吾之群強；國不自私其治，則取各國之政教，以為一國之
> 政教，而吾之國強。⑦

依此宗旨，報紙的主要內容，是翻譯外國報紙上的重要消息和採訪

⑦　同⑦。
⑦　《嚴復集》，第二冊，頁三六五。
⑦　〈《國聞報》緣起〉，《嚴復集》，第二冊，頁四五三、四五五。

國內各地的重要之事。但從 1898 年初也開始刊登評論性的文章。〈書本館譯報後〉載：「本館報首例登論說，今年自刊〈上皇帝書〉九篇後」❼❽。而〈上皇帝書〉分九次連載於 1898 年 1 月 27 日至 2 月 4 日的《國聞報》上。論說的刊登，使《國聞報》聲名大震，它一下子成了北方宣傳變法維新的重鎮，與上海汪康年 (1860–1911) 和梁啟超主辦的《時務報》遙相呼應，形成了北數《國聞報》、南盛《時務報》的場景。《國聞報》之所以能獲得如此的聲譽，在很大程度上，取決於嚴復。他既是報紙的主要創辦者，又是主要的撰稿人，據王栻先生考證，《國聞報》上的論說之文，大都出自嚴復之手❼❾。憑著他深厚的智力資源，在這些文章中，他從許多不同側面發表了變法和富強之道❽⓪。《國聞報》是當時創辦得相當成功的報紙，《時務報》由於內部矛盾而威望驟減，對此《國聞報》還發表了〈《時務報》各告白書後〉，奉勸主辦者多求自責，把報紙繼續辦好。當然，不幸的很，《時務報》停刊了。政變事起後，《國聞報》也賣給了日本人。

　　在嚴復大力傳播啟蒙思想和變法觀念的時候，以康梁為代表而發起的變法維新運動也正在帝國內進行著。從 1890 年開始，康有為

❼❽　〈書本館譯報後〉，同上書，頁四七八。

❼❾　參見王栻：〈嚴復在《國聞報》上發表了哪些論文〉，同上書，頁四二一～四五二。

❽⓪　熊元鍔在《國聞報匯編》的敘文中評論說：「《國聞報》者，侯官嚴幾道先生糾合海內闊達，建設於天津者也。當戊戌年間，西人評騭中國報界，以之為第一，而《時務報》不與焉，亦可以見其價值矣。惜其報紙未風行於南方……。先生，我國之者宿，《國聞報》之主筆也。……我國學子，智識囿於一隅，得先生以救之。」(《嚴復集》，第五冊，頁一五五七)

在廣州長興里的萬木草堂，一方面致力於著述變法理論，另一方面，聚徒講學，宣傳變法思想，培養變法力量。1895年，在甲午之辱的強烈刺激下，以康有為為首，在京會試的舉人一千三百多人，共同上書清帝（〈公車上書〉），要求外抗敵，內變法，正式拉開了變法維新運動的序幕。圍繞著變法，康梁的活動既有理論上的宣傳，又有推動上層實施變法的具體實踐，這構成了晚清中國變法壯舉的主旋律。說起來，嚴復也是屬於變法維新時期的重要人物。但是，基本上，他是處於康梁變法的陣營之外，獨立作戰。如同〈擬上清帝書〉所清楚表明的那樣，他也試圖通過自己的變法觀念來直接推動清帝實施變法❽。但他主要是從事著譯活動，而不像康梁那樣，直接進行變法實踐。在觀念上，嚴復與康梁曾發生過關係。梁啟超把所辦的《時務報》寄給嚴復，嚴復評論說：「《時務報》已出七帙，中間述作率皆採富響閎，譬如扶桑朝旭，氣象萬千，人間陰曀，不得不散，遒人木鐸之義，正如此耳。風行海內，良非偶然。」❷但由於他在西學方面的優越性和權威性，主要是他影響了康梁等，而不是相反。嚴復寫信給梁啟超，要求和鼓勵他鑽研西學，以成大業：

> 足下年力盛壯如此，聰明精銳如此，文章器識又如此，從此真積力久，以至不惑、知命之年，則其視無似豈止吹斂首者一吷已哉！梁君梁君，無怠。
> 以中年而從事西學者，非絕有忍力人，必不能也。在他人，僕固未嘗慫恿之，至於足下，則深願此業之就。使足下業此

---

❽ 有關嚴復被光緒帝召見，言及他有關在《國聞報》上的論說文章之事，詳見《嚴復集》，第一冊所載〈擬上皇帝書〉之注，頁六一。

❷ 嚴復：〈與梁啟超書〉，《嚴復集》，第三冊，頁五一三～五一四。

而就，則豈徒吾輩之幸而已，黃種之民之大幸也。**⑧**

嚴復的鼓勵使梁啟超深受感動：「今而知天下之愛我者，舍父師之外，無如嚴先生；天下之知我而能教我者，舍父師之外，無如嚴先生。」**⑧**當然，後來梁啟超的西學觀念，引起了嚴復的激烈批評。譚嗣同讀了《時務報》上轉載的〈闢韓〉一文，寫信給汪康年稱讚說：「《時務報》二十三冊〈闢韓〉一首，好極好極！究係何人所作？自署觀我生室主人，意者其為嚴又陵乎？」**⑧**

　　但是，不管是嚴復，還是康梁，他們的變法主張都因戊戌政變而受到打擊。光緒帝被幽禁，康梁被迫避難，「六君子」悲壯而死。嚴復由於沒有直接參與變法活動而免遭一難。但他對變法的夭折而悲憤不已，〈戊戌八月感事〉詩寫道：「求治翻為罪，明時誤愛才。伏屍名士賤，稱疾詔書哀。燕市天如晦，宣南雨又來。臨河鳴犢嘆，莫遣寸心灰。」**⑧**他還寫詩哭悼他的同鄉好友林旭。但對於康梁變法活動，嚴復晚年作了嚴厲的指責：「德宗固有意向之人君，向使無康、梁，其母子固未必生畔，西太后天年易盡，俟其百年，政權獨攬，徐起更張，此不獨其祖宗之所式憑，而亦四百兆人民之洪福。而康乃踵商君故智，卒然得君，不察其所處之地位之何如，所當之沮力為何等，鹵莽滅裂，輕易猖狂，馴至於幽其君而殺其友。」**⑧**

　　1900年，義和團事起，嚴復「倉皇由津避地赴滬」。自此，他

---

⑧　同**⑧**書，頁五一四、五一五。

⑧　梁啟超：〈致嚴復書〉，《嚴復集》，第五冊，頁　五六八。

⑧　譚嗣同：〈致汪康年〉，《譚嗣同全集》，下冊，頁四九九。

⑧　《嚴復集》，第二冊，頁四一四。

⑧　嚴復：〈與熊純如書〉，《嚴復集》，第三冊，頁六三二。

離開了失於此亦得於此的天津水師學堂：「庚子排外禍作，清朝群貴以祖宗三百年社稷為之孤注，迨城下之盟成，水師學堂去不復收，蓋至是不佞與海軍始告脫離，而年亦垂垂老矣。」❸

五、游離不定時期

嚴復離開天津水師學堂後，一直到 1916 年，是他一生的游離不定時期。他奔走於京、津、滬等地之間，居無常所；他擔任過許多職務，有民間的、還有政府的，對於這些職務，或因他興趣不大，或因政局動盪，他大都旋任旋辭，可以說是任無常職。但是，在嚴復的生命歷程中，這仍是一個重要的時期，因為他繼續著譯論說，扮演著思想觀念傳播者的角色。

顯然，他的主要譯著八種，除了《天演論》於 1900 年以前出版外，其餘七種，均在此一時期出版。而且，除了《原富》和《群己權界論》此前已譯出外，其它的基本上都是這一時期新譯出的。斯賓塞的《群學肄言》，他從 1898 年開始翻譯，到1903年譯完，並於同年出版。甄克思(E. Jenks)的《社會通詮》(*A History of Politics*)，譯於 1903 年，1904 年出版。孟德斯鳩(C. L. S. Montesquieu, 1689–1755)的《法意》(*L'Esprit des lois*)，大約從 1900 年開始譯，斷斷續續，到1909年始譯畢，在 1904至1909年間出齊。穆勒的《穆勒名學》(*A System of Logic*)上半部，在 1900 年至 1903 年間譯完，1905 年出版。耶芳斯 (W. S. Jevons, 1835–1882) 的《名學淺說》*(Primer of Logic)*，譯於 1908 年，1909 年出版。與前一樣，嚴復往往費精勞神，在所譯主要之書中，加了大量的按語，這些按語，或

❸　嚴復：《《海軍大事記》弁言》，《嚴復集》，第二冊，頁三五二。

解釋說明，或比較異同，或發揮己義，或提出批評，不管如何，都十分嚴肅認真。這些書的翻譯和出版，把人們引向一個新的學問世界，如法學、邏輯學和社會學，也使嚴復更牢固地確立了西學第一大家的地位。

同時，在這一時期，嚴復也發表了一些重要的文章，如〈憲法大意〉、〈與《外交報》主人書〉、〈論今日教育應以物理科學為當務之急〉、〈天演進化論〉等。這些文章繼續圍繞著追求富強這一主題，或思想啟蒙，或變法宣傳。如正是在〈與《外交報》主人書〉中，嚴復對晚清影響頗大的「中體西用」觀念，提出了著名的批評：「體用者，即一物而言之也。有牛之體，則有負重之用；有馬之體，則有致遠之用。未聞以牛為體，以馬為用者也。」[89]此外，對中西新舊之學的關係嚴復提出了不設成見、開放選擇的模式。

由於嚴復在西學方面的聲望如日中天，他不時地受到有關團體和機構的邀請前往演講。對此，嚴復曾作過這樣的描述：

> 今日海內視吾演說真同仙語，群視吾如天上人，吾德薄何以堪此，恐日後必露馬腳耳。
>
> 我現在真如小叫天，隨便亂嚷數聲，人都喝采，真好笑也。[90]

如果窮於應付，不停地到處演講，久之就難免淡而無味，了無新意。從嚴復所說的情況看，他的演講中有的很可能就是如此。但是，他並不是一個容易忘乎所以的人，他的學術良知和求真精神，使他保持著責任感。因而，他也具有真知灼見的演講。1906年，就政治學

---

[89] 《嚴復集》，第三冊，頁五五八～五五九。

[90] 嚴復：〈與甥女何紉蘭書〉，同上書，頁八三四。

的有關問題，他在上海青年會連續作了八次演講。講稿整理匯編為
《政治講義》一書，由商務印書館出版。這可以說是嚴復著論中就
專門問題發表系統看法的唯一一部著作。它對政治學科學化、國家
和自由等問題的思考和探討，既新穎，又很有深度。因而也可以說
是中國近代第一部系統深人的政治學著作。

　　與前一期相比，不能迴避的是，在這一時期中，嚴復的思想的
確有所變化。最明顯的就是，一方面，他有意識地要求復興中國傳
統文化的一些觀念，提倡尊孔讀經，如1913年，他連續發表了〈思
古談〉、〈「民可使由之不可使之」講義〉、〈讀經當積極提倡〉等文
章，在這些文章中，嚴復認為，中國國性民質的成長所依賴的就是
中國先聖先王的恩澤，而這正是立國的基礎。中國的經典和教化，
是中國之所以為中國的根本：「我輩生為中國人民，不可荒經蔑古，
固不待深言而可知。蓋不獨教化道德，中國之所以為中國者，以經
為之本原。」又說：「治制雖變，綱紀則同，今之中國，已成所謂共
和，然而隆古教化，所謂君仁臣忠，父慈子孝，兄友弟敬，夫義婦
貞，國人以信諸成訓，豈遂可以違反，而有他道之從?」❾從這裏所
說，嚴復與洋務派如張之洞所主張的「中體西用」已經沒有多少差
別。為了把復興傳統文化價值變成一種集體的事業，嚴復（自稱有
被動性）與梁啟超、林紓、夏曾佑、姚永概和吳芝瑛等二百餘人，
共同發起成立了「孔教會」。另外，值得注意的是，在這一時期，
他著有《〈老子〉評語》，在西學的觀照下，老子的觀念獲得了新的
內涵。嚴復對傳統的這種熱心，顯然超出了以往。

　　另一方面，在嚴復那裏，也出現了對西方某種觀念的尖銳批評。

---

❾　嚴復：〈讀經當積極提倡〉，《嚴復集》，第二冊，頁三三〇～三三一、
　　三三二。

最明顯的就是，1914年，嚴復發表了〈《民約》平議〉，對盧梭的人生而「自由平等」的觀念提出了系統的挑戰：「天然之自由平等，誠無此物」[92]，認為它純粹是一種虛構，不符合人類的歷史事實，「盧梭之說，其所以誤人者，以其動於感情，懸意虛造，而不詳諸人群歷史之事實。」[93] 嚴復撰寫此文的動機決不只是理論上對盧梭的不滿，而且也是出於現實的需要，即破除人們對盧梭的迷信：「自盧梭《民約》風行，社會被其影響不少，不惜喋血捐生以從其法，然實無濟於治，蓋其本源謬也。刻擬草〈民約平議〉一通，以藥社會之迷信。」[94] 而這種迷信所導致的一個直接後果就是當時中國社會所急需的秩序無法建立。在這種情形下，對嚴復來說，個人的自由已不再是首要的目標：「自不佞言，今之所急者，非自由也，而在人人減損自由，而以利國善群為職志。」[95] 盡管嚴復對盧梭的批評是深刻的，但是，就對待個人自由的態度而言，嚴復變得消極了。此前，對嚴復來說，個人自由是自強的前提，而現在它卻成為其對立物。

但是，嚴復對傳統的復興，對西方觀念的批評都還是有節制的，而不是全方位的逆反。出現這種變化，一是現實上的，二是學術上的。嚴復沒有批評過儒家經典，也沒有批評過孔子這一聖人。嚴復的自由觀念主要來自於英國，法國的自由主義不太合他的口味。

儘管嚴復是屬於觀念型的人物，而且他也是由此而獲得高度聲譽的。但是，他並不能完全安心於此，他對從事實際事務的職務始

[92] 《嚴復集》，第二冊，頁三三七。

[93] 同上書，頁三四○。

[94] 嚴復：〈與熊純如書〉，《嚴復集》，第三冊，頁六一四。

[95] 《嚴復集》，第二冊，頁三三七。

終保持著興趣。說來令人驚訝，從 1901 年到 1916 年間，他擔任過一系列職務，不管是名譽性的，還是實質性的。1901年，他應張翼招之請，去天津主持開平礦務局。他會擔任這一職務，是出於他對實業的熱心，這令人想起他曾與人合資共同創辦過河南修武雲的煤礦。1902 年，管學大臣張百熙(1847–1907)聘他為京師大學堂編譯局總纂。1905年，他開始擔任私立學校復旦公學的校長，第二年辭去。1906年，他應安徽巡撫恩銘之邀，出任安慶高等學堂監督直到1907年。1908年，清廷仿日本文部省（教育部）設立學部，被尚書榮慶聘為審定名詞館總纂，擔任此職三年。1909年，他兼任憲政編查館諮議官、財政部清理財政處諮議官和幣制局諮議福建省顧問官。1910年，他以「碩學通儒」資格被徵為資政院議員。1910年，海軍部成立，被清廷授予海軍協都統。1911年，清廷又授他為海軍參謀部一等參謀官。1912年，被臨時大總統袁世凱任命為北京大學校長，年底辭職。1913年，任袁世凱公府顧問兼海軍部編譯處總纂。1914年，嚴復被推為約法會議議員，並被袁世凱任命為參政院參政，又兼任海軍部編史處總纂。凡此等等，在一定時期內，嚴復擔任過如此多的職務，這說明他在社會中所具有高度的聲望和影響力。但是，對於這些職務，嚴復的興趣究竟有多大，仍然是一個疑問。或是因為人事關係難處，或是因為遇到的困難無力克服，或是因為時局變化，他的任職時間大都較短。這也使我們有理由懷疑他從事實際事務方面的能力。1909年，與另外一些人一樣，嚴復還獲得了他曾經追求過的「進士」稱號。我們知道，科舉考試制度已在 1906年被徹底廢除，清廷重新為一些人授予「進士」稱號，是為了表彰他們無與倫比的學識。但是，也許是姍姍來遲，這一稱號並沒有使嚴復感到興奮，他反而寫下了帶有抱怨和不滿的詩句：

自笑衰容異壯夫，歲寒日暮且踟躕。平生獻玉常遭刖，此日
聞詔本不圖。豈有文章資黼黻？敢從前後說王盧。一流將盡
猶容汝，青眼高歌見兩徒。**⑨⑥**

　　戊戌政變後，中國喪失了一次社會政治改革的機會，同時也埋
下了通過革命來建立新體制的種子。這一種子，在之後的數年間迅
速成長，終於成為不可抑制的力量。革命在 1911年推翻了清朝，成
立了共和國 —— 中華民國。上面說過，嚴復對戊戌變法的失敗，非
常痛心。但是，就他的政治理念而言，他一直是主張漸進改革，而
不是發動革命。他與革命家之間沒有共同的語言 **⑨⑦**。1905年，他與
大革命家孫中山 (1866–1925) 在倫敦晤面，雙方對中國出路的選擇
形成了鮮明的對立。嚴復說：「以中國民品之劣，民智之卑，即有
改革，害之除於甲者將見於乙，泯於丙者將發之於丁。為今之計，
惟急從教育上著手，庶幾逐漸更新乎！」對此孫中山的回應是：「俟
河之清，人壽幾何！君為思想家，鄙人乃實行家也。」**⑨⑧**當革命如火

---

⑨⑥　嚴復：〈見十二月初七日邸鈔作〉，《嚴復集》，第二冊，頁三七八。王
　　蘧常曾就此事徵詢過同賜進士稱號的伍昭扆，伍言：「詔下先生泊然
　　無所動。初，詹天佑力懇袁世凱謀此事，然不能為一人謀，請詔各省
　　保薦，先生以名重列名。初定十八人。或戇之曰：『何得與十八學士
　　同數。』遂益一人，隱以毛遂十九人為況，宜先生有『恥從前後說王
　　盧』之言矣！」（《嚴幾道年譜》，頁七九）

⑨⑦　史華慈等認為嚴復對革命曾抱有希望，這是沒有根據的。民國初年，
　　他所寫下的「簷影回梧㰠，風聲過檻隙。美人期不來，烏啼疊窗白」
　　這首詩，恰恰相反，是說他對革命的失望。參見史華慈：《尋求富強：
　　嚴復與西方》，頁二〇四；歐陽哲生：《嚴復評傳》，頁一六〇。

⑨⑧　《嚴復集》，第五冊，頁一五五〇。

如荼在中國展開的時候，嚴復的憂慮也與日俱增，特別是對暗殺這
一革命手段。他強調這並非是出於對清室的愛，而是中國不適合進
行革命。與此相聯，他也一直認為君主立憲最適合中國，而不是共
和制。因而當共和國在中國降臨的時候，許多人都以為大功告成。
但是，嚴復卻不以為然。他的弟子熊純如在寫給他的信中稱：共和
制的誕生，「國家從此統一，社會從此康寧，失之東隅者，或收之
桑榆」。而嚴復則認為，這只不過是善良之士的過高期望：「自復觀
之，則其不敢必，何則？前之現象，以民德為之因，今之民德則猶
是也。其因未變，則得果又烏從殊乎？」❾事情的發展，果然不出嚴
復的所料，徒有虛名的共和給中國帶來卻是混亂、無序、混戰和無
休止的權力鬥爭。這更使嚴復堅信他所作的共和制不合乎中國的判
斷，把那些主張革命和共和的人視之為人民的罪人：「世事江河日
下，民生困苦，日以益深，而人才如此，而人心如此，竊恐後之視
今，有不及今之視昔也。總之，鄙人自始洎終，終不以共和為中華
宜採之政體，嘗以主張其制者，為四萬萬眾人之罪人，九幽十八重，
不足容其魂魄。」❿一種觀點把嚴復反對革命和共和，作為判定他從
維新時期的進步轉向反動的主要根據之一。但是，從以上的事實來
看，這是不能成立的。因為他從來不主張革命，也從來不主張在中
國實行共和，在這一點上，並沒有轉變與否的問題。我們對嚴復也
許更應提出這樣的問題：即照他所說，君主立憲制最適合於中國，
但是，何以它在中國不能成為現實呢？成為現實的恰恰是徒有其名
的共和呢？因此，盡管嚴復堅信他的看法，但說到底，這仍不過是
一種設定，其可靠性同樣值得懷疑。

---

❾　《嚴復集》，第三冊，頁六六一。

❿　同上書，頁二七一。

嚴復對革命及共和的反對態度，使他捲入了民國初年袁世凱
(1859–1916) 同國民黨之間的複雜鬥爭中，他與袁世凱的關係也因
此變得撲朔迷離。辛亥革命後，袁世凱憑藉其雄厚的政治資源，於
1911年，當上了中華民國臨時大總統。正像他對維新變法從來沒有
誠意、出賣維新變法人士一樣，他對國民黨從來也沒有好感，因而
也很快就出賣了它。嚴復與袁世凱在此之前早已相識。1897年，嚴
復與夏曾佑（穗卿）、王修植（菀生）和杭辛齋在天津創辦《國聞
報》， 此時袁世凱正練兵於天津附近的小站，彼此已相互認識。嚴
復在為杭辛齋的《學易筆談》所寫的序中回憶說：「在光緒丙申、
丁酉間，創《國聞報》於天津，⋯⋯顧余足跡未履館門，相晤恆於
菀生之寓廬。時袁項城甫練兵於小站，值來復之先一日必至津，至
必詣菀生為長夜談。斗室縱橫，放言狂論，靡所羈約。時君謂項城，
他日必做皇帝，項城言：『我做皇帝必首殺你。』相與鼓掌笑樂。不
料易世而後預言之盡成實錄也。」❿因此，說嚴復與袁世凱「雅故」，
言之有據。但是，在義和團事起之後的十餘年間，他卻有意識地與
袁世凱保持距離。而在這一時期，袁世凱其勢已大盛，他試圖讓嚴
復做他的幕僚，並多次相邀。但是，嚴復卻無動於衷。照嚴復的弟
子侯疑始的說法，是因為他們「臭味不投」⓲。但是，按嚴復的說
法是因為他當時已經料到袁世凱沒有好下場：「夫僕之不滿意於洹
上，而料其終凶，非一朝昔之事。不獨乙巳季廉之函，可以為證，
即自庚子以後十餘年間，袁氏炙手可熱之時，數四相邀，而僕則蕭
然自遠者，可以見矣。」⓳不管如何，嚴復拒絕袁世凱的邀請，顯然

---

❿　《嚴復集》，第二冊，頁三五六。

⓲　見王栻《嚴復傳》，頁九一。

⓳　《嚴復集》， 第三冊，頁六三八。據此，難以解釋的是，辛亥革命後

傷害了他的自尊，使他大為不快，一氣之下，袁世凱聲稱：「嚴復縱聖人復生，吾亦不敢再用。」⑩

　　但是，辛亥革命後，袁世凱不僅任用了嚴復，而嚴復也接受了袁世凱的任用。前後出現這樣的反差，應該是有原因的。其中之一可能就是，1909年當袁世凱被清廷罷官之時嚴復對他的公開支援，化解了他們之間的不快，「及罷政歸，詆者逢起，君抗言非之，則又感君。」⑩此時，嚴復何以要公開為袁世凱辯護，很可能是，嚴復認識到，在革命力量日益強大的形勢下，清廷的存在離不開袁世凱這樣的強有力人物，而清廷的存在又是實現嚴復所追求的君主立憲制理想的前提。後來，他對清朝被推翻，一直耿耿於懷，並把導致這種結果的罪魁禍首追到康有為和梁啟超。

　　從嚴復同袁世凱的不快化解之後，他與袁世凱之間的關係，顯然密切了起來，他支持袁世凱，希望他是一個強有力的人物，能挽救混亂不堪的時局；但是，嚴復對袁世凱的支持決不是無保留的，他並不像楊度這樣的人全心全意，他對袁仍心懷疑慮。因為他對袁世凱並不十分依賴，不管是在袁世凱的道德品質方面（「生性好為詭謀，以鋤異己」），還是在他的審時度勢方面。嚴復對袁世凱的這種複雜矛盾心理，就使他同袁世凱之間處在一種剪不斷、理還亂的關係中。

　　出於對辛亥革命後恢復秩序和統一建國的迫切考慮，嚴復認為中國需要強人，只有強人才能大刀闊斧地於亂麻之中開出新局面。在嚴復心目中，歷史上的管仲、商君、秦政和魏武等，就是這種強

　　嚴復何以又接受袁世凱的任用。

⑩　同⑭。陳寶琛言：「袁世凱與君雅故，其督直隸，招君不至以為憾。」（《嚴復集》，第五冊，頁一五四二）

⑩　《嚴復集》，第五冊，頁一五四二。

人。嚴復並沒有極其明確地宣揚，當時的袁世凱就是中國的一位新的強人。但是，他顯然是認為，就以當時的政治人物相比較而言，沒有比袁世凱更為有力的人物了。主要是出於此，嚴復對袁世凱加以支持。他認為袁世凱解散國會並非只是袁世凱的過錯，實際上也與參眾兩院的「搗亂太過」關係甚大：「自參眾兩院搗亂太過，於是救時之士，亦謂中國欲治，非強有力之中央政府不可，新修約法，於法理本屬無當，而當日反對之少，無他，冀少獲救國之效已耳。而誰謂轉厚項城之毒乎！」⑩ 嚴復還指出，正是在這件事上，袁世凱贏得了中外的稱贊：「袁氏四年中，行事所最為中外佩服者，即其解散國會一事，謂其有利刃對亂麻之能，而抵制日要求不與焉。」⑩也主要是出於把袁世凱視為當時的強人，只有他才能保全中國。因此，在袁世凱復辟帝制不成、一片要求他退位的強烈呼聲中，嚴復卻反其道而行之，堅持認為袁世凱決不能退位，完全是捨袁世凱其誰也的論式：「今於取消帝制之後，復勸項城退位，則又萬萬不能，何則？明知項城此時一去，則天下必亂，而必全於覆亡。德人有言：『祖國無上。』為此者，一切有形無形之物皆可犧牲，是故吾之不去，吾之不勸項城退位，非有愛於項城也。無他，所重在國故耳。」⑩對嚴復來說，這並不意味著袁世凱應該一直在位，一旦到了適當的時候，他就必須退位：「而他日既為可去之後，又萬萬不可以留。」⑩

　　但是，在袁世凱復辟帝制一事上，嚴復並沒有給他以積極的支持。照嚴復的說法，袁世凱之所以會有復辟帝制、充當皇帝之舉，

---

⑩　《嚴復集》，第三冊，頁六三五。

⑩　同上書，頁六四六。

⑩　同⑩書，頁六三一。

⑩　同上。

一方面固然是袁世凱本人的願望，但外部的推波助瀾也起了很大的作用：

> 且事之初起也，僕固泊然，而攀龍附鳳者，勢不可當，不獨主帝制者，幾於通國一致；即謂皇帝非洹上莫屬者，亦繁有徒。威脅利誘者，固未嘗無，而發於本心，惟恐不得與贊成之數者，亦接跡而踵起。何則，人心趨利，而附膻者眾也。⑩

> 自是之後，攀附之徒，變本加厲，以運動為正法，以粉飾為成功，極峰自詭，行且即真，對於群下，詞色並異，惡異己而親導諛，而事勢遂陷於不可挽救之域矣。⑪

在這種強大的阿諛奉承之聲勢下，袁世凱忘乎所以，誤以為普天之下，果真讓他當真龍天子，於是乃稱帝南面：「不幸項城不悟，以為天下戴己，遂占亢龍，遽取大物，一著既差，威信掃地。嗚呼！亦可謂大哀也已。」⑫在這一過程中，與嚴復直接有關的有兩件事，一是，他與「籌安會」的關係；二是為駁斥梁啟超，他曾得到數次邀請。列名「籌安會」，是嚴復一生中最為悔恨的事之一。有關這方面的詳情，他的弟子侯疑始寫的〈籌安盜名記〉以及嚴復同其弟子熊純如的通信中，都有具體的交代。顯然，這是一件複雜的事情。他之會被楊度抓住不放，一是因為從觀念上他堅持認為共和制不合乎中國的實情，主張君主立憲；二是因為他與袁世凱的私交；三是

---

⑩ 同⑩書，頁六三七。

⑪ 同⑩書，頁六三五。

⑫ 同⑩書，頁六三一。

他的名望。楊度勸說嚴復加入「籌安會」，　這三種因素實際上都被利用了。如楊度以「大義相劫」，嚴肅地對嚴復說：「政治之馳張，不本之學術，於理未融，即於情不順。公宿學雅望，士林瞻仰。既知共和國體之無補於救亡，即不宜苟安聽其流變。」⑬同時楊度在說服嚴復的過程中，還帶有欺騙性，即他向嚴復保證，「籌安會」只從事研究，而不問其它。憑著嚴復的政治嗅覺，他實際上對楊度的用心應該是清楚的。但是，在各種因素的作用下，他被動地同意列名「籌安會」。　由於在見之於報刊的「籌安會」名單中，嚴復列名第三，也由於他沒有直接登報聲明他的名字是被「盜用」的，而且也由於「籌安會」不折不扣地就是一個政治性的組織，因此，在客觀上，不能說他與袁世凱復辟帝制沒有關係。但是，嚴復從內心裏，確實是不贊成復辟帝制，因為在他看來，共和雖不合中國，但它已經存在，最好是接受下來，再設法避免所帶來的問題。如果輕易改變，就像山谷詩所描寫的「夜來已是風和雨，更著遊人撼落花」那樣，只能使國家更為混亂無序：

> 項城袁氏有稱帝之意，屢遣人來示意，府君告之曰：「吾固知中國民智卑卑，號為民主，而專制之政不得不陰行其中，但政體已變，已四年矣。袁公既有其實，何必再居其名；且此時欲復舊制，直同三峽之水，已滔滔流為荊、揚之江，今欲挽之，使之在山，為事實上之不可能。必欲為之，徒滋糾紛，實非國家之福，不特於袁氏有大不利也。」⑭

---

⑬　王蘧常：《嚴幾道年譜》，頁九七。

⑭　《嚴復集》，第五冊，頁一五五一。

　　籌安會之起，楊度強邀，其求達目的，復所私衷所反對者
也。⑪⑤

　　而且，嚴復雖列名「籌安會」，但他並沒有參加「籌安會」所舉行
的各種活動：「君恆昌言，國人識度不適於共和，而戴袁者欲資之
以稱帝，竄其名籌安會中，君始終不蒞會。」⑪⑥「由是籌安開會，以
至請願，繼續勸進慶賀，僕身未嘗一與其中。」⑪⑦我們沒有根據否認
這一點的真實性。能夠肯定的是，嚴復雖然明知復辟帝制於國不利，
但由於他性格上的軟弱性，一方面，嚴復不敢使自己完全置身於籌
安會之外；同時，他也沒有在一片喧鬧聲中，勇敢地站出來，竭力
向袁世凱陳詞進諫，要求他不要「玩火」，拿社稷作兒戲。對於前
一點，嚴復已有反省：「不幸年老氣衰，深畏機阱，當機不決，虛
與委蛇，由是嚴復之名，日見於介紹，虛聲為累，列在第三，此則
無勇怯懦，有愧古賢而已。」⑪⑧而對於後者，我們深為他感到惋惜。
　　嚴復不贊成袁世凱復辟帝制的另一根據是他拒絕寫文章駁斥
梁啟超的觀點。袁世凱為了復辟帝制，就需要人為其合法性提供論
證。上面所說的籌安會就是為此而成立的。作為籌安會主要成員的
楊度，撰有〈君憲救國論〉，此文可謂是鼓吹復辟帝制的代表作，
它深得袁世凱的讚賞。但是，它也引發了「國體問題」的討論。針
對復辟帝制的言論，梁啟超發表了〈異哉所謂國體的問題者〉，對
復辟帝制公開提出異議，「其論一出，風動海內」。對於梁啟超的挑

---

⑪⑤　《嚴復集》，第三冊，頁六三一。

⑪⑥　《嚴復集》，第五冊，頁一五四二。

⑪⑦　《嚴復集》，第三冊，頁六三六。

⑪⑧　同⑪⑦。

戰，袁世凱自然不會置之不理。他需要人站出來駁斥梁啟超的言論，他首先想到了嚴復，認為非嚴復其屬，於是「署券四萬金，令內史夏壽田，持以謁先生，請為文以難梁氏。」⑲嚴復拒絕接收金錢，但撰文之事，他未置可否，而是說讓他考慮一下再作回答。在這期間，嚴復收到了二十多封書信，或以利害相勸，或以刺殺威脅。看來，這些對嚴復都沒有發生作用。經過一番考慮，嚴復最後婉言謝絕了袁世凱的要求。他向夏壽田解釋說：

> 梁氏之議，吾誠有以駁之。惟吾思主座命為文，所祈以去天下之惑，而有禆於事耳。閩中諺云：「有當任婦言之時，有姑當自言之時。」時勢至今，正當任婦言之。吾雖不過列名顧問，要為政府中人。言出吾口，縱極粲華之能事，人方視之為姑所自言，非惟不足以去天下之惑，或轉為人藉口。吾以是躊躇不輕落筆，非不肯為也，為之而有禆於事，吾寧不為哉！至於外間以生死相恫嚇，殊非吾所介意。吾年逾六十，病患相迫，甘求解脫而不得，果能死我，我且百拜之矣。⑳

袁世凱看嚴復意已決，於是就把批駁梁啟超之文的任務交給了孫毓筠。但是，袁世凱對嚴復仍不死心，過幾個月以後，他又派人請嚴復為他撰寫「勸進之文」。嚴復最終還是沒有同意，他深有感慨地說：「吾所欲言者，早已盡言之矣！必欲以吾為重，吾與袁公交，垂三十年，吾亦何所自惜。顧吾生平不能作違心之言，吾欲為文，吾無從下筆也。」㉑由此，嚴復勉強保護住了知識分子所應具有的良

---

⑲　王蘧常：《嚴幾道年譜》，頁九九。

⑳　同上。

知。

　　盡管沒有得到嚴復的支持❿，袁世凱最後還是黃袍加身。而這也恰恰成了他徹底垮臺的象徵。嚴復對此並不感到意外。他認為復辟帝制只不過是一個導火線，其更為主要的原因是，在他任職的五年中，他沒有為混亂不堪的中國帶來值得稱道的新氣象。袁世凱在內外困境中死去。嚴復還寫了〈哭項城歸櫬〉，對袁世凱仍給予了帶有某種肯定性的評判。

六、家庭生活

　　在敘述嚴復的生命歷程中，我們至此對他的家庭生活鮮少言及。在此，可以適當討論一下。前面提到，1866年，嚴復同一位姓王氏的女性結婚，但不幸王氏於1892年去世。他與王氏的婚姻生活如何，我們不得而知。我們只知道，他們生了嚴璩。在王氏去世的同年，嚴復納一位姓江氏的女性為妾。從這一點上說，嚴復的婚姻觀念顯然仍是傳統的。西方那種文明的一夫一妻制的婚姻形態，對他這位深受西方文化薰陶的人來說，並沒有發生特別的影響。不過他不像與他有過同樣留學經歷的辜鴻銘，還要為納妾的合理性提供論證（納妾如同「一茶壺陪四個茶碗」一樣）。他與江氏生有二男嚴瓛、嚴琥和一女嚴璆。1900年，他又納朱明麗為夫人，朱夫人多住在上海。他們生有二男嚴璿和嚴玷，三女嚴珑、嚴瓏和嚴頊。從

---

❿　《嚴復集》，第五冊，頁一五五一。

⓬　汪榮祖先生引用劉成禺等《洪憲紀事詩三種》所引〈後孫公園雜錄〉，論證嚴復積極支持袁世凱復辟帝制，有待進一步討論。（參見〈嚴復新論〉，載《上海文化》，1995年，第五期）

嚴復與朱夫人的通信中，可以清楚地看到，江氏伴隨嚴復的時間相當長，但嚴復同江氏的感情並不融洽。嚴復同朱夫人第一次談到江氏，是在1909年12月他給朱夫人的一封信中。因給子女們分配東西引起了江氏同朱夫人的矛盾。嚴復批評了夫人，要她公正地對待所有的女兒。同時也談到對江氏的看法：「至於姨太心性，我豈不知？意孤心傲，就勸他亦不受的。其對我尚然如此，他人可知。」⓬ 在此，嚴復還發出了「世間惟婦女最難對付」的論調。到了1910年，嚴復同江氏的感情急劇惡化，最後不得不分手。問題的根本在於江氏可能從前患過癔病（嚴復說是「風痰」、「痰病」），「不知因何受過驚恐」，此病突然復發了，嚴復向江氏詢問情況，也問不出個所以然：「姨太初來尚無甚麼，至近數日，舊病大有復發之意，日惟困臥，夜間則睡不著，飲食亦甚少進，問所以然，自己亦講不出，但云自上月起心事極為駁雜。耳邊常若有人對渠說許多古怪離奇之語，當如此時，則眼瞼自閉，狀態昏迷，渠清醒時經我細問，亦述一二，則皆全不接頭之語。」⓭ 嚴復為其請醫生診斷治療，也不見效。如果真是精神病，靠藥物顯然是難奏效的。江氏一心想回福建，嚴復亦打算等她病好些時讓她回去，並想再納一妾。因為他不但需要有人服侍，而且也需要有人給他帶來歡笑氣氛。而江氏現在如此，反而令他擔憂：「此間京寓本極清靜，除兩人外，餘者皆是下人，兒女既不在前，即使老爺在家，亦須能言會笑之人，方不寂寞，而江姨向極寡言，既不出門，又不能看書，針黹近亦厭棄，寫字亦有倦時，則除卻些家計及伺候老爺臥起、自己梳洗之外，幾無一事，只是悶坐臥床而已。度日如此，亦自難堪！」⓮ 但是，一天，江氏突然執意

⓬ 《嚴復集》，第三冊，頁七五七。

⓭ 同上書，頁七六〇。

要很快離開北京。從精神病人來說，這是自然的。但這下卻激怒了嚴復，他以極其絕情的聲調說：

> 我對渠說：要走可以，但汝是姓嚴的妻妾，例應凡事受我調度，即十分欲作之事，亦須與我商量，心甘意允，自然可以，而一切經費亦當代汝籌給接濟。汝今既欲自由，吾是文明人，亦不肯硬加壓制，盡可後日離家。汝從前賠辦碻花一、二百元，即今以此奉贈，作為盤費，一經出門之後，便永遠不算我嚴家之人，一文不能接濟，所有衣飾，皆我血汗銀錢；所有兒女，係我兒女，上海家是我的，福州住宅是我兒媳的，皆不准住，以後西洋盤經三十二向，任汝愛住何方，吾亦不復過問。要行即便請行。吾年將花甲之人，實在不能受此閒氣，汝不走我且要汝走矣。⓫

嚴復還私下暗想，他「真是天下第一可憐人也」。經過幾次反覆之後，江氏最後離開了嚴復。這可能使嚴復有解脫之感。但他仍抑制不住長期埋在心靈的與江氏的不和諧之情，北京社交圈中江氏使他難堪的行為也使他耿耿與懷，他向朱夫人傾吐無餘，並發誓永遠不再與江氏晤面：

> 此人雖有痰病，但其性質，本極寡情，又脾氣極其傲亢，回思自渠十五歲到我家，於今十有八年，別說現在，即汝未來之先，便是如此。在陽岐，在天津，那一天我不受她一二回

⓬　同⓭。

⓮　同⓭書，頁七六一～七六二。

衝撞。起先尚與她計較，至後知其性情如是，即亦不說罷了。
至汝來後，更是一肚皮牢騷憤懣，一點便著，吾暗中實不知
受了多少閒氣。此總是前生業績，無可如何，只得眼淚往肚
裏流罷了。……刻下京中，嚴姨太性情偏拗，面目孤冷，頗
出名也。因其底質本是如此，再加神經有病，愈加不可收拾，
既是可氣，又復可憐。細思吾命裏必然有此偏財七煞，則亦
安命而已。……細思起來，即使我老病不堪，渠亦是半路相
拋而去，怎的不叫人心冷！又據我看來，伊於親生兒女愛情，
亦的確有限。袁枚詩云：「無情何必生斯世。」我則云：「渠
既這等無情，亦何必生一對兒女耶？」可嘆可嘆！吾今日即算
與伊永別，不但今生不必見面，即以後生生世世，亦不必狹
路相逢罷了。⓲

　　的確如嚴復所說，自他同江氏分別之後，他就決不再同江氏見面。
一次，當他得知江氏要到北京見他時，他頓覺毛骨悚然，並毫不猶
豫地斷然加以拒絕：「若復一同來京，便是促我十年壽數。老實話
說，自與春間作別，業已自誓，今生不願再見其面。因此人過於不
知足，過於麻木，過於無情，從前已是如此，何況今日！我年將六
十之人，雖說前世今生造下種種罪孽，致令閨房之中，有許多難言
之痛；且神經瞀亂之人，豈足與伊計較。但現餘年無幾，實望和平
過日，取了殘生，不願再遭反對，終是勃谿。」⓳嚴復這些話語，也
許令人覺得他過於自以為是，過於苛責，因為江氏畢竟跟了他多年，
而且她恰恰又是精神病人。不過，嚴復最後還是給江氏在經濟上提

⓲　同⓲書，頁七六四～七六五。
⓳　同⓲書，頁七六九。

供了幫助。從嚴復與江氏這種完全屬於傳統的主人與僕妾的關係中，我們能夠瞭解到嚴復最隱密的私人性情部分。

與江氏不同，嚴復同朱夫人的關係要融洽得多。看來，朱夫人并不是傳統標準中有較高文化教養的大家閨秀。她與嚴復結婚前，可能連信也不會寫。嚴復在信中幾次都誇她在這方面的長進：「汝前寄八月十九、廿七兩信，我都接到，實是喜歡，看汝小楷，亦寫得不俗，比前有進，足見用功有效。但信中尚多別字，須小心耳。」❽「汝之信，近亦寫得比前爽快，無格格不吐之病，只要話說得出，便是好書札也。」❿嚴復對夫人的這種鼓勵之情，很容易使人想起胡適同江冬秀在這方面的類似之事。

嚴復對子女的教育，並不像他的婚姻那麼傳統，他除了讓他們具備中國文化的教養之外，他還要求他們學習西學。他對孩子們為人處事的教育及方式，還帶有傳統的色彩，但一般來說，他可能不是一個令子女們生畏要敬而遠之的父親。當然，這不排除，他有時仍是專斷的，而在這專斷的背後，仍是傳統的觀念在起作用。如在他小女嚴璸（香嚴）的婚事上，他一點都不開明。1918年，熊純如想牽線使他正在清華讀書的姪子洛生同香嚴訂婚，嚴復對洛生這一青年頗為欣賞，非常贊成。當他向香嚴宣布這一消息時，嚴復說，由於香嚴「習於舊法之故」，她的反應是「由父親作主」❶。但是，嚴復習於舊法的程度，比她的小女更甚。洛生曾給嚴復寫信，希望在與香嚴結婚前能夠有一個相互瞭解和戀愛的階段。然而，就像嚴復自己的婚姻觀念一樣，嚴復堅執洛生同自己小女的婚事，必須按

---

❽　同❹書，頁七四九。

❿　同❹書，頁二五四。

❶　參見同上書，頁六八八。

照中國傳統的方式進行，決不能效法西洋之法進行自由戀愛，他講了這樣一番道理：

> 前數日得洛生清華來書，書意欲用西法與小女先行見面廝熟，俟彼此實係相悅，而後再訂婚約。敝處已明白回復，告以不能。略謂先熟後婚，西俗向來如此，然而胖合之後，仳離亦多，可知好合之情，不關乎此。吾俗向憑父母之命、媒妁之言，然而琴瑟調者，尚甚眾也。且此事於今行之，有不便者。假使相見之後，果然相得成議，則此舉乃是贅疣；脫若不成，外間人必多浮議，於兩姓皆有不便。故此事出諸無意可，出諸有心難。中國雖號變俗，然良家子女仍是篤守舊法，不輕與少年男子相見，而況告以此人係汝未定之夫，乃今先來看視，是否合適，然後定奪。吾弟試思，此在吾家可行否乎？刻已回答，若令姪必以其文明新法見拘，則前議悉作罷論可耳[132]。

嚴復還用選舉在中國行不通，以加強西方戀愛結婚在中國也行不通的論證。後洛生到美國留學。留學期間，他多次請求嚴復准許香嚴也到美國去學習，以能相聚。嚴復仍不答應。洛生一氣之下，責備嚴復「固執」，並稱如嚴復仍不讓香嚴赴美，從前婚約「作廢」。在這種情況下，嚴復給熊純如寫信，決定斷絕這門婚事。當然，嚴復又進一步作了解釋，意謂香嚴的性情只能作賢妻良母，且受了他的影響，不能出於「風頭」之中，他的家庭裏無法接受「專好時趨」之人[133]。

---

[132] 同上書，頁六八九。

透過嚴復的家庭生活，我們可能會對他這位西學大家的作法感到驚訝，就像我們對胡適的西化與他在婚姻上的極其傳統所形成的反差感到驚訝一樣。但是，正像沒有單一的花果一樣，人的心理結構也是複雜的，而且那些底層的東西一旦形成，總會有意識或無意識的顯現出來。嚴復固然是西學大家，但在他的意識深處，仍有根深蒂固的傳統的東西，不管是具有生命力的，還是要被淘汰掉的。

七、餘年境況

自從嚴復拒絕為袁世凱寫勸進書之後，他一時「閉門謝客，不願與聞外事」。袁世凱死後，朝野上下要求懲辦禍首，籌安會諸君子首當其衝。嚴復也身處危險境地之中。嚴復的同鄉林琴南，聲淚俱下，力勸嚴復夜逃避禍，但嚴復卻執意不肯，並深有感慨地說：「吾俯仰無愧怍，雖被刑，無累於吾神明，庸何傷！」[134]嚴復也似乎估計到，他會是沒事，否則，那將是非常遺憾的：「復生平浪得虛名，名者造物所忌，晚節末路，固應如此。不過人之為此，或得金錢，或取好官，復則兩者毫無所得，以此蒙禍，殊可咲耳。」[135]由於家人擔心，最後還是硬把他送上車，於是乃到天津暫避。就像戊戌政變之後的情形一樣，嚴復又一次幸免於難：「當路固知先生不與謀也，徵之清議，亦殊為然，故緝治籌安肇首，先生不與焉。」[136]

嚴復雖然自己免遭一難，值得慶幸。但是，他並不能從憂慮中

---

[133]　參見同[128]書，頁七一六～七一七。

[134]　王蘧常：《嚴幾道年譜》，頁一一○。

[135]　同上。

[136]　同[134]。

完全擺脫出來，因為國家仍處於危機之中，他仍還關心著時局的發展。晚年，他對日本和德國的迅速強盛一直深感興趣，認為中國應效法日、德，通過強有力的集權，把國家整合起來，而不是英法的自由民主方式。但是，歷史並沒有按照嚴復的設想去發展。正如他從前無力回天一樣，餘年無幾的他，也只能對不可收拾的民國望洋興嘆，甚至痛哭流涕：「惟有坐視遷流，聽其所之而已。嗚呼！此吾輩身世，所為可痛哭也。」[137]他對他所一直追求的國家富強，不再抱希望了，甚至對自己是否有殘度餘生之僻靜之所也有懷疑：「嗟呼！及吾之世，太平富強，固屬不可復見矣。而一方稍為安靜處所，使我得終餘年，不知有否？」[138]

　　1914年爆發而到1918年才宣告結束的第一次世界大戰，使嚴復對作為模特兒的西方文化的熱情，基本上消失殆盡。他開始懷疑西方文化，社會科學的公理已不再普遍有效，在很大程度上成了一時性的相對之物：「一切學說法理，今日視為玉律金科，轉眼已為薦蘆芻狗，成不可重陳之物。譬如平等、自由、民權諸主義，百年已往，真如第二福音；乃至於今，其弊日見，不變計者，且有亂亡之禍。試觀於年來，英、法諸政府之所為，可以見矣。」[139]在嚴復看來，西方近代以來的工具理性和高度發達的科學技術，不但沒有給它們的國家帶來安寧、和平和幸福，相反，卻是人類從未有過的大規模的相互毀滅，道德理想和價值也與此同歸於盡：「不佞垂老，親見脂那七年之民國與歐羅巴四年亙古未有之血戰，覺彼族三百年之進化，只做到『利己殺人，寡廉鮮恥』八個字。」[140]嚴復還作了一首詩，

[137]　《嚴復集》，第三冊，頁七一二。

[138]　同[137]書，頁六七七。

[139]　同[137]書，頁六六七。

把戰爭的罪過都推到了科學的頭上：

> 太息春秋無義戰，群雄何苦自相殘。歐洲三百年科學，盡作
> 驅禽食肉看。⑭

「一戰」使西方所付出的代價顯然是沉重的，對此，需要人們從各方面進行反思。科學在這一過程中究竟起到了什麼作用，當然也應是反思的問題之一。但是，不能因科學發明增加了戰爭的殘酷性，就把戰爭的罪過歸之於科學。在這一點上，梁啟超比嚴復要理智得多，當他把「一戰」同科學聯繫起來進行思考的時候，引起他懷疑的只是「科學萬能論」：「歐洲人做了一場科學萬能的大夢，到現在卻叫起科學破產來。」⑭但是，梁啟超並沒有一筆勾銷科學的作用，對他來說「科學」本身沒有破產：「讀者切勿誤會，因此菲薄科學，我絕不承認科學破產。」⑭

　　對西方文化優越感的破滅，使嚴復有更充分的理由回到中國文化中。他越來越看重中國文化中經久不滅的價值：「鄙人行年將近古稀，竊嘗究觀哲理，以為耐久無弊，尚是孔子之書。四子五經，固是最富礦藏，惟須改用新式機器發掘淘煉而已。」⑭對嚴復來說，中國沒有去發現科學，似乎早已預測到科學的有害性：「文明科學，終效其於人類如此，故不佞今日回觀吾國聖哲教化，未必不早見及

---

⑭　同⑬書，頁六九二。

⑭　《嚴復集》，第二冊，頁四〇三。

⑭　梁啟超：《歐遊心影錄節錄》，《梁啟超選集》，頁七二四。

⑭　同⑭。

⑭　《嚴復集》，第三冊，頁六六八。

此，乃所尚與彼族不同耳。」[145]就像後來的梁漱溟一樣，嚴復把中國文化價值看成是人類的未來的普遍價值：

> 回觀孔孟之道，真量同天地，澤被寰區。此不獨吾言為然，即泰西有思想人亦漸覺其為此矣。[146]

> 往聞吾國腐儒議論謂：「孔子之道必有大行人類之時。」心竊以為妄語，乃今聽歐美通人議論，漸復同此。[147]

顯然，這是嚴復對中國文化的一種過高承諾。在恢復對中國文化的熱情中，他開始手批《莊子》，這是他一生最愛讀的書之一（「予生平喜讀莊子」），而現在也許只有它才能給他以心靈上的安慰。

在最後的幾年中，哮喘和失眠一直在肉體上折磨著嚴復，為了能夠入睡，「常不得已而用嗎啡針」，他常常會兩膝發酸，腿跳不已。這些的根源，顯然都是來自他年輕時對鴉片的沾染。而現在他有時還不得不用鴉片，形成了一種惡性循環，華嚴回憶說：「鴉片用了戒去，戒了又用；真是用了不是，不用又不是。當時人們以鴉片為治病的靈藥，有錢人家做長輩的懲惡子弟吸食的大有人在。看午輕人上了癮終日蜷曲在煙榻上，內心自得的認為從此不慮兒輩離鄉背井。祖父以鴉片治病，輿論大加譏諷。」[148]與身體上的痛苦相伴，嚴復的精神也陷入絕望之中。他對自己悲觀不已，他希望通過言論來

---

[145]　同上書，頁六四一。

[146]　同上書，頁六九二。

[147]　同上書，頁六九〇。

[148]　同[5]書，頁一五五。

改變社會，這些言論中包含著他的理想。但是，這些理想，對他來說似乎更遙遠了：「老境侵尋，雖見理日深日明，只如昭陵繭紙，他日挾輿去而已。然則徒言學術，亦何與人事，此羊叔子所以不如銅雀伎也。」⑭在此，他指責學術無用，但他那是行動性的人物呢？值得注意的是，嚴復對自己的否定，在民初已開始表現出來：「僕少年時，極喜議論時事，酒酣耳熱，一座盡傾，快意當前，不能自制，尤好譏評當路有氣力之人，以標風槩。聞者吐舌，名亦隨之。顧今年老回思，則真無益，豈徒夫益，且多乖違。」⑮他還寫了一首詩，表達了對自己追求的幻滅：

四條廣路夾高樓，孤憤情懷總似秋。文物豈真隨玉馬，憲章何日布金牛？莫言天醉人原醉，欲哭聲收淚不收。辛苦著書成底用？豎儒空白五分頭。⑮

且其認為，這只是嚴復的悲劇，它實際上不過是民族國家的悲劇在嚴復身上的投射而已。

　　北京的嚴寒使體老多病的嚴復難以抵擋。1918年，嚴復回老家福建避冬養病。1919年他又北上一次。次年冬天再回。之後，他就再也沒有離開過他的福建老家了。他深知他的時日不多了，他只等待著造物主再把他送回大地：「還鄉後，坐臥地小樓舍，看雲聽雨之外，有興時稍稍臨池遣日。從前所喜哲學、歷史諸書，今皆不能看，亦不喜談時事。槁木死灰，長此視息人間，亦何用乎！以此卻

⑭　《嚴復集》，第三冊，頁六八四。
⑮　同上書，頁七二〇。
⑮　《嚴復集》，第二冊，頁四一四。

是心志恬然，委心任化。」⑱

　　嚴復決不是來去無牽掛的人，儒家的世俗倫理使他心靈最終沒
有被價值虛無主義所占領，在他去世前，他以強烈的歷史責任感，
寫了這樣的遺囑：

> 嗟呼！吾受生嚴氏，天秉至高。徒以中年攸忽，一誤再誤，
> 致所成就，不過如此，其負天地父母生成之德，至矣！耳順
> 以後，生老病死，倏然相隨而來，故本吾自閱歷，贈言汝等，
> 其諦聽之。
> 須知中國不滅，舊法可損益，必不可判。
> 須知和要樂生，以身體健康為第一要義。
> 須勤於所業，知光陰時日機會之不復再來。
> 須勤思，而加條理。
> 須學問，增知能，知做人分量，不易圓滿。
> 事遇群己對待之時，須念己輕群重，更切毋造孽。⑲

這個遺囑既是嚴復對他一生閱歷的總結，也是他最終的信念；它既
是對嚴氏後代的囑託，也是留給整個多災多難民族的遺產。

　　1921年，嚴復在福州市郎官巷他的家裏逝世，終年六十八歲。
他與王夫人合葬於閩侯陽崎的鰲頭山。他的知交陳寶琛為他撰寫了
墓誌銘，銘曰：

> 旗山龍渡岐江東，玉屏聳張靈所鍾。繹新籀古折以中，方言

---

⑱　《嚴復集》，第三冊，頁七一四。

⑲　《嚴復集》，第二冊，頁三六〇。

揚雲論譚充。千闈弗試千越峰，昔夢登天悲回風。飛火怒扇銷金銅，鯨呿鼇跋陸變江。睨猶閲世君非曠，咽理歸此萬年宫，文章光氣長垂虹。⑮

---

⑮　《嚴復集》第五冊，頁一五四〇。

第三章　中西文化的比較與整合

　　不同的文化猶如不同的心靈，一旦相遇，難免彼此比較，說長論短。中國近代對西方文化的「新發現」， 是中國文化與外來文化交往史中又一個重要里程碑❶。不管這一過程多麼緩慢，也不管多麼曲折，它畢竟為中國文化發展帶來了新的契機。中國文化同西方文化的相遇，首先引發的是二者各自特性、相互關係的歷史性「論辯」。 圍繞著如何看待中西文化的異同優劣、如何對待中國傳統文化、如何對待西方文化等這些宏觀的難以具體求證的問題，各路英雄好漢，都拿出十八般武藝，高談闊論，投入了大量的精神資源，造出了各種各樣的觀點和「模式」。 嚴復並不是近代中西文化論中最早的一位人物，但卻是最重要的一位人物。這不僅因為他具有相當多的中國文化知識，而且因為他對西方文化有直接的體驗和深入的研究，稱得上是西學第一大家。具備這樣的雙重條件，使得嚴復對中西文化的比較和認識，技高一籌，令人刮目相看。

---

❶　中國與外來文化交往的第一個里程碑是東漢之後印度佛教的傳入及
　　其中國化。西方文化在明末通過傳教士已經有所傳入，但後來不幸中
　　斷了。因此，真正說來，西方文化在中國的系統傳播是近代以後的事，
　　可說是與外來文化交往的第二個里程碑。

一、中西文化差異

嚴復對中西文化的比較，早在英國留學時期就開始了。通過在英國的直接生活感受、觀察、學習，一個新的富強和繁榮的世界進入到了他的眼簾，他的腦海中也逐漸凝聚成一個他難以想像的令他驚奇和興奮的形象。這個新的世界和形象，同他心目中已有的那個「舊大陸」形象，不時有意無意地就被放在一起對照和衡量，構成了他精神生活的一部分。他與駐英公使郭嵩燾在這一方面的交流，雙方顯然都是愉快的，也給後人留下了有趣的話題，「每值休沐之日，府君輒至使署，與郭公論述中西學術政制之異同。」❷但可惜的是，當時這些東西大都沒有以文字的形式保留下來。在郭嵩燾的《倫敦與巴黎日記》中，只有一處這方面的記載：「嚴又陵又言：『西洋筋骨皆強，華人不能。一日，其教習令在學數十人同習築壘。……至一點鐘而教師之壘先成，餘皆及半，惟中國學生工程最少，而精力已衰竭極矣。此由西洋操練筋骨，自少已習成故也。』」❸後來，嚴復在回憶中，幾次談到了他們在這方面的互相交流和啟發。如在〈《法意》按語〉中，嚴復說：

> 三百年來，歐之所以興，而亞之所以日微者，世有能一言而通其故者乎？往者湘陰郭先生嘗言之矣。曰：吾觀英吉利之除黑奴，知其國享強之未艾也。夫歐亞之盛衰異者，以一其民平等，而一其民不平等也。❹

---

❷ 嚴璩：《侯官嚴先生年譜》。

❸ 嚴復：〈《法意》按語〉，《嚴復集》頁四五○。

嗟呼！刑獄者，中西至不可同之一事也。猶憶不佞初遊歐時，嘗入法廷，如有所失。嘗語湘陰郭先生，謂英國與諸歐之所以富強，公理日伸，其端在此事。先生深以為然，謂為卓識。❺

不過，可以肯定的是，嚴復早期的英國留學生活，無疑為他後來的中西文化比較提供了基本的經驗。從 1895 年他正式發表論文以後，我們不時都能看到他在這方面的話語，特別是，他最初的幾篇論文和譯著《社會通詮》、《原富》和《法意》等書中所加的按語等，給我們留下的印象尤為深刻。通觀起來，嚴復對中西文化的比較，所發現的顯然不只是二者之間的差異或不同的地方，而且也有相似或相同之處。但是，總體上前者占有更大的分量，同時由於後者在不少地方我們都分別有所交代，所以，在此，只集中討論他所發現的中西文化之間的差異方面。

對嚴復來說，中西文化的差異或不同，顯然是多方面的。從政治、法律、歷史領域，到學術、風俗習慣領域等都不難看出。在政治領域中，嚴復發現，西方和中國對政治權利的理解很不相同，其不同表現在於權利的來源及其是否有限度上：「西人之言政也，以其柄為本屬諸民，而政府所得操之者，民予之也。且必因緣事會，而後成之。察其言外之意，若惟恐其權之太盛，將終不利於民者也，此西說也。中國之言政也，寸權尺柄，皆屬官家。其行政也，乃行其所固有者。假令取下民之日用一切而整齊之，雖至纖細，終無有人以國家為不當問也，實且以為能任其天職。」❻按照近代的政治觀

---

❹　《嚴復集》，第四冊，頁九六二。

❺　同上書，頁九六九。

❻　嚴復：〈《社會通詮》按語〉，同❹書，頁九三〇。

念，政府與人民、君王與臣民，都是權利的主體，即各有其權，君不太尊，民亦不太卑。君主不能侵犯臣民的權利。這一點在西方已經成為現實。與此不同，在中國，君主處於至高無上之地位，神聖不可侵犯，對於臣民任其宰割：「夫西方之君民，真君民也，君與民皆有權者也。東方之君民，世隆則為父子，世汙則為主奴，君有權而民無權者。皆有權，故其勢相擬而可爭，方為詔令，其君方自恤之不暇，何能為其抗己者計乎？至於東方，則其君處於至尊無對不諍之地，民之苦樂殺生由之，使不之恤，其勢不能本恤也，故有蠲除之詔令焉。此東西治制之至異也。聞之西哲曰，西之言倫理也，先義而後仁，各有其所應得也。東之言倫理也，先仁而後義，一予之而後一得也。」❼君主權利的有限與無限之別，同時就意味著價值的壟斷與分化之不同。西方之君主只能作君主，他所代表的只是「政治」上的最高價值，而不能壟斷其它的價值；但是中國的君主不唯要作「王」，而且也要作天下教化之「師」。嚴復說：「蓋西國之王者，其事專以作君而已；而中國帝王，作君而外，兼以作師。且其社會，固宗法之社會也，故又曰元後作民父母。夫彼專為君，故所重在兵刑。而禮樂、宗教、營造、樹畜，工商，乃至教育文字之事，皆可放任其民，使自為之。中國帝王，下至守宰，皆以其身兼天地君親師之眾責。兵刑二者，不足以盡之也。……卒之君上之責任無窮，而民之能事，無由以發達。使後而仁，其視民也猶兒子耳；使後而暴，其過民也猶奴虜矣。為兒子奴虜異，而其於國也，無寸權之尺柄，無絲毫應有必不可奪之權利，則同。由此觀之，是中西政教之各立，蓋自炎黃堯舜以來，其為道莫有同者。」❽

❼　嚴復：《法意》按語〉，同❹書，頁九七六。

❽　嚴復：《社會通詮》按語〉，同❹書，頁九二八～九二九。

　　由於在中國權利完全集中於上，社會價值又被壟斷，整個國家的治理就只能依靠統治者的智能了。但是最高統治者是世襲的，又是在非常特殊的生活環境下成長起來的，所以才能如何並不能得到保證。情況好的話，也會出現優秀者，但無能者則更為常見，這也就難怪治世少而亂世多了。相反，在西方，國家的治理，依賴的是全體人民的合力。嚴復對比道：「求中國之治，非上有聖主不能。蓋自制封建為郡縣以來，二三千年，盡如此矣！若夫歐美諸邦，雖治制不同，實皆有一國之民，為不挑之內主。故其為政也，智慧雖淺，要必以一國為量，而作計動及百年。雖伯理由於公推，議院有其聚散，而精神之貫徹始終則一而已。中國之所恃者天子耳！生於帷幮，長於阿保，其教育之法至不善。故尊為明聖，而其實則天下之最不更事人也。……則安得不治世少而亂世多乎！」❾由於在中國，治國被看成只是統治者和君主的事，因此，他們就承擔了一種「無限的責任」。但「無限的責任」，其結果就是「無責任」。因為沒有人能向他們追問責任。與此同時，由於權利完全偏離在統治者手裏，而臣民們則成了「無限的義務」者。但是，無限的「義務」，最終就是其反面──「無義務」。因為，義務總是同權利相聯繫的，不能「享受」權利或不知權利為何物的人，又怎麼會去盡義務呢？對中國人來說，「國」或「天下」，只是一家一姓的私有物，而不是「天下之天下」、「人民之國家」：「中國自秦以來，無所謂天下也，無所謂國也，皆家而已。一姓之興，則億兆為之臣妾。其興也，此一家之興也，其亡也，此一家之亡也。」❿所以，中國人也缺乏西方人那種「公共心」、「愛國心」，在他們的意識中只有自己的私利。

---

❾　嚴復：《〈法意〉按語》，同❹書，頁一○○○。

❿　同❹書，頁九四八。

嚴復比較說：

> 夫泰西之俗，凡事之不逾於小己者，可以自由，非他人所可
> 問。而一涉及社會，則人人皆得而問之。乃中國不然，社會
> 之事，國家之事也。國家之事，惟君若吏得以問之，使民而
> 圖社會之事，斯為不安本分之小人，吏雖中之以危法可也。
> 然則吾儕小人，舍己私之外，又安所恤？且其人既恤其私，
> 而以自營為惟一之義務矣。⓫

> 吾遊歐美之間，無論一溝一塍一廛一市，莫不極治繕葺完。
> 一言蔽之，無往非精神之所貫注而已。反觀吾國，雖通衢大
> 邑，廣殿高衙，莫不呈叢脞拋荒之實象。此真黃白二種，優
> 劣顯然可見者也。雖然，是二種者，非生而有此異也。蓋吾
> 國公家之事，在在任之以官。官之手足耳目，有限者也。……
> 若百千年之後，遂成心習，人各顧其私。……而最病者，則
> 通國之民不知公德為何物，愛國為何語，遂使泰西諸邦，群
> 呼支那為苦力之國。何則？終身勤勤，其所恤者，舍一私而
> 外無餘物也。⓬

在嚴復看來，中國人缺乏公共意識和愛國心，說到底並不是人民的
過錯，而是統治者造成的。譬如，西方人把「納稅」視之為應當，
自覺地承擔其義務。相反，中國人把交納「賦稅」看成為一種外在
的負擔，逃之若水火。這並不是因為西方人天生就高尚，中國人天

⓫　同❹書，頁九九四。

⓬　同❹書，頁九八五。

生就無責任感，而是因為西方人從中得到了回報，享受了自由的權利和由此帶來的好處，而中國人卻得不到相應的補償。

與上述中西的差異相關，嚴復認為，在法律和刑訟方面，西方的立法是君民共立，所立之法君民共守，中國立法，是君為民而立，其法君可不守而民不得不守：「其專制也，君主之制，本可專也；其立憲也，君主之仁，樂有憲也。……若夫今世歐洲之立憲，憲非其君之所立也，其民既立之，或君與民共立之，而君與民共守之也。」❸在司法上，中國亦由天子決斷，西方的司法是神聖獨立的，不受君主的左右：「從中國之道而言之，則鞠獄判決者，主上固有之權也。其置刑曹司法，特寄焉而已。故刑部奏當，必待制可，而秋審之犯，亦天子親句決之。凡此皆與歐洲絕異而必不可同者也。今盎格魯國民，其法延咸稱無上，示無所屈，其所判決，雖必依國律，而既定之後，王者一字不能易也。」❹

中西歷史觀的差異，具體表現在對新舊、古今、進步和因循所持的態度不同。在西方，對歷史的進步充滿信心，相信未來是美好的，把歷史看成是一個不可逆轉的線性過程。但是，與此相反，在中國，歷史往往被看成是一個退化的過程，有強烈的復古傾向；或者是認為歷史是不斷循環，治亂、興衰周而復始。嚴復說：「嘗謂中西事理，其最不同而斷乎不可合者，莫大於中之人好古而忽今，西之人力今以勝古；中之人以一治一亂、一盛一衰為天行人事之自然，西之人以日進無疆，既盛不可復衰，既治不可復亂，為學術政化之極則。」❺又說：「今夫中西之言治也，有其必不可同者存焉，

---

❸　同❹書，頁九五〇。

❹　同❹書，頁九五二。

❺　嚴復：〈論世變之亟〉，《嚴復集》，第一冊，頁一。

中之言曰，今不古若，世日退也；西之言曰，古不及今，世日進也。惟中之以世為日退，故事必循古，而常以愁忘為憂。惟西之以世為日進，故必變其已陳，而日改良為慮。夫以後人之智慧，日夜求有以勝於古人，是非決前古之藩籬無所拘攣，縱人人心力之所極者不能至也，則自由尚矣。」⓰當然，不可否認，在中國，也有思想家主張歷史進步論，反對厚古薄今。如法家人物就是如此。但是，占主導地位的歷史觀念，仍是好古非今的歷史退化論。

學術是否分化，是否繁多，是衡量其水準高低、是否發展的重要標誌。中之學，混而不分，籠統蕪雜；西之學，分而不混，專門精細。嚴復說：「往者湘鄉曾相國有言，古之學者，無所謂經世之術也，學禮焉而已！……吾國之禮，不僅宗教法典儀丈習俗而已，實且舉今所謂科學、歷史者而兼綜之矣。」⓱特別是，在中國，宗教與學術混而不分，教有爭，學亦有爭；在西方，學術與宗教相分，教有紛爭，而學則不可：「顧自今以西學眼藏觀之，則惟宗教，而後有如是之紛爭，至於學界，斷斷不宜有此。然則中國政家不獨於禮、法二者不知辨也，且舉宗教、學術而混之矣。」⓲

中西文化之間的不同，在風氣、習慣上也有所表現。如中國人內傾，西人外向。內傾則少冒險精神，安於所居；外向則富於敢於探險，不斷開拓。對此，嚴復說道：「不憚艱險而樂從軍走海上者，歐洲之民，大抵如此。而圖敦、日爾曼之種尤然。此其風氣，與中國所甚異而絕不同者。歐羅巴能雄視五洲以此，支那常恐為其所逼齷而終不足自存者，其端亦在此。」⓳又如，在怨仇上，中俗牢記不

⓰　嚴復：〈主客平議〉，同上書，頁一一七～一一八。

⓱　嚴復：《《法意》按語》，《嚴復集》，第四冊，頁九九一～九九二。

⓲　同⓱書，頁九九二。

忘，延及後代，西俗多求諒解。這是中西宗教使然。

從嚴復對中西文化的比較來看，他所說的差異，不只是差異而已，而且同時意味著優劣。在此，西方文化已成為理想的文化，它是中國文化的發展方向。但是，他所說的西方文化的優點和長處，基本上都是西方近代文化的產物。如果把中國傳統文化同西方傳統文化相比，就很難說中國文化處處不如西方了。

那麼，何以中西文化有這種差異和優劣呢？照嚴復的解釋，主要與下列因素相關。首先在於對自由的理解不同。西方文化最重個人的自由，把自由看成是神聖之物，而中國文化不注重個人自由，在它那裏，自由意味著「恕」和「絜矩」。由於對自由的理解非常不同，制約了中國文化在很多方面上的差異：「則如中國最重三綱，而西人首明平等；中國親親，而西人尚賢；中國以孝治天下，而西人以公治天下；中國尊主，而西人隆民；中國貴一道而同風，而西人喜黨居而州處；中國多忌諱，而西人眾譏評；其於財用也，中國重節流，而西人重開源，中國追淳樸，而西人求歡娛。其接物也，中國美謙屈，而西人務發舒；中國尚節文，而西人樂簡易。其於為學也，中國誇多識，而西人尊新知。其於禍也，中國委天數，而西人恃人力。」[20] 其次，中西文化的差異與一統和分治有關。嚴復認為，中國主大一統的觀念，西方則強調分治，大一統使中國弱，分治使西方強：「天下之事，有行之數千年，人心所視為當然恆然，而實非其至者，如吾國一統之規是已。夫九州十八行省，必治以一家，是寧不可以無然，而有善今之制者乎？吾嘗思之，蓋自《公羊學》興，而以謂春秋大一統。……向使封建長存，併兼不起，各君其國，各

---

⑲　嚴復：〈《原富》按語〉，《嚴復集》，第四冊，頁八六三～八六四。

⑳　嚴復：〈論世變之亟〉，《嚴復集》，第一冊，頁三。

子其子，如歐洲然，則國以小而治易周，民以分而事相勝，不必爭戰無已時也。且就令爭戰無已，弭兵不成，諦以言之，其得果猶勝於一君之腐敗。嗚呼！知歐洲分治之所以興，則知中國一統之所以弱矣。」❷ 再者，中西文化的差異，與中國所處的社會形態有關。嚴復把人類社會的發展分成三種形態：圖騰、宗法和國家。中國文化之所以落後於西方，不如西方，是由於中國社會幾千年來，一直處在宗法社會之一階段上，「其聖人，宗法社會之聖人也。其制度典籍，宗法社會之制度典籍也。」❷ 但與此不同，西方社會早已從宗法社會進入到了國家社會，它們的文化是處在國家時期的文化。從這一點上說，中西文化之別，實際上是社會形態之異的產物。馮友蘭先從東西、古今解釋中西文化的不同，最後用不同的社會類型來說明，這與嚴復這裏的說法有相似之處。

二、面對西方文化的開放心靈

既然西方文化先進，比中國文化優越，既然中國要求富強，而西方已經達到了富強，那麼，對於西方文化應採取何種態度，也就不言而喻了。嚴復這樣強調說：「夫士生今日，不睹西洋富強之效者，無目者也。謂不講富強，而中國自可以安；謂不用西洋之術，而富強自可致；謂用西洋之術，無俟於通達時務之真人才，皆非狂易失心之人不為此。」❷ 但是，傳統的「華夷之辨」、新興起的「中體西用」等觀念，在嚴復看來，都不利於我們對西方文化的學習和

---

❷ 嚴復：〈《法意》按語〉，《嚴復集》，第四冊，頁九六五。

❷ 嚴復：〈譯《社會通詮》自序〉，《嚴復集》，第一冊，頁一三六。

❷ 嚴復：〈論世變之亟〉，《嚴復集》，第一冊，頁四。

吸取，必須加以捨棄。

　　顯然「華夷之辨」觀念，源遠流長。這種觀念堅持認為，華夏是世界文明的中心，是禮義和道德之邦，而其它一些民族和國家，都是不開化的「野蠻」的「夷狄」。華夏當然一直指中國，而夷狄最初是指中國四邊的野蠻民族，但範圍後來逐漸擴大。與印度文化有了交流之後，印度被劃入夷狄之列。與西方文化發生了關係之後，西方文化也成了「夷狄」了。一般來說，每個民族都有其自尊心和自我中心主義傾向，往往慣於把自己所屬之團體看得比其它團體優越。就中國傳統歷史文化來說，它也卻有其優越和先進之處，所以，產生「華夷之辨」觀念，並不奇怪。但問題是，中國的「華夷之辨」觀念太強烈和頑固了。當西方文化的優越性已經顯示出來之後，一部分中國人仍然把西方視之為「夷狄」，反對向西方學習，實在是自欺欺人。嚴復毫不留情地批評說：「存彼我之見者，弗察事實，輒言中國為禮義之區，而東西朔南，凡吾王靈所弗屆者，舉為犬羊夷狄，此一蔽也。明識之士，欲一國曉然於彼此之情實，其議論自不得不存是非善否之公。而淺人怙私，常詈其讐仇而背本，此又一蔽也。而不知徒塞一己之聰明以自欺，而常受他族之侵侮，而其與誰何。……公等念之，今之夷狄，非猶古之夷狄也。」❷❹在嚴復看來，中國古代與周圍的民族打交道，這些民族，「有鷙悍長大之強」，是以質勝者。中國進入了文明，有智慧之術，是以「法」勝者。但是，西洋之國決非昔日之夷狄，「今之西洋，則與是斷斷乎不可同日而語矣。彼西洋者，無法與有法並用皆有以勝我者。」❷❺嚴復希望國人能夠充分認識到這一點，以開放的心靈，虛心學習西方的文化，藉

---

❷❹　同❷❸書，頁二。

❷❺　同❷❸書，頁一一。

以自強，不要故步自封，作繭自縛。

但是，近代以來，對西方文化的排外主義態度，仍有一定的市場，而且表現出了新的形式。對此，嚴復描述道：「吾國自庚子以還，時論實以排外為有一無二之宗旨。其所異於前者，嚮則傲然憪然，以外人為夷狄而排之；今則聳然惕然，知外人之智力為優勝而排之；嚮也，欲不度德不量力而排之；今也，度德量力，欲自免於危亡而排之。故其說曰，嚮之排外是也，特所以排之者非耳！嚮之所以排外者，野蠻之術也，故雖排而外人之入愈深，而中國之受損者日重。乃今吾將為文明之排外焉，吾國其庶有豸乎！……方今吾國，固當以開通為先，而大害無逾於窒塞。……已聞留學生有言，寧使中國之路不成，礦不開，不令外國齎財於吾國而得利，此言與昔徐東海相國云，能攻夷狄，雖坐此亡國，亦為至榮。何以異乎？他日惡果，必有所見。」❷❻在嚴復看來，處在外國凌遲之下的中國，最佳的選擇，是進入物競之列，使自己也達到文明化，強大起來。如果這樣，不排外，而外自排。否則，使自己像木乃伊一樣封閉起來，不但不能有效地保護自己，反而更會為外人所制：「徒倡排外之言，求免物競之烈，無益也。與其言排外，誠莫若相勖於文明。果文明乎，雖不言排外，必有自全於物競之際；而意主排外，求文明之術，傅以行之，將排外不能，而終為文明之大梗。」❷❼嚴復通過對歷史的觀察，總結出一條歷史法則，即把自己封閉起來以求穩固，總是不能成功的。因為文明只有在開放和相互影響中才能成長。由此出發，他還對秦築長城進行了批評：「與人並立天地間而為國，有一公例焉，曰避敵以為固，未有能固者也。大彼得之治俄也，置其

---

❷❻　嚴復：《《原富》按語》，《嚴復集》，第四冊，頁一〇〇五。

❷❼　嚴復：〈與《外交報》主人書〉，《嚴復集》，第三冊，頁五五八。

斯科而立彼得堡，曰：使吾國而興，必向西而對諸國而開戶牖。此其言近之矣。中國自秦起長城，而河山兩戒，戎夏劃然。更三千年，化不相入。……誰生厲階，至今為梗，論者以此為秦之功，吾則以此為秦之罪也。」❷❽從嚴復這裏反對排外、主張開放來說，他不僅是認為這有利於吸取外部的長處，而且是強調文明是一個競爭的過程，只有在競爭場中，才能使自己不斷得到刺激和發展。中國之所以弱，就是因為處在競爭之外，相反，西方諸國之強盛，乃在於其相互競爭：「各立君長，種族相妒，互相砥礪，以勝為榮，以負為辱。蓋其所爭，不僅軍旅疆場之間而止，自農、工商賈至於言詞學問一名一藝之微，莫不如此。此所以始於相忌，終於相成，日就月將，至於近百年，其富強之效，遂有非餘洲所可及者。」❷❾從近代西方國家的成長來說，民族主義觀念起了重要的作用，它不僅引導了近代一系列民族國家的產生，而且為每一個國家提供了整體的力量。對此，嚴復是瞭解的。但是，在嚴復的整個思想中，這一觀念看來並沒有占居什麼特別的位置。寧可說，他對民族主義卻有一種冷漠感。出現這種現象，並不奇怪。對嚴復來說，中國迫切需要的是開放和向西方文化學習，而中國的民族主義，卻與排外主義往往結合在一起，而排外主義恰恰是他所深惡痛絕的。

　　隨著中國近代開國的發展，人們對西方的觀念也在發生變化。嚴復「華夷之辨」的觀念，逐漸失去了存在的餘地。與此同時，產生了另一種有影響的觀念，即「中體西用論」。這種觀念已不再是簡單地排斥西方文化，而是主張學習西方文化。但是，其學習的內容和範圍被限制在西方的「科學」和「技術」領域，而且只能作為

❷❽　嚴復：《《法意》按語〉，《嚴復集》，第四冊，頁九六二。

❷❾　嚴復：〈擬上皇帝書〉，《嚴復集》，第一冊，頁六六。

「用」來對待。在道德政教等方面，仍要堅持中國傳統的東西，不能借用於西方，而且這是「體」。這一觀念構成為中國近代有影響力的思潮之一，並成為支持洋務派從事洋務運動的理論基礎。然而，這種畫地為牢的學習西方文化的模式，是建立在中西二元論之上的，即認為中國文化在道德政教這一根本方面優越於西方，而西方在科學和技術這一從屬方面比中國高明。對嚴復來說，這一觀念不僅理論上不通，而且在現實上也有害。他提出了一個著名的批評：「體用者，即一物而言之也。有牛之體，則有負重之用；有馬之體，則有致遠之用。未聞以牛為體，以馬為用者。中西學之為異也，如其種人之面目然，不可謂強似也。故中學有中學之體用，西學有西學之體用，分之則兩立，合之則兩亡。議者必欲合之而以為一物。且一體而一用之，斯其文義違舛，固已名之不可言矣，烏望言之而可行乎？」⑳按照嚴復這裏所說，我們要學習西方文化之用，同時就得學習西方文化之體，因為體用不可分。不管文化能否劃分成體用，體用能否分開，可以肯定的是，嚴復對待西方文化的態度與洋務派是不同的，即他主張全方位的學習西方。與批評「中體西用」一樣，嚴復對中西文化的「主輔說」也作了否定：「若夫言中學而以西學輔所不足者，驟而聆之，亦若大中至正之說矣。措之於事，又不然也。往者中國有武備而無火器，嘗取火器以輔所不足者矣；有城市而無警察，亦將取警察以輔所不足者矣。顧使由今之道，無變今之俗，是所輔不足者，果得之而遂足之乎！有火器遂能戰乎！有警察者，遂能理乎！」㉛在此，嚴復所表明的仍是，對西方文化應採取全

---

⑳　嚴復：〈與《外交報》主人書〉，《嚴復集》，第三冊，頁五五八～五五九。

㉛　同上書，頁五五九。

方位的開放態度，試圖只取其一，而排斥其它，或取其輔，而捨其主，都是無效的。近代以來，圍繞著應如何對待西方文化這一問題所發生的爭論，持續不斷。說起來，這並不是一個什麼特別複雜的問題，何以會如此呢？根本原因在於，我們不能以嚴復這種開放的心靈去面對西方文化，總是要設法去排斥西方文化。中國現代化的艱難，也主要與此相聯。

三、中國傳統文化反思

通觀嚴復思想領域和行動領域的整個過程，不可能得出他與傳統關係的單一性觀念，傳統主義在他那裏是無效的。嚴復所走過的道路也並非是以進步始以反動終的這種通常的概括。面對深遠的傳統，嚴復表現出複雜的情感和理解態度。距離與接近，緊張與寬容，遺憾與同情，相互交織在一起。我們必須緊隨著嚴復，全面地去把握傳統在他身上的混合形態。

按照嚴復的思考，要是英國及其它西方國家的富強與其近代文化是相關的，中國的貧弱和落後就要從沒有產生這種近代文化來說明。何故不能孕育出近代文化，把注意力集中到中國傳統文化上是必要的。嚴復以西方特別是英國作為參照物，省察通行了幾千年的中國傳統和歷史的過去。在這一過程中，他要是對中國傳統文化不進行重估和一定的批判，那將是奇怪的。必須正視傳統文化不能通過內在機制完成自我更新而走向近代化所帶來的悲劇。而且在建設近代化的實踐中，無疑要清除傳統文化中與近代化格格不入的劣根性和陰暗面。不過要知道，嚴復決不是全面排擊傳統的人，他同時對傳統文化作了新的解釋、整合、認同和承繼。嚴復通過研究發現，

傳統文化中包含有契合西方近代文化的某些普遍價值和共同因素。嚴復不願看到中國傳統文化的完全破壞。這不僅因為傳統文化中存在著活的東西和光明面，而且因為如果傳統被除出而新的尚未建立所形成的真空，比完全保留傳統更為令人擔憂。總之，嚴復對傳統文化採取了重估、整合和認同這三種操作方式。

十九世紀中葉之後，儘管還有康有為這位近代維新的領袖人物，仍要賦與傳統以新的形式，使孔子成為改革家的形象，來為他的變法服務（這已為保守派所不容）❷，但確實出現了像譚嗣同、梁啟超和嚴復這類懷疑傳統和批判傳統的思想家，雖然他們在激烈程度上有差異。

嚴復在中日甲午之戰的空前震動下，再也按捺不住胸中的悲憤，他要把自己長期積累的能量釋放出來，以與傳統的權威、牢固的秩序和慣常的模式對抗。這樣，他就不僅使自己與傳統處在緊張的狀態中，而且還與代表傳統的現實力量成為對立關係，不言而喻，這很容易給他帶來麻煩❸。

嚴復對中國傳統的重估和批判，主要集中在傳統的社會政治制度、傳統的學術風氣和傳統的價值觀念上。大一統主義、絕對的封建君主專制和八股制，首先成為他重估的對象。西方諸國林立，自由競爭所帶來的張力和活力，使嚴復很容易就把中國的僵化和凝固同其大一統主義聯繫在一起。這種大一統主義，其表現就是對外的排外和對內的高度專制。物競天擇，適者生存的進化原理告訴嚴復，必須破除大一統主義的體系，而代之以分立主義。對封建專制的清算，嚴復從為其辯護的韓愈的〈原道〉篇開刀，撰寫了〈闢韓〉。韓

❷　參閱湯志鈞《戊戌變法人物傳稿》，下冊，頁五四二。

❸　見嚴璩：《侯官嚴先生年譜》，《嚴復集》，第五冊，頁一五四八。

愈認為，人民不交納賦稅，就誅殺。對此，嚴復反問道，如果統治者不能履行其義務，不是也應當追究其責任嗎:「民不出什一之賦，則莫能為之君；君不能為民鋤其強梗，防其患害則廢；臣不能行其鋤強梗，防患害之令則誅乎?」**❸❹** 但是，韓愈完全站在統治者的立場上，為其進行辯護，把專制性合法化。嚴復繼續質問說:「夫自秦以來，為中國之君者，皆其尤強梗者也，最能欺奪者也。竊嘗聞『道之大原出於天』矣。今韓子務尊其尤強梗，最能欺奪之一人，使安坐而出其唯所欲為之令，而使天下無數之民，各出其苦筋力、勞神慮者，以供其欲，少不如是焉則誅，天之意固如是乎? 道之原又如是乎?」**❸❺** 對專制的痛恨，使嚴復把秦之後的中國君主都說成是「竊國的大盜」。 嚴復的〈闢韓〉，可以說，是繼黃宗羲《明夷待訪錄》之後討伐專制君主的又一代表性檄文。進一步，嚴復在〈《法意》按語〉和〈《社會通詮》按語〉的不少地方，用西方近代的民主觀念，從各個方面，透視了中國君主專制的特性。與封建專制密切相關，「禮」教也是束縛中國人的一把鎖鍊。這一點，嚴復顯然不會放過。他接受道家的說法，把禮看成是道德敗壞的標誌和禍亂之首:「禮者，誠忠信之薄，而亂之首也。」**❸❻** 特別是，他認為，禮教對中國女性的迫害最深，對此他作了有力的控訴。引起嚴復對傳統政治痛恨的再一個主要方面是長期通行的八股制。嚴復說中國不變法必亡，要變法，當務之急就是廢除八股制。八股制的最大危害在於使天下無人才。它禁錮人的智慧，破壞人的心靈，使人遊手好閒，無所事事，一步步把中國帶入貧弱的境地。不廢除八股，國無興日，這是

---

❸❹　《嚴復集》，第一冊，頁三三。

❸❺　同上書，頁三四。

❸❻　嚴復:〈《法意》按語〉，《嚴復集》，第四冊，頁九六一。

嚴復得出的結論❸。

　　嚴復對中國傳統學術的批評，集中在其唯書主義、官本位主義上。追求富強的嚴復，還對中國傳統中的諸價值觀念進行了重估。如在道義與功利問題上，人們大都以為二者是對立的，不能兼顧並存。嚴復不厭其煩地反對這種觀念。

　　如何認識嚴復對中國傳統的重估和批判呢？可以提出兩點。一是，嚴復不是全面地極端地反傳統。他只是就傳統中應加以重估和批判的部分進行了重估和批判，因為在他的視野中，傳統還包含有應該承繼和連續的部分。二是，嚴復對傳統的重估和批判前後基本上是一貫和一致的。一種頗有代表性的觀點堅持認為，嚴復對待傳統有三個階段：即前期積極的批判傳統，中期的不太積極和最後的返本復原。根據我們對嚴復所作的考察，他在辛亥革命之前，對傳統的重估和批判，沒有明顯的斷層，他翻譯的著作所加的按語，非常充分地反映了這一點。辛亥革命後，嚴復也並非簡單地返本復原。在嚴復1916年帶病手批的《〈莊子〉評語》中，我們還能看到他仍在重估和批判傳統。可以肯定，嚴復對傳統的這一側面的立場基本上是一貫的。

　　一個時代的思想更新，在很大程度上依賴於對傳統要作出新的整合和轉換性解釋。中國近代以來的思想發展也不會逃出這種形式。不過要注意的是，從中國近代開始，對傳統的重新整合和解釋，與外來的西方觀念不可分割地聯繫在一起，而嚴復則為突出代表。嚴復在孟德斯鳩、亞當・斯密、赫胥黎、穆勒和斯賓塞等思想家那裏，找到了民主主義、自由主義、進化論、社會共同體、科學方法、經濟和法等一系列觀念。正是在這些觀念的昭示下，嚴復能自覺地對

---

❸　參見嚴復的〈救亡決論〉，《嚴復集》，第一冊。

傳統進行富有情趣的整合，並由此感受到治西學的精神快樂。如科學方法——歸納和演繹是嚴復向中國人介紹的西學的最重要方面之一，有意味的是，他在《周易》和《春秋》中深信發現了它們的原初形態，且為此激動不已：「乃推卷起曰：有是哉！是固吾《易》、《春秋》之學也。遷所謂本隱之顯者，外籀也；所謂推見至隱者、內籀也，其言若詔之也。」❸這樣的例子非常多，我們會在一些不同的地方分別說明。現在的問題是，嚴復在外來觀念指導下，整合解釋中國傳統，是否契合「本文」，或者說他是否達到客觀而沒有發生誤解和比附？按照嚴復的自信，他似乎肯定他的整合和解釋是客觀的。在我們看來，嚴復並沒有完全做到這一點。事實上是，他既有客觀性的一面，也有比附的成分。同時，嚴復對中國傳統的整合和解釋，給人的印象是，他好像是玩弄古已有之的把戲，這是否確實？在嚴復那裏，我們看到，他反對那種認為西方近代學說在中國傳統中都已存在的說法，特別是西學源於中國的荒唐之論。嚴復所肯定的是，中國傳統與西學的契合和相同，只是部分的，零星的和初步的。這樣，嚴復實際上做到了沒有與「西學中源」同流，並且也避免了「古皆無之」的歷史虛無論。

　　傳統與近代化是否完全格格不入，傳統對近代化是否不能做出任何積極貢獻，因而近代化的選擇一定要以徹底拋棄傳統為代價呢？嚴復在這一問題上，正如我們前面所指出的那樣，也採取了否定的態度。在他那裏，傳統與近代化雖有矛盾衝突，但也不是格格不入。嚴復對不相入的部分是批判，對相入的方面則是加以認同。中國傳統文化有兩大源流，一是中國固有的先秦文化，以儒、道、墨、法為主體，一是外來的印度佛教文化。二者共同參與了中國傳統文化

---

❸　嚴復：〈譯《天演論》自序〉，《嚴復集》。

大演變，形成了中國傳統文化的基本形勢。嚴復對中國傳統文化既然有批判的方面，因而他對傳統文化的認同就不可能是不加分別地全部承繼，而是一種選擇，揚棄地認同。儒學是中國傳統文化中影響最大的學說，長期扮演著社會意識形態的角色。在儒學認同上嚴復關心的是它的源，即孔子和六經（先儒），而不是它的流（嚴復對流多是批判，如激烈攻擊韓愈和陸王）。因為儒學的後來演變，支流繁多，皆以為得孔子之真，實際上大有改變。嚴復推崇孔子和六經，就是一般所說嚴復批判傳統的最積極時期，他也沒有點名指責孔子和非議六經。嚴復 1898 年發表的〈有如三保〉和〈保教餘義〉，都強調了孔子的真實精神和不可破壞的內在力量。在《天演論》的序中，嚴復備極稱讚六經：「今夫六藝之於中國也，所謂日月經天，江河行地者爾。」並為後人不能發揚光大它而深感痛心。他對自己有機會學習西學，從而能夠借他山之石來攻中國經典之玉的作為，津津有味，樂不可支。嚴復後來特別提出和宣揚尊孔讀經，雖在很大程度上是回應破壞一切傳統的論調，對付缺乏精神統一和凝聚力的危機，但不能忘記這也與他一開始就有的對孔子和六經本身真實性肯定的關係。嚴復臨終遺言說的「舊法可損益，必不可叛」，也是基於此種肯定之上。這樣，嚴復對儒家的一定認同態度，就不能說只是後期的產物，只不過前後在表現形式上不同罷了。那種認為嚴復對儒家的態度前後有巨大斷層的觀點，其來源就是對前後形式差別的過分敏感。道家、法家和墨家，在中國傳統中，都沒有像儒家那樣的顯赫地位，但這並不意味著它們在現實上和理論上不值得進行任何認同。嚴復對道家哲學中的自由、民主等觀念所作的認同強烈而又真誠。嚴復翻譯法學名著孟德斯鳩的《法意》，強調法治，按說他應在理論上，同中國的法家進行一番比較，加以認同，但他

沒有這樣做。主要是出自現實操作上的考慮，即日本和德國的快速
強盛，使嚴復深感效法二國的必要。他把希望寄於強人的出現上，
認為法家在此可以有所作為：「居今而言救亡，學惟申韓，庶幾可
用，除卻綜名核實，豈有他途可行。賢者試觀歷史，無論古今中外，
其稍獲強效，何一非任法者耶？」❸墨家作為儒家的對立面，自從受
到孟子的非議之後，一直受到後儒的攻擊和冷遇。嚴復從理論上論
述了墨子「兼愛說」的無懈可擊，為其鳴不平，同時批評孟子和後
儒「仁愛說」的漏洞。嚴復說：

> 每聞兼愛之說，則以為非人情。雖以孟子之賢，且訾其無父。
> 夫所謂無父者，非真無父也，特不設差等於其間，待其父猶
> 眾人焉，曰無父耳。然不知仁心之用，發於至性之自然，非
> 審顧衡量，而後為施。果然，則乍見孺子之入井者，必訊其
> 父之為何如人，而後可以施匍匍之救，則所謂惻隱之端，所
> 存不其寡歟？……嗚呼！使人道必以仁為善長，則兼愛之說，
> 必不可攻。兼愛者不二本，孟軻氏之說，乃真二本耳！……
> 夫橫渠〈西銘〉之道，兼愛也，墨道也。而程朱黨，與孟子
> 之說背馳，則必以為非墨。夫孟子固聖賢人，而以云其學說，
> 則未安眾矣。程朱又安能盡護之？❹

嚴復非常推崇科學的作用和力量。但在科學之外，他肯定宗教
對人生和道德有一定的積極意義。因而對中國影響甚大的佛教，嚴
復並不主張加以廢除，而是表現出某種程度的認同。以上是嚴復對

---

❸　嚴復：〈與熊純如書〉，《嚴復集》，第三冊，頁六〇二。

❹　嚴復：《法意》按語〉，同上書，第四冊，頁一〇〇三。

傳統認同的基本態勢。很明顯，他的認同不是全面復歸傳統，而只
是要求承繼和振興傳統中的積極價值和合理部分。傳統與現代生活
的關係問題，至今還困惑著我們。嚴復對待傳統的全方位態度，似
能為我們正確解決這一問題提供某種啟示。

四、道家與西方觀念

　　一般來說，嚴復是一位「西學」大家，他熱愛「西學」。但是，
他對「中學」並不總是拒斥的，對有的東西他也有一種發自內心的
情感。他不太喜歡儒家，而傾心於佛家和道家。在佛家和道家中，
他更欣賞道家。三教經典顯然不少，但他對道家經典《老子》和《莊
子》獨有所鍾，一生只注解了這兩部經典。二十世紀的1905年，他
關懷起《老子》來。寫出了《〈老子〉評語》。尤其是對《莊子》，他
更是喜愛不已。在給友人的書信中，他兩次都談到他對《莊子》的
一往情深：

　　　　予平生喜讀《莊子》，於其理唯唯否否，每一開卷，有所見，
　　　則隨下丹黃。❹

　　　　平生於《莊子》累讀不厭，因其說理，語語打破後塵，往往

---

❹　嚴復：〈致熊純如〉，《嚴復集》，第三冊，頁六〇八。此信寫於1912年。
　　信中還提到：「馬通伯借之去不肯還，乃以新帙見與，己意亦頗軼軼，
　　今即欲更擬，進退不可知，又須費一番思索，老來精力日短，恐不能
　　更鑽故紙矣。」嚴璩《侯官嚴先生年譜》載，1916年，嚴復在氣喘不
　　止時還在「手批《莊子》」。由此可見，嚴復的《〈莊子〉批語》，決非
　　一時之物，而且重複批過。

至今不能出其範圍。❹

　　我們也許會問，嚴復何以對道家特別是《莊子》如此偏愛呢？究竟是道家的什麼東西在吸引著他呢？簡單地說，是道家的博大、深遠、玄妙、超越、神秘、靈境、美感和自由。儒家的直接性、世俗性、約束性、計較性、嚴肅性，與他的靈性不太合拍。嚴復不只是由於失望或失意才去觸摸道家的，而且因為道家哲學站得高，看得遠，能為他提供最高的精神智慧。這種智慧又不是孤立的，它因另一種智慧的投射而光芒耀人。

　　經典的生命力在於不斷地被「閱讀」，並在這種閱讀中不斷地釋放出新的「意義」。中國哲學家不太喜歡離開經典獨立地進行哲學創作，他們的思想往往通過對經典的注解表達出來。注解所採取的方式，一般有兩種，一是注重對名物的考證，一是強調對義理的引發，前者的功夫在「學」，後者的用心在「思」。嚴復雖為中國近代哲學家，但在一定程度上，他仍保持了中國傳統中表達思想的形式，即在對經典的注解中使自己的觀念顯現出來。他對道家經典──《老子》和《莊子》的閱讀就是如此，他的注解，不是考證式的，而是義理式的。而且，他的義理，又主要不是來自中國已有的思想資源，而是來自遙遠的西方的近代觀念。通觀他的《〈老子〉評語》和《〈莊子〉評語》二書，我們很容易發現，它們都被深深地籠罩在西方的觀念之下。經過他的評解，古色古香的道家經典，一下子就縮短了同我們的歷史距離，被拉到了面前。對此提出疑問完全是自然的。時間上離我們如此遙遠的《老子》和《莊子》，怎麼可能如此廣泛地與空間上離我們同樣遙遠的西方近代的人物和觀念息息相

---

❹　同❹書，頁六四八。

通呢？在這一點上，嚴復似乎沒有遇到什麼困難。對他來說，「使其理誠精，使其事誠信，則年代國俗無以隔之，是故不傳於茲，或見於彼，事不相謀而各有合」❹。但是，如果沒有外來的西方近代觀念的觀照，我們就不知「其合」，當然也不知「合在何處」。嚴復驚人地擁有了這種觀念，這種觀念就像一把顯微鏡一樣，猛然間就把我們平常所看不到的東西，盡收眼底。為嚴復《〈老子〉評語》和《〈莊子〉評語》作序的夏曾佑、熊元鍔、曾克耑等，都一致地認為嚴復因掌握西學這一利劍而發現了老莊道家的「真義」。如夏曾佑這樣說：

> 若夫老子之所值，與斯賓塞等之所值，蓋亦嘗相同矣。而幾道之所值，則亦與老子、斯賓塞等之所值同也。此其見之能相同，又奚異哉！……幾道既學於西方，而盡其說。而中國之局，又適為秦漢以後一大變革之時，其所觀感者與老子、斯賓塞同。故吾以為即無斯賓塞，而幾道讀《老子》亦能作如是解。而況乎有斯賓塞以為證之哉！❹

曾克耑亦說：

> 余獨有慨於老子之說，既蒙昧兩千餘歲，得嚴氏而後發其真，嚴氏一人之力不足以發之，猶必藉泰西往哲之說以發之，則東西道術有待於疏通證明之亟也。❹

---

❹ 嚴復：〈譯《天演論》自序〉。

❹ 〈夏曾佑序〉，《嚴復集》，第四冊，頁一一○○～一一○一。

❹ 〈曾克耑序〉，同上書，頁一一○三。

嚴復也為他能在道家經典中發現「新大陸」而驚奇不已。他把這視之為他治西學的最大樂趣之一，也是「西學」有貢獻於「中學」的地方之一。有人面對「西學」的興起而對「中學」憂心忡忡，對此，嚴復信心十足地斷定：「不然，新學愈進而舊學益昌明，蓋他山之石可以攻玉也。」❹那麼，嚴復是如何用西學之「石」來攻道家之「玉」的呢？

（一）科學知識發現

不可否認，科學及其精神的興盛是西方的產物。同樣可以肯定的是，它又是中國近代以來努力追求的目標之一。談到這一點，嚴復的名字往往會被不斷提起，因為他是引介和傳播西方科學既早且宏的人物之一。但是，值得注意的是，嚴復也是在中國傳統中發現科學知識的有代表性的人物。在他的著論中，他不時都給我們留下了這方面的印象。他對道家哲學的解讀，又大大地加強了我們的這一印象。對培根、穆勒來說，科學得益於其方法，這就是被他們都一個勁強調的「歸納法」。受此影響，嚴復對歸納在科學中的作用，也非常重視。但是，他沒有完全跟著培根、穆勒走，他不排斥演繹。令嚴復興奮的是，歸納與演繹這兩種既區別又有聯繫的科學方法，《老子》已有所提示。四十八章有言：「為學日益，為道日損」，嚴復解讀說：「日益者，內籀之事也；日損者，外籀之事也；其日益也，所以為其日損也。」❹照此所論，「日益」是歸納活動；「日損」則是演繹活動。我們可能不太相信嚴復的這種解釋，但不能否認他這一解釋的新穎性和明確性❹。與此相關，嚴復對四十七章中「其

---

❹　嚴璩：《侯官嚴先生年譜》，《嚴復集》，第五冊，頁一五四九。

❹　《嚴復集》，第四冊，頁一〇九五。

出彌遠，其知彌少」，也作出了富有獨特性的知識論上的理解：「夫
道無不在也，苟得其術，雖近取諸身，豈有窮哉？而行徹五洲，學
窮千古，亦將但見其會通而統一於而已矣。」❹「會通」在嚴復那裏，
與「歸納」一樣，也是從特殊到一般的認知過程。《莊子·天道篇》
講到木匠做車輪得心應手而口不能言的故事，嚴復說對此他「嘗恍
然自失而不知其理之所以然」， 正是穆勒的「曲而知類」的觀念，
使他的疑點豁然「冰釋」， 這是由於木匠不能從經驗中得出明確的
概念性知識。

　　在嚴復那裏，道家哲學與科學的緊密聯繫，不只是表現在對科
學方法的自覺，而且還表現在它包含有具體的科學理論。達爾文的
「生物進化論」是近代科學的最偉大發現之一，這一理論認為生物
是不斷進化的，它遵循「自然選擇、適者生存」這一法則。但是，
嚴復肯定，《老子》五章中所說的「天地不仁，以萬物為芻狗；聖
人不仁，以百姓為芻狗」， 把達爾文的進化論概括無遺。嚴復的批
語說：「天演開宗語」，「此四語括盡達爾文新理。」❺這個說法，顯
然是誇大其詞。《莊子·達生篇》提出「合則成體，散則成始」的
命題，嚴復把它又同斯賓塞的「普遍進化論」聯繫了起來。他說：
「斯賓塞謂天演翕以合質，闢以出力，即同此例。翕以合質者，合
則成體也，精氣為物也；闢以出力者，散則成始也，遊魂為變也。」❺

---

❹　「為學日益，為道日損」， 究竟應作何解，仍是一個問題。嚴復的解
　　釋也不能說沒有一點道理。馮友蘭和陳鼓應兩位先生對「為學日益」
　　的解釋，實際上與嚴復的解釋有相似之處。但對「為道日損」的解釋
　　卻距離甚遠。

❹　《嚴復集》，第四冊，頁一〇五九。

❺　同上書，頁一〇七七。

❺　同❹書，頁一一三一。

照斯賓塞的理論，進化是物質不斷集中和分化的過程。而莊子的命題，其意義是，天地交合，產生萬物，天地分離，萬物又回到它的開始狀態，並沒有線性進化的過程。因此，二者至多也只是有點相似性而已。《莊子・至樂篇》認為種子有內在的微妙生命（「種有幾」），並說「萬物皆出於幾，皆入於幾」。在嚴復看來，這裏所說同西方近代生物學可以相互印證，只是莊子的用詞和解釋不一定正確，但是能如此早地就有所發明，是非常難得的：「此章所言，可以之與晚近歐西生物學家所發明者互證，特其名詞不易解釋，文所解析者，亦未必是。然有一言可以斷定者，莊子於生物功用變化，實已窺其大略，至其細瑣情形，雖不盡然，但生當二千餘歲之前，其腦力已臻此境，亦可謂至難能而可貴矣。」❷莊子的「無窮」觀念也令嚴復佩服不已。他認為莊子雖沒有研究過天文學、地理學，但他能認識到時間和空間的無限性，實在是一個了不起的人：「今科學中有天文地質兩科，少年治之，乃有以實知宇宙之博大而悠久，回觀大地與夫歷史所著之數千年，真若一映。莊子未嘗治此兩學也，而所言如此，則其心慮之超越常人，真萬萬也。所謂大人者非歟!」❸此外，嚴復還在道家哲學中發現了一些科學「公理」，如老子說的「強梁者不得其死」、莊子所說的「其作始也簡，其將畢也必居」，嚴復認為都是「公理」，而「公理」在他那裏也就是具有普遍性的真理。

　　不管嚴復在道家哲學中發現科學的努力是否成功，或能不能站得住，但他的這種作法無疑為道家哲學的研究開闢了新的方向。嚴復之後，在道家哲學中發現科學的活動，實際上一直不斷，不僅是

---

❷　同❹書，頁一一三○。

❸　同❹書，頁一一四二～一一四三。

哲學家，而且科學家和科學史家也加入了這一行列，這使道家哲學
煥發出了新的活力並顯得更為誘人。

（二）形上性共鳴

嚴復是一個熱愛科學的人，在科學知識領域，他堅信實證和確
實。但他不是一個容易滿足於科學和形下事物的人，他還是一個對
超越科學之上的形上世界保持著濃厚興趣的人。他需要相對、有限、
實際，也需要絕對、無限和理想。在這一點上，西方哲學能滿足他，
如斯賓塞哲學的兩個世界，使他津津樂道。同樣，道家哲學也能滿
足他，因為道家對兩個世界的劃分清晰可見。因此，嚴復不僅與斯
賓塞和道家共鳴，而且他也使西方哲學、斯賓塞和道家發生共鳴。
對斯賓塞來說，我們的認知所能達到的只是相對的和彼此有區別的
事物，而絕對的、超驗的東西是「不可知」或「不可思議」的。同
樣，道家哲學也有相對和絕對的區分，認為認識所及者只是相對的
有形的具體事物，而絕對者「不可名」、「不可道」。《老子》二章列
出了有無、美惡、高下、長短等一系列事物的相對性關係，對此，
嚴復分析說：「形氣之物，無非對待。非對待，則不可思議。故對
待為心地止境。」❺❹《莊子・齊物論》強調彼此的相對性，認為「非
彼無我」，嚴復解釋道：「彼是對待之名詞，一切世間所可言者，止
於對待，若真宰，則絕對者也。」❺❺

但是，道家哲學更吸引嚴復的地方是其所確立的「形上本體」。
對嚴復來說，道家是中國哲學的源頭。看來史華慈對這一點是清楚
的，他這樣說：「在《老子》的評語中，嚴復則把老子看成這種中

---

❺❹　同❹❾書，頁一○七六。

❺❺　同❹❾書，頁一一○六。

國哲學的本源。夏曾佑在《侯官嚴氏評點老子》的序言中說，老子生卒年代先於孔子和其它「百家」，因此，他的書是抽象哲學在中國的第一次表達。嚴復無疑持有這一傳統觀點。因此，整個中國思想的核心想像都歸之於老子了，即認為「萬物」產生於某一終極實在，又以某種方式存於實在並不斷地還原成實在。這一想像的確是中國的形上學和宇宙論思想的永恆基礎。」❺但是，嚴復沒有停留在孤立地看待這一源頭上，他要把這一源頭同西方接起來，以顯示其人類不約而同的智慧：

老謂之道，《周易》謂之太極，佛謂之自在，西哲謂之第一因，佛又謂之不二法門。❺❼

其所稱眾妙之門，即西人所謂 Summun Genus，《周易》道通為一，太極、無極諸語，蓋與此同。❺❽

「自然」也是道家形上學的一個重要觀念，現在一般解釋為「自己如此」。嚴復的解釋與此相近，但更為哲學化，而且他還在西方哲學中找到了相應者。他說：「老氏之自然，蓋謂世間一切事物，皆有待而然，惟最初眾父，無待而然，以其無待，故稱自然。此在西

---

❺　史華慈：《追求富強：嚴復與西方》，江蘇人民出版社，1995年，頁一九一～一九二。不只是嚴復，王國維也作如是觀。陳鼓應先生提出「道家哲學主幹說」，系統地揭示了道家哲學在中國哲學中的這一實際地位。

❺❼　《嚴復集》，第四冊，頁一○八四。

❺❽　同上書，頁一○七五。

文為 Self-existence。惟造化真宰，無極太極，為能當之。」 ❺❾ 其它
的共同者，仍然存在著，嚴復一有機會，就會去找。但是，他忽視
了中西哲學之間的差異，不管這種差異是大是小。這使他不夠謹慎，
使人容易發生誤解。如老子說：「同謂之玄，玄之又玄，眾妙之門」，
嚴復認為西方哲學所從事的研究不出這十二個字。除了這硬擸擸的
結論什麼也沒有，既不解釋，也不論證。我們並不否認嚴復打通中
西哲學的一面，但同時必須注意打不通的地方，比附往往就出現在
這裏。

（三）自由、民主精神

　　在嚴復看來，道家哲學更是充滿了民主和自由精神。對於西方
的民主精神，嚴復主要是通過孟德斯鳩來認識的。因此，嚴復在道
家那裏所能看到的，也正是他在孟德斯鳩那裏所曾經看到的。孟德
斯鳩把政體分為民主、君主和專制三種，並認為三者各有不同的政
治原則，專制和君主的政治原則是恐怖和榮譽，民主的政治原則為
品德。當嚴復帶著這種觀念去閱讀《老子》的時候，他發現這裏早
就有了民主及其本質的東西。對《老子》三十八章所講的「失道而
後德，失德而後仁，失仁而後義，失義而後禮。禮者忠信之薄，而
亂之首也」， 嚴復說，開始時他弄不清其意旨，但他同孟德斯鳩的
說法一對照，就完全明白了。原來，老子把「禮」視之為「亂之首」，
是說君主以「禮」（相當於孟德斯鳩所說的「榮譽」）治國，只會帶
來混亂和不安。老子嚮往的是民主政治，因此他大講「德」， 他的
德就是「民主」之德。但是，如果把「德」和「禮」說成是相對於
民主和君主的政治原則，那麼「道」和「仁」、「義」又往那裏擺呢？

❺❾　嚴復：〈譯《群己權界論》序〉，《嚴復集》，第一冊，頁一三三。

對此，嚴復就不太去管了。他似乎是把「有道」和「有德」看成一回事，如對於四十章說的「天下有道，卻走馬以糞；天下無道，戎馬生於郊」，嚴復解讀說：「純是民主主義。讀法儒孟德斯鳩《法意》一書，有以徵吾言之不妄也。」❻ 只要「德性」是民主的本質，嚴復就容易在《老子》中看到「民主」的東西。三十九章有「貴以賤為本，高以下為基」，這不仍是以「德」求治的表現嗎？ 因而自然就是講民主，嚴復說：「以賤為本，以下為基，亦民主之說。」❻ 又如五十七章說的「以正治國，……以無事取天下」， 也是以「德」求治，當然也是「民主之政」。但是，如果以「德」求治就是講民主，那麼儒家不也更是主張「德治」嗎？儒家的德治難道就不是「民主」之治嗎？嚴復不認為儒家沒有一點民主的思想，但他基本上不把儒家的「德治」視之為「民主」政治，因為儒家的「德」， 不同於道家之「德」，它是君主制中的「德」， 也就是「禮」。但是，老子的觀念也不是都很容易理解為「民主」。 如六十四章說的「古之善為道者，非以明民，將以愚之。民之難治，以其智多。故以智治國，國之賊，不以智治國，國之福」，往往被說成是「愚民主義」，「愚民」與「民主」怎麼能相處呢？但是，嚴復認為，這裏所說決不是「愚民」：「老之為術，至如此數章，可謂吐露無餘矣。其所為，若與『物反』， 而其實以至『大順』。而世之讀《老》者，尚以愚民訾老子，真癡人前不得說夢也。」❻ 但是，老子怎麼可能在幾千年前就講述孟德斯鳩所能講的「民主」呢？ 這不就像亞里士多德同孟德斯鳩的關係一樣嗎？嚴復意識到了這一點。他肯定老子不可能完全有近代「民

---

❻　《嚴復集》，第四冊，頁一〇九五。

❻　同上書，頁一〇九二。

❻　同❻書，頁一〇九七。

主之制」中的思想，因而他講「德治」， 也主要是在君主政體去追
求，但嚴復仍相信老子和孟德斯鳩之間的高度相似性：

> 中國未嘗有民主之制也。雖老子亦不能為未見物之思想。於
> 是道德之治，亦於君主中求之；不能得，乃游心於黃、農以
> 上，意以為太古有之。蓋太古君不甚尊，民不甚賤，事與民
> 主本為近也。此所以下篇八十章，有小國寡民之說。……如
> 是之世，正如孟德斯鳩《法意》篇中所指為民主之真相也。
> 世有善讀二書者，必將以我為知言矣。嗚呼！老子者，民主
> 之治之所用也。❻❸

　　如果說老子提供的主要是「民主」精神，那麼莊子貢獻給我們
的就是「自由」精神。嚴復說：「晚近歐西平等自由之旨，莊生往
往發之，詳玩其說，皆可見也。」❻❹根據嚴復的批語，《莊子・應帝
王篇》主要就是講自由主義的：「此篇言治國宜聽民之自由、自
化」❻❺。嚴復所接受的西方近代的自由，與不干涉、競爭聯繫在一
起，因而他所看到的莊子的自由，既意味著不干涉，同時也意味著
為我的競爭。自由與義務分不開，這是嚴復所強調的，但他認為莊
子實際上也看到了。對莊子所說的「上必無為而用天下，下必有為
為天下用」，嚴復注解說：「凡一切可以聽民自為者，皆宜任其自由
也。……凡屬國民宜各盡其天職，各自奮於其應盡之義務也。」❻❻

---

❻❸　同❻⓪書，頁一〇九一～一〇九二。

❻❹　同❻⓪書，頁一一四六。

❻❺　同❻⓪書，頁一一一八。

❻❻　同❻⓪書，頁一一二八～一一二九。

嚴復還在《莊子》中發現了個人主義。楊朱是受到孟子激烈批評的一個人物，他認為楊朱「拔一毛利天下而不為」是自私自利，是「無君」。 反其道而行之，嚴復則為楊朱大作辯護，他認為楊朱的「為我」，並不是像孟子所說的那樣完全是自私自利：「為我之學，固源於老。孟子謂其拔一毛利天下而不為，固標其粗，與世俗不相知之語，以為詬厲，未必楊朱之真也。」❻❼對嚴復來說，楊朱的真義是每個人自修自治而不用去治天下，天下自然而然就會太平。他認為莊子就是楊朱，因為他們的觀念完全一致：「莊周吾意即孟子所謂楊朱，其論道終極，皆為我而任物，此在今世政治哲學，謂之個人主義」❻❽。當然，嚴復還舉出有其它理由，但看來仍不能支持他的結論。在嚴復把道家哲學同西方近代自由、民主整合起來的過程中，他仍然忽略了其不同的地方，而且也有比附的地方，如他把老子所說的「安、平、太」，解釋為「自由、平等、合群」，這實在是扯得太遠了。

（四）與進化論的二重關係

但是，道家哲學並不都合乎嚴復的精神觀念。他對進化及其歷史進步的信念，同道家發生了難以縫合的鴻溝：「老子哲學與近世哲學異道所在，不可不留意也。今夫質之趨文，純之入雜，由乾坤而馴至於未濟，亦自然之勢也。老氏還淳返樸之意，猶驅江河之水而使之在山，必不逮也。夫物質而強之以文，老氏訾之是也。而物文而返之使質，老氏之術非也。何則？雖前後二者之為術不同，而違其自然，拂道紀，則一而已矣。」❻❾按照嚴復所接受的「進化」論，

----

❻❼　同❻⓪書，頁一一四七。

❻❽　同❻⓪書，頁一一二六。

時間是不可逆的，社會的進步是線性的，文明化是歷史的趨勢。從抽象觀念上看，「樸」與「器」、「文」與「質」等，並沒時間上固定的先後順序，可以從「樸」到「器」，從「文」到「質」，也可以從「器」到「樸」、從「文」到「質」。但是，在老子那裏，這些觀念似乎一開始就被納入到了時間的軌道中，即歷史已走過了從「樸」到「器」，從「質」到「文」的道路，而且他把這看成是一種「退化」。既然認為是退化，老子要求改變這種狀態，他當然可以通過時間上的「未來」去實現「質樸化」，以此作為一種進步，但他在形式上卻要求「復歸」，要求回到「原來的地方」，表現出往回走的退步色彩。這都不能滿足嚴復。對嚴復所相信的進化論來說，「樸散為器」恰恰是一種進化或進步，即便從器再到質，也要通過進化來完成。在嚴復那裏，理想性的東西只能是在未來，而不是在已有的過去。正因為如此，嚴復不相信遠古會有「黃金時代」，會有莊子所描述的「至德之世」：「所謂至德之世，世間固無此物。而今日非、澳諸洲，內地未開化之民，其所當乃至苦，如是而曰至世，何足慕乎？」❼⓿盧梭曾把「自然狀態」理想化，嚴復認為莊子所說與此一樣，都沒有事實根據，只是一種幻想：「此篇所持，極似法之盧梭，所著《民約》等書，即持此義，以初民為最樂，但以事實言之，乃最苦者，故其說盡破。」❼❶

我們知道，道家哲學的「返樸歸真」論，是與對文明的批評相表裏的，而嚴復對此則表示一定的同情，因為他也看到了文明所帶來的弊端：「近世歐洲詐騙之局，皆開化之前所未有。」❼❷「今之所

❻❾　同❻⓿書，頁一〇八二。

❼⓿　同❻⓿書，頁一一二三。

❼❶　同❻⓿書，頁一一二一。

謂文明，自老子觀之，其不為盜誇者，亦少矣。」❼值得注意的是，嚴復的同情極其有限，進化和進步的理想，在他那裏太強烈了，他仍希望不斷進步，對他來說，文明有弊病，那也是為進步所要付出的代價，這是不得已的：「科學昌明，汽電在興，而濟惡之具亦進，固亦人事無可如何者耳。」❼為了避免文明之弊，要求拋棄文明，回到「靜寂」中，嚴復認為這既做不到，亦不可取：「其所謂絕聖棄智，亦做不到。世運之降，如岷峨之水，已下三峽，滔滔而流入荊揚之江，乃欲逆而挽之，使之在山，雖有神鳥，亦不能至。」❼他需要的是不斷向上的「浮士德精神」，　是每個人最大限度地發揮自己的潛能，特別是在中國面對著被列強瓜分之危險的情形之下。

---

❼　同❻書，頁一〇八二。

❼　同❻書，頁一〇九七。

❼　同❻書，頁一一二二。

❼　同❻書，頁一一二四。

第四章　科學實證與超驗存在

在中國近代哲學轉型中，嚴復最為有功。他不僅是第一位打通中西哲學的人，而且對近代科學主義思潮作了自己的理解。他還是對形上學和宗教保持有濃厚興趣的人，主科學而不排斥超驗存在。

一、科學實證訴求

（一）科學概念

說起來，十七世紀通過傳教士西方科學已開始傳輸到中國（雖然很不充分），　而且當時已表現出對science的意識萌芽（格物之學或質測）。但在中國，從這種對科學的意識萌芽到對科學之為科學的明晰的自覺意識和真正把握經過了很長的歷史時期，直到十九世紀的下半葉它才出現，而這首先與嚴復的名字聯繫在一起。當然，嚴復對科學的理解和把握，完全是以片斷的形式分布在他的著作中，雖無組織系統，但卻很豐富。

首先要注意的是，在嚴復那裏，差不多在同一意義上使用了三個詞：即學、學問和科學（英文 science源於拉丁文 scientia，原包含有「學問」的意義）。　它們所代表的是具有實證性、普遍性、系

統性的知識世界。與此不同但有關係的則是技術的領域（科學是它的基礎，而它則是科學的應用），嚴復稱之「術」。他說：「蓋學與術異。學者考自然之理，立必然之例；術者據既知之理，求可成之功。學主知，術主行。」❶「學者，即物而窮理，即前所謂知物者也。術者，設事而知方，即前所謂問宜如何也。然不知術之不良，皆由學之不明之故；而學之既明之後，將術之不良者自呈。」❷與科學相對立的是宗教，嚴復用「教」來表述，認為它是一個不可知的信仰世界。把科學與技術區別開，同時分清科學與宗教的界限，這是嚴復把握科學概念的意義所指明的第一點。

科學這一展現在近代西方世界的最光輝成就，其根本特徵是什麼這一問題，不能不引起嚴復的積極投入和深深關切，因為這不僅對認識西方文明是至關重要的，而且為使它在中國能得以健全的發展，並以此為基礎，求得中國的富強也是尤為必需的。嚴復是從西方思想家特別是英國思想家的研究中尋求科學的真實含義，因而他對科學的理解，是直接基於西方人認識的基礎之上的（不同於在日本的中國留學生，瞭解科學通過了日本這一中間環節）。在這一過程中，他很用心，他要求認識科學的真諦而不是只會作膚淺的說明，特別是不能產生誤解。

他向我們展示的首要方面是，科學是真的體現，在這裏容不得虛妄與欺騙。他發表的第一篇論文〈論世變之亟〉，就把這一點揭示了出來，指出「於學術則黜偽而崇真」❸。當時的中國人大都根本不瞭解這一點，以為西方的高明，不過在於機巧器善，要學習西

---

❶　《〈原富〉按語》，《嚴復集》，第四冊，頁八八五。

❷　〈政治講義〉，《嚴復集》，第五冊，頁一二四八。

❸　〈論世變之亟〉，《嚴復集》，第一冊，頁二。

方也只是在於這一方面（如「師夷之長技以制夷」所代表的觀點）。對此，嚴復頗有感觸地說：「今之稱西人者，曰彼善會計而已，又曰彼擅機巧而已。不知吾今此之所見所聞，如汽機兵械之倫，皆其形下之粗跡，即所謂天算格致之最精，亦其能事之見端，而非命脈之所在。」❹嚴復所說的「命脈」，其中之一就是求真的科學精神。真是最崇高的東西，為了真，其它的一切都可以捨棄，都可以置之度外，即使是善、功利亦不例外，「科學之事，主於所明之誠妄而已。其合於仁義與否，非所容心也。」❺當然，嚴復並不認為真與善、誠與利之間有對立和矛盾。他相信，它們是統一的關係。有真在，即有利在；有偽出，即有害生。這種統一關係甚至被提升為宇宙的法則，「夫宇宙有大例焉，曰必誠而後利，未有偽妄而不害者也。」❻由此可以看出，嚴復一元理性的基本傾向。科學是求真，嚴復把這變成為自己的牢固信念，並身體力行。他寫的〈闢韓〉一文給他帶來了不小的麻煩。張之洞視之為「洪水猛獸」。周同愈「生好韓退之文」，見〈闢韓〉，亦不滿，因寄書以責難。嚴復回答說：「僕固甚尊韓退之，然不敵其尊真理。觀吾文，聞吾說者，當審以是非之公，不宜問其所闢者為韓非韓也。且闢其說者，於其人亦何所仇視之與有？使其說非歟，即持之者親如吾父，尊如吾君，僕尤必謹而闢之。何則？吾父固至親，吾君固甚尊，以名義可一言一事使吾忘其身而為之死。獨至是非之公，則天地人物之所共有，吾又安得殉其所私尊親者，使天下後世相疑誤乎？」❼很有意味的是，嚴復把求

---

❹ 同❸。

❺ 〈譯斯氏《計學》例言〉，同上書，頁一〇〇。

❻ 《法意》按語〉，《嚴復集》，第四冊，頁一〇一六。

❼ 〈與周同愈書〉，《嚴復集》，第三冊，頁七一七～七一八。

真奉行真與言論自由視為同值，「言論自繇只是平實地說實話求真理，一不為古人所欺，二不為權勢所屈而已，使理真事實，雖出之仇敵，不可廢也；使理謬事誣，雖以君父，不可從也。」❽顯然，在此，嚴復對穆勒有關言論自由同真理之關係的看法有所調整。按照穆勒的見解，自由討論和爭辯是走向真理的最佳通道，而不是要求每個人說出的都是真理。如果這樣要求，恰恰會妨害言論自由，因為誰都不敢擔保自己說出的皆是真理，於是大家只好沉默不語了。

　　科學不唯求真，且亦求證。因為所求到的是否為真，需要有可靠的保證。這個保證嚴復說是「實證」(positive)、「印證」，「一理之明，一法之立，必驗之物物事事而皆然，而後定之為不易。其所驗也貴多，故博大；其收效也必恆，故悠久；其究極也，必道通為一，左右逢源，故高明。」❾真理之為真理，是通過驗證確立其合法性的。而且其驗證事例的多寡，與其真的程度有類似於正比例的關係，「印證愈多，理愈堅確也。」❿近代科學所以能突飛猛進，其奧妙就在於此，「三百年來科學公例，所由在在見極，不可復搖者，非必理想之妙過古人也，亦以嚴於印證之故。」⓫嚴復對印證的看法，承繼了自培根以來英國經驗實證的基本傾向。如同培根、穆勒、斯賓塞等對經驗、實證的執著深信一樣，嚴復沒有進一步再去追問其理論上的正當性問題。在他深深為因果實證所吸引的場合下，休謨對因果歸納提出的爆炸性懷疑就處在他的關心之外。印證的事例再多，仍是有限的，因為我們無法窮盡所有的事例。這就出現了知識

---

❽　〈《群己權界論》譯凡例〉，《嚴復集》，第一冊，頁一三四。

❾　〈救亡決論〉，同上書，頁四五。

❿　〈西學門徑功用〉，同上書，頁九四。

⓫　〈《穆勒名學》按語〉，《嚴復集》，第四冊，頁一〇五三。

是必然還是或然的問題。對科學希望過高的人，認定知識是必然的，真可由證明、實證來保證，其真實性也沒有程度的限制，一個例證同無數例證是等值的。要求限定科學的人，則認為知識是或然的，其或然性的大小，可以通過概率描述出來。嚴復雖然沒有投入這複雜的問題，但由於他是把實證的充分正當作為前提來肯定的，所以他的傾向自然是視知識為必然。雖然他已看到印證事例的多少與真的程度有關，但他最終所相信的不是一個有程度的真。

通過實證所得到的真，它具有普遍的特性。即是說真不受時空的限制，沒有此時彼時、此地彼地的特殊性。科學真理都是如此。嚴復說：「科學所明者公例，公例必無往而不誠。」⑫「自然律令者，不同地而皆然，不同時而皆合。」⑬如果是真理而不具有普遍性，那將是不可思議的，「格致之事，一公例既立，必無往而不融渙消釋。若可言於甲，不可言於乙；可言其無數，而獨不可言其一端。凡此者，其公例必不公而終破也。」⑭科學的進步發展與它的普遍特性有密切的關係，知識能得到積累亦由此故，而且更為重要的是，普遍性使科學的廣泛應用成為可能。正是由於這一點，科學使嚴復深受鼓舞，而對非科學的「緣物之論」持批評排拒的尖銳態度，「緣物之論，所持之理，恆非大公，世異情遷，則其言常過，學者守而不化，害亦從生。故緣物之論，為一時之奏札可，為一時之報章可，而以為科學所用之理必不可。」⑮

科學知識還具有系統性的特點。它不是一條條孤立的真理，不

---

⑫　同⑪書，頁一〇三六。

⑬　〈譯斯氏《計學》例言〉，《嚴復集》，第一冊，頁一〇〇。

⑭　《原富》按語〉，《嚴復集》，第四冊，頁八七一。

⑮　〈譯斯氏《計學》例言〉，《嚴復集》，第一冊，頁一〇〇。

是一個個不相干的命題，而是一個有著相互關聯的結構體系。科學愈發展，其結構體系亦愈複雜和龐大。嚴復也認為科學必須具有系統和統一的性質，「今夫學之為言，探賾索隱，合異離同，道通為一之事也。是故西人舉一端而號之曰『學』者，至不苟之事也。必其部居群分，層累枝葉，確乎可證，渙然大同，無一語游移，無一事違反；藏之於心則成理，施之於事則為術；首尾賅備，因應釐然，夫而後得謂之為『學』。」❶嚴復對科學系統性的強調，反映了近代科學一方面高度分化，另一方面又整體化的事實，而斯賓塞對知識統一原理的追求，又強化了他的這一觀念。當他把這一點傳達給中國人的時候，他的目的是要抑制排外主義者輕浮盲信科學中國古已有之的故步自封，使之面向一個全新的科學大廈。

　　至此，嚴復揭示了科學概念的四個基本特性，即真實性、實證性、普遍性和系統性。他雖然沒有為科學作一完整的界定，但他對科學概念的理解，是深得其旨的。

（二）中國傳統與科學

　　真正說來，如果問中國傳統中有沒有科學與科學的自覺意識，大概與問西方傳統中有沒有科學與科學的自覺意識一樣會得到差不多相同的回答。但由於近代科學首先誕生在西方，於是產生了這樣的問題，即傳統文明得到了高度發展的中國，何故當科學革命在西方如火如荼展現的時候，它依然沉睡在牢固的觀念體系中而無動於衷。解答這一問題並不容易，它可能要觸及到諸多層面。愛因斯坦從一個側面向我們提供了某種昭示。他指出：西方科學的發展以兩種偉大的發展為根據，一是希臘哲學家所發明的「形式邏輯」

---

❶　〈救亡決論〉，《嚴復集》，第一冊，頁五二。

（在歐幾里德幾何內）；　二是用系統的試驗（在文藝復興以後）尋
找因果關係的可能之發現。而中國的聖人由於沒有採用以上的兩種
步驟或沒有這些發現，所以他們沒有科學。經過近代科學洗禮而把
握了科學概念意義的嚴復，他是如何認識中國傳統與科學的關係呢？
當嚴復從新的視點反思中國傳統的時候，他不但找到了科學的某種
初步形態，而且驚喜地發現它還具有某些科學思想意識。這一點，
在他的著作的不少地方，都給人留下了深刻的印象。嚴復對此的揭
示，其動機大概可以解釋為，他要使人知道，中國傳統與科學並非
完全格格不入，這在向中國人提供發展科學的信心方面是會帶來好
處的。但必須注意，嚴復沒有把這一點提得過高，因為這很可能導
致排外主義者、自大主義者對發展科學的進一步拒絕。事實上，嚴
復已經痛心地感受到了以「固已有之」的方式排斥西方近代科學的
病態，「晚近更有一種自居名流，於西洋格致諸學，僅得諸耳剽之
餘，於其實際，從未討論。意欲揚己抑人，誇張博雅，則於古書中
獵取近似陳言，謂西學皆中土所已有，蓋無新奇。」⑰更有甚者，還
有人說西方近代科學「實竊我中國古聖之緒餘」⑱。如此論調，真
使人哭笑不得。嚴復也只好警告說：中國傳統中只是具有科學的零
碎不全的東西，不能把它與近代科學相提並論。所以嚴復面臨的問
題仍然是中國為何沒有出現近代科學？嚴復通過對中國傳統的認真
省察和冷靜思索，他深切地感知到：中國傳統的社會價值觀念、學
術氣氛、思維方法和心理行為狀態等方面，對科學均有強烈的抑制
效應，而且隨著它們向極端方向的一步步發展，最終在整體上走到
了與科學所需要的條件甚相違背的境地。

---

⑰　同⑯。

⑱　同上文，頁五三。

　　在中國傳統中，社會價值觀念是單調的、一元的。道德人格理想（內聖）與政治實踐理想（外王）的追求，或者更確切地說，道德知識體系（學）與政治權力地位（仕）的追求，是超過其它一切東西的個人的終極追求。在此，看起來似乎還有學與仕的二元形式，但實質上二者是統一的，不過不是仕為學所統御，而是學為仕所統御，即學只是扮演了仕的手段或工具的角色。明傳教士利瑪竇 (P. Mtthoeus Ricci, 1552-1610)對中國傳統的這一最高價值，已準確地體認到了。他說：「在這裏每個人都很清楚，凡有希望在哲學領域成名的（指通過科舉作官——中譯者注），沒有人會願意費勁去鑽研數學或醫學。結果是幾乎沒有人獻身於數學或醫學，除非由於家務或才力平庸的阻撓而不能致力於那些被認為是更高級的研究。鑽研數學和醫學並不受人尊敬，因為他們不像哲學研究那樣受榮譽的鼓勵，學生們因希望著隨之而來的榮譽和報酬而被吸引。這一點從人們對學習道德哲學深感興趣，就可以很容易看到。在這一領域被提升到更高學位的人，都很自豪他實際上已達到了中國人幸福的頂峰。」**⑲** 嚴復對中國傳統的這一仕本位主義傾向有更為深切的感受和認識，「蓋往者通國之人，舍士無學。」**⑳**「夫中國自古至今，所謂教育者，一語盡之曰：『學古入官而已耳！』」**㉑** 嚴復還生動地描寫道：

　　　　父母之所期者，曰：得科第而已。妻子之所望者，曰：得科

---

⑲　《利瑪竇札記》，上冊，中華書局，1983年版，頁三五。

⑳　〈論今日教育應以物理科學為當務之急〉，《嚴復集》，第二冊，頁二七八。

㉑　同上。

第而已。即己之寤寐之所志者，亦不過曰：得科第而已。㉒

　　仕本位帶來了許多消極的影響，其中之一就是對科學技術的格外蔑視，藝成而下，雕蟲小技的價值觀念深入人心，嚴復說：「中國前之為學，學為治人而已。至於農、商、工賈，即有學，至微，譾不足道。」㉓「中國重士，以其法之效果，遂令通國之聰明才力，皆趣於為官。百工九流之業，賢者不居。即居之，亦未尚有樂以終身之意。」㉔科學不被視為有價值，致力於科學不令人尊敬和欽慕，自然就打消了人們對它的追求，而任其荒蕪不堪。

　　科學的對象是自然，但由於中國傳統倫理道德探討的優位和唯書唯經的學術指向，使它成為被遺忘的角落。說起來，在中國傳統哲學中，自然概念在諸子百家時代已受到注意，與道家哲學密切相關。道家所說的自然，有客觀對象的意義，不過更側重於法則和本性的意義。中國傳統中與現代自然概念比較接近的一個概念是「天」。荀子哲學中的「天」最能體現。但中國哲學的整體傾向是重視「天」的倫理道德價值，而不關心它的客觀知識價值。天人關係是中國哲學的基本問題，眾多思想家解決這一問題所走的路子，是重合不重分，傾於統一遠於對立，「天人合一」就是這一傾向的準確概括。人主要是倫理道德的人，「天」則是倫理道德的直接根源和最高法則。在這種意義上，天人難捨難分，永遠處於連續的狀態中，宋明理學的看法最為典型。在此「格物致知」得到了充分的討論，所說的「物」當然有時指自然之物，如朱熹 (1103–1200) 格一

㉒　〈論治學治事宜分二途〉，《嚴復集》，第一冊，頁八八。

㉓　〈大學預科《同學錄》序〉，第二冊，頁二九二。

㉔　《《法意》按語〉，《嚴復集》，第四冊，頁一〇〇〇。

草一木。但總體上所關心的不是自然之物本身，而是自然之物與人的道德境界提高的關係。特別是他們把物歸結為「事」。胡適指出：「朱熹和王陽明都同意把『物』作『事』解釋。這一個字的人文主義的解釋，決定了近代中國哲學的全部性質與範圍。它把哲學限制於人的『事務』和關係的領域。王陽明主張『格物』只能在身心上做。即使宋學探求事事物物之理，也只是研究『誠意』以『正心』。他們對自然客體的研究提不出科學的方法。也把自己局限於倫理與政治哲學的問題之中。因此，在近代中國哲學的這兩個偉大時期中，都沒有對科學的發展作出任何貢獻。」㉕明清之際的哲學家們，提倡「實學」，但仍沒有開始真正關心認識自然，他們立足於經世致用，一反王學束書不觀的態度，向書本討生活，陷入注經考據的傳統學風中。雖當時已有西方科學的傳入，但關心的是具體科學本身，而對科學的意義和科學之對象自然還沒有自覺。嚴復對中國傳統不關心自然，只在經書中做文章的定向，多所批評：

> 蓋我國所謂學，自晚周秦漢以來，大經不離言詞而已。求其仰觀俯察，近取諸身，遠取諸物，如西人所謂學於自然者，不多遘焉。㉖

他引用培根、赫胥黎的話，強調要發展科學，就要面對無情而不以人的意志為轉移的自然事實，「吾人為學窮理，志求登峰造極，第一要知讀無字之書。培根言：『凡其事其物為兩間之所有者，其理即為學者之所亦窮。所以無大小，無貴賤，無穢淨，知窮其理，皆

㉕　胡適：《先秦名學史》，學林出版社，1983年版，頁六。

㉖　《《陽明先生集要三種》序〉，《嚴復集》，第二冊，頁二三七。

資妙道。』……赫胥黎言：『能觀物觀心者，讀大地原本書；徒向書冊記載中求者，為讀第二手書矣。』」 ❷

　　而且，中國之不能出現近代科學與其傳統的方法也有關係。近代科學的勝利實際上是尋求因果關係的歸納法的奇蹟。嚴復對這一方法的熱情一直伴隨著他的理知活動。饒有興趣的是，他說這種方法在中國傳統中並不是不存在，並且在《春秋》中找到了存在的根據。司馬遷說的「《春秋》推見至隱」就是歸納法 ❷。但問題的根本是，這種方法一直被埋沒而不加運用，所運用的是演繹法。由於演繹法使用的前提要由歸納法來提供，又由於不運用歸納法，提供不了真實的前提，所以中國的一切學術部門都建立在主觀成見的基礎之上。嚴復說：「舊學之所以多無補者，其外籀非不為也，為之又未尚不如法也，第其所本者大抵心成之說，持之似有故，言之似成理，媛姝者以古訓而嚴之，初何尚取其公例而一考其所推概者之誠妄乎？此學術之所以多誣，而國計民生之所以病也。中國九流之學，如堪輿、如醫藥、如星卜，若從其緒而觀之，莫不順序；第若窮其最初之所據，若五行支幹之所分配，若九星吉凶之各有主，則雖極思，有不能言其所以然者矣。無他，其例之立根於臆造，而非實測之所會通故也。」 ❷ 由此之故，嚴復認為中國最要緊的是推行歸納法，發展試驗科學。

　　合乎科學成長的條件，還需要有對自然事實的敏銳感性、好奇心的發抒、懷疑的習慣以及客觀地面對一切現象。但在中國傳統中，這些因素在很大程度上都被扼制住了。而與此相反的因素卻異常地

❷　〈西學門徑功用〉，《嚴復集》，第一冊，頁九三。

❷　〈譯《天演論》自序〉。

❷　《《穆勒名學》按語〉，《嚴復集》，第四冊，頁一〇四七。

通行著。道家、釋家對此都要承擔部分的責任，儒家則是主要的。因為它持久地占據著意識形態上的統治地位，在決定中國學術的方向上起了非同一般的作用。儒學的因循主義、經典權威主義、主觀主義是一種連續不斷的力量，它不是科學生長的土壤，而只能使它枯萎。嚴復用「師心自用」、「心習之成」、「則古稱先」等語概括儒學的上述傾向，並加以批評。他說：

> 夫陸王之學，質而言之，則直師心自用而已。……蓋陸氏於孟子，獨取良知不學、萬物皆備之言，而忘言性求故、既竭目力之事，唯其自視太高，所以強物就我。後世學者，樂其徑易，便於惰窳傲慢之情，遂群然趨之，莫之自返。其為禍也，始於學術，終於國家。❸⓿

> 中國人士，經三千年之文教，其心習之成至多，習矣而未尚一考其理之誠妄。❸❶

> 嗚呼！不自用思想，而徒則古稱先。而以同於古人者為是非。抑異於古人者為是非，則不幸往往而妄。❸❷

> 牽涉傅會，強物性之自然，以就吾心之臆造，此所以為言理之大，而我國數千年格物窮理之學，所以無可言也。❸❸

❸⓿　〈救亡決論〉，《嚴復集》，第一冊，頁四四～四五。

❸❶　《《穆勒名學》按語〉，《嚴復集》，第四冊，頁一〇五〇。

❸❷　《《法意》按語〉，同上書，頁九八八。

❸❸　〈孫譯《化學道源》序〉，《嚴復集》，第三冊，頁二九〇。

　　嚴復比較中學與西學，指出二者的一個不小差別是，「夫西學之言物理，其所以勝吾學者，亦正以見聞多異，而能盡事物之變者，多於我耳。」❸❹「西人之謂學也，貴獨獲創知，而述古循轍者不甚重。」❸❺「中國誇多識，西人尊新知。」❸❻他要求一種新的觀念，即「必使自竭其耳目，自致其心思，貴自得而賤因人，喜善疑而慎信古」❸❼，以合於科學的精神。

　　結論自然是，要發展近代科學，就要改革中國傳統中與科學不相適應的上述弊端，開發創造出宜於科學生長的肥沃土壤和充分條件。

（三）科學方法

　　嚴復雖然在中國傳統中發現了科學方法（歸納法和演繹法）的萌芽表述，但他並不認為這意味著中國古代已有了科學方法的理論形態和有意義的實踐應用。科學方法的初步意識與其理論化之間有很大的距離，科學方法的出現與其普遍地自覺應用也不是一回事。嚴復強烈感覺到，中國雖早就對科學方法有所認識，但令人痛心的是沒有把它發展成為系統的科學理論，更談不上合理地應用，這是問題的真正所在。要改變中國科學的落後局面，乃至走向富強，科學方法理論的把握及其實踐誠為當務之急。由此我們可以理解嚴復在民族危亡、國難當頭之際，何以會埋頭書屋苦心翻譯《穆勒名學》（上半部）和耶芳斯的《名學淺說》，並不遺餘力地提倡科學方法

❸❹　《穆勒名學》按語〉，《嚴復集》，第四冊，頁一〇五〇。

❸❺　《天演論》，頁五七。

❸❻　〈論世變之亟〉，《嚴復集》，第一冊，頁三。

❸❼　《原強》修訂稿〉，同上書，頁三。

——歸納法和演繹法。

正如人們所已指出的那樣，嚴復與英國經驗主義傳統結下了不解之緣，近代科學的象徵即尋找因果關係的歸納法，首先發端於英國並得到了進一步的發展，對此嚴復更是情深意長，激動不已，產生了視歸納法為科學的最重要最基本方法的傾向。何為歸納？嚴復概括說：

> 內籀云者，察其曲而知其全者也，執其微以會其通者也。 ㊳

> 內導者，合異事而觀其同，而得其公例。 ㊴

在嚴復看來，歸納這種方法，毫無高深玄妙之處，「內籀，言其淺近，雖三尺童子能之。今日持火而燙，明日持火又燙，而火能燙之公例立矣。」 ㊵ 這就是說，歸納是由個別的事物或現象推出該類事物或現象的普遍性規律的推理，它是由個別、特殊上升到一般、普遍的方法。歸納的具體程序，嚴復說有三個階段：一是考訂或觀察；二是貫通；三是試驗。歸納一定要依據事實，「內籀必資事實」 ㊶ ，「內籀必考求事實」 ㊷ ，要得到事實，就要進行觀察，在通過觀察發現事實或現象的基礎上，貫而通之，「類異觀同，道通為一。」 ㊸

㊳ 〈譯《天演論》自序〉。

㊴ 〈西學門徑功用〉，《嚴復集》，第一冊，頁九四。

㊵ 《政治講義》，《嚴復集》，第五冊，頁一二四四、一二四九。

㊶ 同㊵。

㊷ 同㊵。

㊸ 〈西學門徑功用〉，《嚴復集》，第一冊，頁九三、九四。

「考訂既詳，乃會通之以求其所以然之理，於是大法公例生焉。」[44]
得出的普遍性結論，最後還要進行試驗性的檢察、印證，「實驗愈
周，理愈實矣」。[45]

　　與歸納法相對的是演繹法。何為演繹？嚴復說：「外籀云者，
據公理以斷眾事者也，設定數以逆未然者也。」[46]「外籀者，本諸一
例而推散見之事者也。」[47]演繹是從普遍、一般到特殊的方法。穆勒
認為，演繹包括三種活動：即「始於內籀之實測，一也；繼用聯珠
之推勘，二也；終以實行之印證，三也。」嚴復接受了這一說法，尤
其強調印證的作用。

　　在處理歸納與演繹的關係上，嚴復雖重視歸納，但並不排斥演
繹的應有作用。他不像培根、穆勒那樣，否定演繹的積極作用或試
圖取消演繹的作法。嚴復肯定歸納演繹都是科學的方法，「格物窮
理之用，其塗術不過二端。一曰內導；二曰外導。」[48]嚴復談論具體
科學，常以「名、數、質、力」四者統而舉之。名數即邏輯學數學，
質力即物理學和化學，在它們那裏分別代表了科學的兩種方法——
演繹和歸納。特別是，嚴復認為，在知識的進一步發展與更高階段
上，演繹就顯得較為重要，「學至外導，則可據已然已知以推未然未
知者，此民知最深時也。」[49]由此看來，與培根、穆勒相比，嚴復對
歸納演繹所採取的態度，就更為可取。

---

[44]　同[43]。

[45]　〈西學門徑功用〉，《嚴復集》，第一冊，頁九三、九四。

[46]　同[45]。

[47]　同[46]。

[48]　〈譯《天演論》自序〉。

[49]　〈論今日教育應以物理科學為當務之急〉，《嚴復集》，第二冊，頁二
　　　八〇。

（四）科學的功能

談到科學的功能，人們大都不會忘記培根發出的「知識就是力量」的名言。他滿懷激情地贊揚科學道：「科學的真正的與合理的目的在於造福於人類生活，用新的發明和財富豐富人類的生活。……自然科學只有一個目的，這就是更鞏固地建立和擴大人對自然的統治。人對自然界的這種統治只有依靠技術和科學才能實現。因為，人有多少知識就有多少力量，他的知識和他的能力是相等的，只有傾聽自然界的呼聲（使自己的理智服從於自然界）的人，才能統治自然界。」❺⓪又說：「科學的本質在於它是存在的反映……科學是真理的反映，……世界上最偉大的力量，最高的、最可敬的統治，就是科學的統治。」❺①培根在這裏所強調的是，科學是人類的最偉大的力量，只有它才能使人類擺脫自然的統治和奴役，並造福於人類。科學為西方帶來的偉大的飛速發展，正是培根所期望的理想。體驗了西方近代文明的嚴復，與培根一樣，推重知識，信奉科學。他肯定科學是富強之本，又是政教變革的動力。科學使舊的價值觀念和舊的秩序不再具有永恆和不變的特性，並使社會走向合理化，最後把它帶到完善的境地。

嚴復把西方近代的工業文明、技術革命、富強發達，都歸結為科學的力量。他說：

> 制器之備，可求其本於奈端；舟車之神，可其原於瓦德；用電之利，則法拉第之功也；民生之壽，則哈爾斐之業也。而

---

❺⓪　引自《費爾巴哈哲學著作選》，第一卷，頁五七。

❺①　同上書，頁五七、五七～五八。

二百年學運昌明，則又不得不以柏庚氏之摧陷廓清之功為稱首。學問之士，倡其新理，事功之士，竊之為術，而大有功焉。❺❷

政法家認為，財富日增，商業大通，乃是由於政法改良所促成。宗教家說，歐美所以有今日，是由於信奉之教的清真。但嚴復則指出：根本的原因是，「格致之功勝耳。」因為「交通之用必資舟車，而輪船鐵路，非汽不行，汽則力學之事也。地不愛寶，必由農礦之學，有地質，有動植，有化學，有力學，缺一則其事不成。他若給染冶釀，事事皆資化學。故人謂各國製造盛衰，以所銷強水之多寡為比例。」❺❸所以，要富強，要興盛，就一定要發展科學，「繼今以往，將皆視物理之明昧，為人事之廢興。各國皆知此理，故民不讀書，罪其父母。」❺❹

特別是科學所帶來的政治觀念、價值觀念的變化，更使嚴復深信科學的偉大功能。他稱贊哥白尼的「太陽中心說」道：

> 偉哉科學！五州政治之變，基於此矣。蓋自古人群之為制，基始莫不法於自然。故《易》曰：「天尊地卑，乾坤定矣」。有其至高者在上以為吾覆，有其至卑者居下以為吾踐。此貴賤之所由分，而天澤之所以位也。乃自哥白尼之說確然不証，民知向所對舉而嚴分者，其於物為無所屬也。蒼蒼然高者，

---

❺❷　《原強》修訂稿》，《嚴復集》，第一冊，頁二九。

❺❸　〈論今日教育應以物理科學為當務之急〉，《嚴復集》，第二冊，頁二八三。

❺❹　〈救亡決論〉，《嚴復集》，第一冊，頁四八〜四九。

絕遠而已，積虛而已，無所謂上下也。無所謂上下，故向之
名天者亡。名天者亡，故隨地皆可以為極高，高下存乎人心，
而彼自然，斷斷乎無此別也。此貴賤之所不分，而天澤之所
以無取也。三百數十年之間，歐之事變，平等自由之說，所
以日張而不可遏者，溯其發端，非由此乎？ ❺❺

嚴復對哥白尼的學說所發生影響的評價並不過分，愛因斯坦(A.
Einstein, 1879–1955)也有類似的評價。他說：「哥白尼對於西方擺
脫教權統治和學術統治枷鎖的精神解放所做的貢獻幾乎比誰都要
大。」❺❻達爾文的生物進化論是生物學上的革命，但也推動了學術政
教的變革，嚴復對此抱有十分的熱情。他說：「窮精眇慮，垂十年
而著一書，名《物類宗衍》。自其書出，歐美二洲幾乎無人不讀，而
泰西之學術政教，為之一斐變。」❺❼當時有人提出「政本藝末」的觀
點，嚴復認為這是對於科學與政治關係的一種不正確的見解。如果
所說的「藝」是指科學，它們非但不是末，反而是本，「其通理公
例，經緯萬端，而西政之善者，即本斯而立。」如果說藝非指科學，
那政藝則共出於科學，「以科學為藝，則西藝實西政之本。」❺❽中國
的傳統政治腐敗不堪，「亦坐不本科學，而與通例公例」相違背之故。

　嚴復受孔德、斯賓塞的影響，相信有統一的知識和科學世界，
並為這一世界構畫了層次圖式。首先是數學、邏輯學、物理學、化
學，然後是天文學、地理學、生物學、心理學等科學，最後是社會

❺❺　〈政治講義〉，《嚴復集》，第五冊，頁一二四一。

❺❻　《愛因斯坦文集》，卷一，頁六〇。

❺❼　〈原強〉，《嚴復集》，第一冊，頁五。

❺❽　〈與《外交報》主人書〉，《嚴復集》，第三冊，頁五五九。

學。雖然它們研究的對象（自然現象和社會現象）有所不同，但都
是科學殿堂中的一員。嚴復深信，只要把握這一統一的知識科學，
就能達到修齊治平理想世界目標，「夫唯此數學者明，而後有以事
群學，群學治，而後能修齊治平，用以持世保民以日進於郅至馨香
之極盛也。嗚呼！美矣！備矣！自生民以來，未有若斯之懿也。雖
文、周生今，未能舍其道而言治也。」❺❾嚴復在此沒有提出科學萬能
的觀念，但他至少肯定科學能解決人類所面臨的一切主要問題或基
本問題。第一次世界大戰的事實，使歐洲人對科學的信念發生了動
搖，這也影響到了中國人的科學態度。嚴復也由於一戰而對歐洲文
明出現了悲觀情緒，但他最後並沒有完全對科學喪失信心。

二、為超驗存在留下地盤：形上與宗教之省思

　　一般而論，嚴復明顯具有一種較為強烈的科學實證傾向。但是，
仔細研究的話就會發現，嚴復是複雜的。一方面，他具有剛性硬心
腸的精神氣質，對科學實證滿腔熱情，戀戀不捨。另一方面，他還
保持著柔性軟心腸的靈境，為超驗的形上本體和宗教至高存在留下
了地盤，迎之不拒。從思想的一貫性來說，任何一方面的徹底化，
都意味著對彼方的排斥，特別是近代以來，在科學實證訴求成為哲
學主導性觀念、形上學和宗教被冷落的情形之下，這更是習以為常
的事。然而，嚴復沒有這種一貫性。他熱愛科學和實證精神，但又
不排斥超驗的形而上學和宗教觀念。如果肯定這一事實，那麼，接
著的問題就是，形上學和宗教的地盤是如何被嚴復留下的，其思考

---

❺❾　〈原強〉，《嚴復集》，第一冊，頁七。

樣式又是如何受中西文化的影響的。在嚴復對形上學和宗教觀念所作出的省思之外，他還對中國形上觀念和影響大的宗教形態（如儒教和佛教）作了討論，這也是我們要關心的問題。

（一）形而上學與宗教：非對待、不可思議之域

在嚴復討論科學實證同形上和宗教關係的文本中，我們能清楚地看到，他不時對科學實證領域與形上和宗教領域進行劃界的場景。1895年，嚴復在中國思想言論界一躍而出，連續發表了幾篇帶有火藥味、震撼人心的文字。在其中的〈救亡決論〉中，他第一次提出了「學」與「教」的區分：「『教』者所以事天神，致民以不可知者也。致民以不可知，故無是非之可爭，亦無異同之足驗，信奉之而已矣。『學』者所以務民義，明民以所可知者也。明民以所可知，故求之吾心而有是非，考之外物而有離合，無所苟焉而已矣。『教』崇『學』卑，『教』幽『學』顯；崇幽以存神，卑顯以適道，蓋若是其不可同也。」❻這裏所說的「學」和「教」，也就是指科學和宗教，嚴復明顯把它們劃定為兩個不同領域中的存在，要求分別對待。同年，嚴復翻譯的並對當時乃至後世都影響巨大的《天演論》正式出版，在對此書所加的按語中，嚴復幾處都談到了與科學實證領域不同的非對待、不可思議的形上和宗教領域。如他認為，超越於對待之外的「宇宙究竟與其原始」，是不可思議的領域❻。屬於認識對象的只是能進入人的意識的現象，而現象背後的本體是認識所不能達到的形上存在❻。

---

❻　嚴復：〈救亡決論〉，《嚴復集》，第一冊，頁五二。

❻　《天演論》，頁四七。

❻　《穆勒名學》按語〉，《嚴復集》，第四冊，頁一○三六。

　　對於「不可思議」和認識與超認識的關係，他作了詳細的說明。此外，他對「學」與「教」的不同又作了說明：「大抵中外古今，言理者不出二家，一出於教，一出於學。教則以公理屬天，私欲屬人；學則以尚力為天行，尚德為人治。言學者期於徵實，故其言天不能舍形氣；言教者期於維世，故其言不能外化神。」❻❸

　　之後，無論是 1901 年至 1902 年出版的《原富》、1903 年出版的《〈老子〉評語》，還是 1913 年發表的〈天演進化論〉、〈「民可使由之不可使知之」講義〉，乃至 1925 年他的〈與諸兒書〉，在所有這些文本中，嚴復都把形上和宗教看成是非對待的不可思議的領域。如在《穆勒名學》的按語中，嚴復說：「世間一切可以對待論者，無往非實；但人心有域，於無對者不可思議已耳。」❻❹ 在《〈老子〉評語》中，嚴復也說：「形氣之物，無非對待。非對待，則不可思議。」❻❺ 對非對待、不可思議領域的肯定，決不只是理論上的，而且也影響到了嚴復的實際生活。嚴復對佛教義理一往情深，把自己的兒子冠以佛教之名，其孫女嚴停雲曾回憶說：「老人家篤信佛理，但從來沒有排斥其他的宗教。他把父親的小名叫普賢，幼殤的二伯則有個名兒是文殊，四叔是基督門徒的約翰，五叔叫作福烈。我的二姑母篤信天主，年輕輕的當了修女。但先時祖父給她的別名是華嚴，二姑母對我說：現在華嚴兩個字就歸你用吧。人家要是問起，就說有大華嚴和小華嚴兩個人好了。」❻❻ 1921 年，是嚴復一生的最後一個年頭，在去世（9 月 27 日）的一個多月前，他還帶病在避暑的鼓

---

❻❸　《天演論》，頁九二。

❻❹　《〈穆勒名學〉按語》，《嚴復集》，第四冊，頁一〇三六、一〇七六。

❻❺　同❻❹。

❻❻　台灣《光華》，第六七期，1990 年 10 月。

山抄寫了《金剛經》:「老病之夫，固無地可期舒適耳。然尚勉強寫
得《金剛經》一部，以資汝亡過嫡母冥福。每至佛言『應無所往而
生其心』，又如言『法尚應舍，何況非法』等語，輒嘆佛氏象教，
宗旨超絕恆識，謗者闢者，徒爾為耳。」**⑰**差不多同時，他的家庭發
生了一件令他不愉快的事。他的小兒嚴璿，尚在學校念書，受了科
學知識和新思潮的影響，對宗教持否定態度。適值嫡母忌日，其兄
令其代勞拜佛。但嚴璿面呈不豫之色，且有否定宗教之言，與兄發
生一場矛盾。嚴復得知此事後，頗為傷感。他很快給他的兒子們寫
信，嚴肅地批評嚴璿的行為。其批評方式，帶有濃厚的傳統說教性
質。對嚴復來說，幼弟損傷長兄感情，非同小可，應該嚴加訓斥，
不能遷就。因為按照傳統的觀念，「長兄為父嫂為母」。當然，嚴復
畢竟是知識分子，按照他的教養，他有充分的資格闡明對宗教持否
定態度的不可取性:「璿年尚幼，現在科學學校，學些算數形學之
類，以為天下事理，除卻耳目可接，理數可通之外，餘皆迷信無稽，
此真大錯，到長大讀書多見事多時當自知耳。」**⑱**嚴復承認，一切宗
教都有迷信的成分，但是，不能因此而完全否定它:「若一概不信，
則立地成 materialism，最下乘法。」　**⑲**顯然，在我們面前，還存在
著科學所不能解釋的許多疑問。因此，任何的獨斷都不足為訓:「人
生閱歷，實有許多不可以科學通者，更不敢將幽冥之端，一概抹殺。
迷信者言其必如是，固差，不迷信者言其必不如是，亦無證據。」**⑳**
照此邏輯，對宗教或超驗領域之存在性問題，我們所應採取的最為

---

⑰　嚴復:〈與諸兒書〉,《嚴復集》,第三冊,頁八二四。

⑱　同⑰。

⑲　同上書,頁八二五。

⑳　同上書,頁八二五。

理智的態度，就是存而不論，不置其可否。的確，在嚴復那裏，這種態度是存在的。如他在不同的地方，都明確地指出過這一點：

> 蓋人生智識，至此而窮，不得不置其事於不論不議之列，而各行心之所安而已。❼

> 人之知識，止於意驗相符。如是所為，已足生事，更騖高遠，真無當也。❼

> 嗚呼！宇宙廣漠，事理難周，存而不論可也。❼

　　但是，嚴復同時在很大程度上又對超驗領域的存在持肯定態度。也就是說，他並沒有嚴格保持存而不論的立場，而是認為在科學實證之外，還存在著形上和宗教的地盤。這樣以來，問題自然就是，嚴復是如何確立起形上和宗教之存在性呢？換言之，即嚴復是根據什麼建立起形上和宗教的領地的呢？

（二）超驗領域存在之合法性

　　如上所述，嚴復把形上和宗教看成是在科學之外的非對待的不可思議的領域，那麼，他所說的「非對待」和「不可思議」，是什麼意義呢？對這一點的瞭解，有助於我們把握嚴復對超驗領域的論證。與「非對待」、「不可思議」相對的是「對待」領域。在嚴復那

---

❼　同❻書，頁八二五。

❼　《天演論》，頁七一。

❼　《〈法意〉按語》，《嚴復集》，第四冊，頁一〇二一。

裏，所謂對待之域，一方面是指，其中所存在的事物或現象，都具有生滅變化的相對性，另一面是說，它是人類的認識可以達到的領域，它具有可知性、可言說性和可證實性。嚴復說：「彼是對待之名詞，一切世間所可言者，止於對待。」**⓸**在嚴復的意識中，近代以來，科學之所以能得到突飛猛進的發展，乃是由於人們認識的興趣和關心集中轉向了對待之域：「只此對待之域，則形氣之學貴矣。此所以自笛嘉爾以來，格物致知之事興，而古所云心性之學微也。」**⓹**科學知識之所以能在工業文明中發揮巨大的實踐功能，也是由於它來自對待之域，其運角也限於對待之域：「吾生學問之所以大可恃，而學明者術立，理得者功成也，無他，亦盡於對待之域而已。」**⓺**

　　既然「對待」之域是人的認識能夠達到的具體事物和現象，那麼很自然，「非對待」之域就應是人的認識所不能達到的超越具體事物和現象的最高的存在。「非對待」之域不可認識，不可知，當然也「不可思議」。所謂「不可思議」，嚴復有明確的界說：

　　　　談理見極時，必至「不可思議」之一境，既不可謂謬，而理又難知，此則真佛書所謂「不可思議」，而「不可思議」一言，專為此設者也。**⓻**

　　　　蓋天下事理，如木之分條，水之分脈，求解則追溯本源。故理之可解者，在通眾異為一同，更進則所謂同，又成為異，

⓸　《莊子》評語〉，《嚴復集》，第四冊，頁一一〇六。

⓹　《天演論》，頁七一。

⓺　《穆勒名學》按語〉，《嚴復集》，第四冊，頁一〇三六。

⓻　《天演論》，頁七三。

而與他異通於大同。當其可通，皆為可解，如是漸進，至於
諸理會歸最上之一理，孤立無對，既無不冒，自無與通，無
與通則不可解，不可解者，不可思議也。❼⑧

　　這兩段話，雖都是對「不可思議」的界定，但所強調的重點，
並不一樣，照前一界說，所謂「不可思議」，就是不能以普通的名
理或邏輯加以規定。按照普通的名理或邏輯，判斷或命題具有明確
的規定性，不能有矛盾存在。但是，在我們的認知進入到最普遍的
存在時，我們不能作出明確的非此即彼的規定，不可謂是，亦不可
謂非，也可以說是似是而非，似非而是。譬如佛教所說的涅槃，說
它是有，但它無形體，無方相，無異於無；說它是無，然而又非真
無，用佛教的說法就是「寂不真寂，滅不真滅」。照後一界說，所
謂不可思議，是說最普遍、最高的理，雖無理可對，但又包含了一
切之理，佛教所言「一月遍攝一切月」，即其註腳。
　　通過以上的分析，我們可知，嚴復關於「對待」之域與「非對
待」之域的劃分，主要是基於認識論的立場。他以「可知論」來確
定「對待」之域的界限，與此同時，用「不可知論」來定位「非對
待」之域。這一點，涉及到如何看待認識與存在的關係。對此，一
般有兩種處理方式：一是在認識之前，事先直接肯定或預設事物或
對象的存在；與此不同，是通過認識來確立事物或對象的存在性。
就嚴復而言，他具有科學實證態度，這使他相信外物的獨立存在性
及其可知性。但他所說的在具體事物或現象之外所存在的普遍之理
或本體，是事先預設的呢？還是通過認識建立起來的？基本上，在
嚴復那裏，他是事先預設了支持具體事物或現象背後的本體，同時

⑱　同⑰書，頁七五。

又認為本體是不可知的。當然，他的預設，又是以認識或邏輯推論來完成的，即通過尋找事物的種屬關係，一步一步地推演，推到最後不能再推，達到最普遍的存在（即大共名）。由此而言，嚴復在認識論上的經驗主義就被先驗主義所取代。

且不說嚴復對本體的推論是否能夠確立起本體的存在，他把本體視之為不可知的領域，其根據又是什麼呢？這又要回到他的經驗論上。既然人的認識能力只能限制在有形的具體事物中，而事物背後的本體超出了具體事物之外，那麼，它當然就是不可知的。在此，經驗論又與獨斷論奇妙地結合起來了。而且，問題還不只此。嚴復預設了本體，同時又認為它是不可認識的。這是可以說得通的。但他並沒有保持這種一貫性。如果嚴格奉行不可知論的立場，對於我們不可知的東西，我們只能說「不知道」，或保持沉默。然而，嚴復卻沒有嚴守這種立場。他不知不覺地又把「可知論」引進到了他所說的本體中。在培根看來，無對、本體既然超出了對待之外，它實際上就是「無」。嚴復不以為然。對他來說，所謂非對待領域，只是說它不像有形的事物那樣，分別相對，而不是說它與對待之域不相對。二者雖為兩個不同的領域，但決不是不相干的兩個領域。實際上，它們具有一種內在的聯繫。非對待之域是對待之域存在的根據，而對待之域則能夠彰顯非對待之域：「嘗謂萬物本體雖不可知，而可知者止於感覺，但物有本末之殊，而心知有先後之異。此如占位，歷時二事，物舍此無以為有，吾心舍此無以為知。」[79]對嚴復來說，朱熹的「非言無極無以明體，非言太極無以達用」，就揭示了這一點。與這種內在聯繫相關，嚴復進而認為，我們可以通過對待與無對待的相對性來達到對本體的覺知，培根和黑格爾以本體無

---

[79]　《穆勒名學》按語），《嚴復集》，第四冊，頁一〇三六。

形可感從而否定其存在性，都不能成立：

> 太極、庇因之對待為無物，以無對有，政以可覺，此亦人心
> 之所事者也，何以言其虛設而矛盾乎？又如自在一論，雖常
> 可以因果、並著而言，然自在實與因果、並著有異。蓋培因
> 之意以自在為可言，故遂以此倫為廢。然「在」實與「有」
> 同義，既有矣，斯能為感覺，既感既覺，斯有可言，何可廢
> 乎？昔者德儒黑格爾亦以不知此義，遂謂太極、庇因既稱統
> 冒萬物，自不應有一切形德相感，至使有著不渾；如無一切
> 形相德感，則太極、庇因，理同無物。以統攝群有之名為等
> 於無，文義達反於至此，此其弊正與培根同耳。 ⑧

嚴復的不一致性，在他對宗教的看法中，還有所表現。如他一
方面認為，宗教的起點，就是科學的盡處，把宗教看成為不可知的
領域。但他同時又認為宗教中存在著真實性，這是宗教之所以能發
揮教化功能、長久不衰的根本原因：「理道之真所以為言行之是也。
是非之判所以為利害之分也。彼古今宗教所常有利者，以其中莫不
有真也。而亦未嘗不害者，惟其中之尚有偽也。」⑧ 說宗教領域中存
在著真實性，當然也就肯定了宗教超驗的可知性。

由於科學同形上和宗教的關係以及超驗存在的基礎是一個非
常複雜的問題，而嚴復對此又不能作專門的思索，在不同的地方隨
感而發，難免出現不一致性。

嚴復為形上和宗教留下地盤的觀念來源於他所欣賞的英國的

---

⑧ 同⑲書，頁一〇三九。

⑧ 《《法意》按語》，《嚴復集》，第四冊，頁一〇一六。

經驗主義，如穆勒(John Stuart Mill, 1806-1873)的經驗主義。說來也許奇怪，經驗主義怎麼能容納形上和宗教呢？問題出在不徹底性上。如穆勒繼承了培根 (Francis Bacon, 1561-1626) 和休謨 (David Hume, 1711-1776)的經驗主義，把歸納和經驗視之為知識的根本來源。但是，他又不像休謨那樣，嚴守經驗的立場，不回答經驗之外的存在問題。而是像康德 (Immanuel Kant, 1724-1804) 一樣，預設了現象背後的自在之物或本體，並認為它是不可知的。嚴復的觀念還受到斯賓塞(Herbert Spencer, 1820-1903)的影響。斯賓塞的哲學是一種混合物，對他來說，科學和經驗無疑是重要的，但又是相對的。雖然具體事物的存在要以絕對為根據，但絕對是不可知的。不可知的絕對何以是存在的呢？因為如果我們不把具體事物同絕對聯繫起來，具體事物本身的存在就是不可思議的❽。這種論證顯然蒼白無力。

（三）形上、宗教與中國傳統

在嚴復的意識中，中國傳統與科學精神顯然並不親和。然而，如果說到形上學和宗教，情形就不同了。對嚴復來說，《周易》、《老子》和《莊子》等書都具有豐富的形上觀念。《老子》一章言：「道可道，非常道；名可名，非常名。」 嚴復立即把它同超驗的領域聯繫起來：「常道，常名，無對待故，無有文字言說故，不可思議故。」 ❽對於老子所說的「同謂之玄，玄之又玄，眾妙之門」，嚴復把它同西方的形上觀念掛起了鉤，並認為西方哲學所從事的不外乎這十二個字：「其所稱眾妙之門，即西人所謂 Summum Genus，《周

---

❽　參閱梯利《西方哲學史》，下冊，頁三○八～三○九。

❽　《《老子》評語》，《嚴復集》，第四冊，頁一○七五。

易》道通為一，太極、無極諸語，蓋與此同。」「西國哲學所從事者，
不出此十二字。」❸ 又如時間、空間觀念，嚴復把它作為形上學領域
的東西來處理，被設定為具體事物存在的前提。但這種觀念決不只
是為西方所擁有，中國哲學也早已有所討論，所說的「宇」和「宙」，
就相當於西方的時間(time)和空間(space)。如《莊子・庚桑楚》中
說：「有實而無乎處者，宇也；有長而無本剽者，宙也。」對此，嚴
復作了深入的解析：

> 宇宙皆無形者也。宇之所以可言，以有形者列於其中，而後
> 可以指似，使無一物，則所謂方向遠近皆亡；宙之所以可言，
> 以有形者變於其際，而後可以歷數，使無一事，則所謂先後
> 久暫亦亡。故莊生云爾。
> 宇宙，即今西學所謂空間、時間。空無盡處，但見其內容，
> 故曰有實而無乎處；時不可以起訖言，故曰有長而無本剽。❸

與形上一樣，在中國傳統中，也不乏宗教的資源。這首先會使
人想到儒、釋、道三教，嚴復也不例外。但是，嚴復對道教或者不
感興趣，或者沒有研究，他罕言之。他談論的主要是儒、釋二教。
一般認為，儒教不設鬼神，立足於人事和世間，垂教化俗，這是儒
教的高明處，也是它與嚴格意義上的宗教之不同處。嚴復在有的地
方，也承認這一點，強調不能把儒術同道、釋、回和景一起並稱為
教。但是，這決不意味著中國無教。照嚴復的說法，孝是中國真正
的宗教，它為一切行為提供了合法性：「然則中國固無教乎？曰有。

---

❸ 同上。

❸ 《莊子》評語），同上書，頁一五三九。

孝則中國之真宗教也。百行皆源於此，遠之以事君則為忠，邇之以
事長則為悌，充類至義，至於享帝配天，原始要終，至於沒寧存順。
蓋讀〈西銘〉一篇。而知中國真教，舍孝一言，固無所屬矣。」❽
不過，嚴復又認為，不能說儒教完全不預設超驗的神靈。當孟德斯
鳩(Baron de Montesquieu, 1689–1755) 這樣來看待儒教時，嚴復批
評孟氏對儒教一竅不通（「其於哲學，未聞道耳」）。在嚴復看來，
儒教並不否認靈魂的存在。他論證說：「孔教亦何嘗以身後為無物
乎？孔子之贊《易》也，曰精氣為物，遊魂為變。《禮》有皋復，
《詩》曰陟降，季札之葬子也，曰：體魂則歸於地，魂氣則無不之，
未聞仲尼以其言為妄誕也。」❼照嚴復的說法，在中國傳統中，真正
不主神靈之說的，只有佛教。然而，在別的地方，嚴復又發表了與
此相矛盾的言論。如上所說，他曾認為，儒教的高明，在於不設神
靈，但由於中國民智未開，此教難以為中國民眾所接受。而佛教之
鬼神觀念恰恰符合中國民眾的心靈，因而廣被接受。他這樣說：「既
不用孔教，則人之原性，必須用一教，始能慰藉其心靈。於是適值
佛法東來，其小乘阿含一部，所說三塗六道，實為多鬼神之說，與
不開化人之腦氣最合，遂不覺用之最多，而成為風俗。」❽嚴復前後
出現這種自相矛盾的說法，是因為儒佛是複雜的，而他在不同的地
方，卻要強調某一點，忽視了其它的因素，犯了以偏概全的毛病。
同時，嚴復認為儒教與中國民智不合的觀點，看來也是站不住腳的。
佛教固然對中國民眾發生了很大的影響，但儒教對中國民眾的影響，
顯然也是巨大的。在社會生活中，儒教的世俗道德倫理，構成了中

---

❽　《〈支那教案論〉按語》，同上書，頁八五〇。

❼　《〈法意〉按語》，同上書，頁一〇一六。

❽　〈保教餘義〉，《嚴復集》，第一冊，頁八五。

國人的基本信仰，這是不能忽視的事實。

三、倫理思想

嚴復是中國歷史上第一位學貫中西的大家，倫理優位的中國傳統思想，是他最先具備的知識和教養。後來他接受外來西方的觀念並深受其影響，又是在經驗主義倫理學的故鄉英國發生的。邊沁、密爾的功利主義、快樂論，斯賓塞的進化倫理觀等，都與嚴復的思想有密切的關係。他翻譯的第一部西學重要著作是赫胥黎的《進化與倫理》。在嚴復對此所加的不少按語中已包含了一些重要的倫理思想和觀念。現就嚴復所論及的諸倫理觀念，具體探討一下他作為中國近代最著名的啟蒙思想家，面對中西廣闊的倫理思想世界，是如何進行理解、選擇、修正和評價的。

（一）善與惡

在中西倫理思想史上，善惡作為一對重要的範疇受到了眾多思想家們的討論和爭議。對此，嚴復多有知解，並試圖融合貫通地加以介紹和說明。康德主形式論的善惡觀認為，行為在道德上是善是惡，只是依賴於意志和動機如何，而無需涉及它們的效果。嚴復領會道，假若一個人為追求天堂的極樂而行善，為逃避地獄之苦而不做惡，他就已成為逐利的小人，因而不管其效果如何，他的行為都不具有道德價值。但康德所說的這種純粹的「善良意志」，何以會有呢？康德說是道德規律和絕對命令要求人無條件絕對如此的。這規律或命令，是普遍和必然的，是先驗的，是理性本身所固有的，它存在於最普通人的心目中。孟子主張「性善論」，肯定人先驗內

在地具有「仁義禮智」的道德本性。盡管康德與孟子的倫理學之間存在著諸多差別。但嚴復似乎把人具有先驗道德本性的共同前提視之為打通使康德與孟子相互得到說明的關鍵[89]。柏拉圖的善惡觀與程朱的善惡觀也有相通之處。這不僅因為他們都把善同理或理念聯繫在一起，視欲望或氣質之性為惡的根源，要求現實的人明善復初，而且還由於他們的理論大概皆來自印度的佛學思想。程朱自不用說，「希、印兩土相近，柏氏當有沿襲而來。」[90]

　　但不管是康德、孟子的善惡觀，抑或是柏拉圖、程朱的善惡論，都不是嚴復所要認同和接受的。他真正傾心的是近代英國功利主義和進化論的善惡學說。他像穆勒那樣，肯定每一生物意志的目標最初都是獲得快樂和避開痛苦，「世變無論如何？終當背苦而向樂。此如動植之變，必利其身事者而後存也」[91]。以此為出發點，嚴復採取了邊沁那種以苦樂定善惡的道德價值觀。當有人向嚴復請教人道究極根本是苦樂還是善惡這一問題時，嚴復毫不懷疑地回答說：「以苦樂為究竟，而善惡則以苦樂之廣狹為分，樂者為善，苦者為惡，苦樂者所視以定善惡者也。」但由此是否可以得出舜、墨為非，桀、跖為是的結論呢？嚴復解釋說，論人道要通其全而觀，不得以一曲論之。自得自樂（自己滿足自己而不損人），己苦他樂（如墨子苦己為他人樂），為樂而苦（先苦後樂），雖形式不一，然皆有樂在，此樂即為善。所以，「人道所為，皆背苦而向樂，必有所樂，始名為善，彰彰明矣。」但嚴復沒有正面回答桀、跖以眾人之苦求己之樂，這種樂是否也為善。他似乎意識到了理論上的困難。能不

<hr>

[89]　《《法意》按語》，《嚴復集》，第四冊，頁一〇一三。
[90]　《天演論》，頁六五。
[91]　同[90]書，頁四一。

承認桀、跖之樂為樂嗎？要是樂而又不能說它是善，樂即為善的一貫性又何在呢？於是，嚴復借助斯賓塞進化極致的理想社會概念，以求理論上的圓融。嚴復認為，在進化程度較低的非理想社會中，苦樂為善惡只是相對的，而到了理想極致的社會，苦樂即與善惡完全同等，「極盛之世，人量各足，無取捝注，於斯之世，樂即為善，苦即為惡，故曰善惡視苦樂也。」❷在此要注意的是，當嚴復引進斯賓塞理想社會概念的時候，他卻又陷入了更混亂的境地。一方面，嚴復推崇斯賓塞的日益進化將不斷地趨向善而消解惡，最終只有善演而惡無從再演的說法，不留情地批評赫胥黎的「善演惡亦演」的觀點❸；但另一方面，經驗實證主義的立場，使他拿起了「不可思議」（「不可以名理論證」）的大刀面對斯賓塞的理想社會美景，而首肯赫胥黎的最終理想社會不可達❹、善惡苦樂對待而立（嚴復反覆強調這一點）的見解❺。

　　儘管嚴復對善惡苦樂概念的把握及其論證不甚圓滿，但他把苦樂與善惡結合起來的傾向和旨趣是明顯的。他要通過這種結合，以肯定自我擺脫痛苦追求幸福和快樂的道德價值及正當性。善既意味著為人，也意味著為己；即意味著替別人的幸福和快樂著想，也意味著尋求自身的幸福和快樂。惡的內涵也決非只是損害他人的利益和快樂，而同時還隱含著損害他人事實上也是對自己的損害。但中西傳統善惡觀念卻片面地強調為善去惡主要是增加而不是損害他人的幸福和快樂這一點。嚴復說道：

---

❷　同❶書，頁四六。

❸　參閱《天演論》，頁八九～九〇。

❹　同❸書，頁四七。

❺　參閱《天演論》，頁四六；《嚴復集》，第四冊，頁一一二四。

嗚呼！今之哲學言為善，所由與古之言為善殊者。古之言為
善也，以為利人，而己無與也；今之言為善也，以不如是，
且於己大不利也。知為善之所以利己，而去惡且不止於利人，
庶幾民樂從教，而不禍仁義也，亦庶幾國法之成，無往而不
與天理人情合也。❾

　　需要指出的是，嚴復以苦樂定善惡，他所說的苦樂既有理性的、
精神的方面，也有感情的、物欲的方面。達到理性和精神的境界是
樂，滿足感情和物欲的需要也是樂；背離理性和精神有苦，缺乏感
情和物欲的需求也有苦。人的現實生活的幸福就是要求二者互相兼
顧，調和適中。因此，嚴復認為中國傳統中重理輕欲，崇禮苦情的
觀念不符合人性的完整意義，「唯天降民有恆矣，而亦生民有欲，
二者皆天之所為。」「性」一詞的古義為「生」，而告子所言「生之
謂性」，「非無所明之論」❾，不能輕視人的情感和物質生活。禮義
亦非以苦情遏欲為事，「禮之立也由人，亦曰必如是而後上下安，
人物生遂，得最大幸福焉爾。夫非無所為，而為是以相苦亦明
矣。」❾中國傳統以禮損害女性，實屬無謂。很明顯，嚴復反對禁欲
主義。但這並不意味著他要與縱欲主義唱同調❾。赫胥黎非議伊壁
鳩魯之學為縱欲主義，嚴復起而駁之，為其辯護❿。說到底，嚴復
所肯定的是身體無痛苦和靈魂無紛擾的節適中和的幸福快樂生活，

---

❾　《法意》按語〉，《嚴復集》，第四冊，頁一〇二二。

❾　《天演論》，頁八五。

❾　《法意》按語〉，《嚴復集》，第四冊，頁一〇一七。

❾　參閱《法意》，頁一〇一九；《天演論》，頁八五。

❿　參閱《法意》，頁一〇一九；《天演論》，頁八五。

而這在他那裏就是「善」或「至善」。

（二）道義與功利

　　正如史華慈所強調的那樣，本來到英國學習海軍的嚴復之轉向西方特別是英國的思想和文化，不是無目的的好奇心，而是出自內心燃燒起來的關切。嚴復是要探尋解放人的能量的契機，使之得到最大限度的發揮，以實現中國富強的根本目標❿。中英貧富的巨大反差，強烈地震撼著嚴復。他之翻譯斯密的古典經濟學名著《原富》，其主要動機，就是要為貧而不堪的中國提供發展經濟和物質利益的直接具體方法。但是，當嚴復這樣做的時候，他怎麼會不意識到，他的觀念和要求，將要受到中國傳統「憂道不憂貧」、「義利對立」深厚意識的排拒和抵制呢？在〈釋斯氏《計學》例言〉中，他已提出了他所面對的這一問題，「有以斯密氏此書為純於功利之說者，以為如計學家言，則人道計贏慮絀，將無往而不出於喻利。馴致其效，天理將亡，此其為言厲矣。」⓬對此，嚴復必須作出令人信服的解答。具體來說，他應從理論上解決追求利益之內在根據、尤其是自我利益與他人利益以及道義與功利之間的真實關係等問題。

　　對於社會共同體何以起源和成立這一問題，赫胥黎用人的先天善心加以說明，「群道善相感而立」。與之相反，斯賓塞則認為是根源於人與生俱來的求安利的自私心。根據上述嚴復對於善惡苦樂的態度和傾向，我們大概已能推測出嚴復所選擇的將是斯賓塞而不是赫胥黎的觀點。的確如此。嚴復說道：「蓋人之由散入群，原為安利，其始正與禽獸下生等耳，初非由感通而立也。」人的善心是隨

---

　　❿　參閱史華慈：《追求富強：嚴復與西方》，頁二五～二六。

　　⓬　〈譯斯氏《計學》例言〉，《嚴復集》，第一冊，頁一〇〇。

著社會的形成而產生的，「善群者何？善相感通者是。然則善相感通之德，乃天擇以後之事，非其始之即如是也。」⑩因而不能用這一社會的產物反過來又去說明社會，赫胥黎恰恰犯了倒果為因之病。嚴復說：「赫胥黎執其末以齊其本，此其言群理，所以不若斯賓塞氏之密也。」⑩不用說，嚴復在此所表明的其中一點，就是人與生具有尋求利益的自私心。

　　追求自己的利益雖無可非議，但是在社會中，如果只為自己的利益而置他人的利益於不顧，或者損害別人的利益，是否也為正當。在這一點上，邊沁、斯密、穆勒和斯賓塞等，頗為一致，都主張個人利益和幸福與他人利益和幸福、利己主義與利他主義的兼顧和結合，反對純粹的利己主義。嚴復在英國思想家中發現了這開明的利己主義（他叫做「開明自營」），他被這一點深深地打動和吸引住，並把它提到了人類生活普遍法則的高度，反覆致意，津津樂道：「有最大公例焉，曰大利所存，必其兩益；損人利己，非也，損人利人亦非；損下利上非也，損上利下亦非。」⑩在一般人的意識中，所謂利，所謂損，似乎都是單方面的事，嚴復不以為然。他認為利和損都具有雙向性。利是互利，既利己，又利人；損是兩損，只要損人，就會損己。他說：「復所以謂理財計學，為近世最有功生民之學者，以其明兩利為利，獨利必不利故耳。」⑩「蓋未有不自損而能損人者，亦未有徒益人而無益於己者，此人道絕大公例也。」⑩嚴復相信，只

---

⑩　《天演論》，頁三二。

⑩　同⑩。

⑩　《天演論》，頁三四。

⑩　《天演論》，頁九二。

⑩　《原富》按語），《嚴復集》，第四冊，頁八九二～八九三。

要人們都理解「利」和「損」的真實意義，並嚴格按照超越純粹的利己主義和純粹的利他主義的法則行事，最大多數人的最大幸福這一理想目標就能實現。

在中西，特別在中國傳統觀念中，有道義功利不兩立、重道義輕功利的傾向。追求利益和富強的嚴復，自然要反對這一傾向。他認為，追求合理利益和開明利己主義的法則，與道義非但沒有對立和矛盾，恰恰相反，它們統一不二，相容不悖。嚴復揭示道：「大抵東西古人之說，皆以功利與道義相反，若薰蕕之必不可同器。而今人則謂生學之理，舍自營無以自存。但民智既開之後，則知非明道，則無以計其功，非正誼，則無以謀利。功利何足病。問所以致之之道何以耳。故西人謂此為開明自營，開明自營，與道義必不背也。」[108] 嚴復頗有意味地分析說，視義利對立不容的觀點，其為義的動機和願望固佳，但實際上非但不能真正維護義，反而有損於義。誰會苦心情願地去追求那個光禿禿的義並為之犧牲呢？義不是清貧自苦和「濫施妄與」，也不是與利格格不入。義與利必須在統一中來把握。不義必無利，竊物化為己有似乎是利，其實是害人害己。反之，有義必有利。不具有「利」的「義」決不是真正意義上的「義」。只有與「利」結合起來的「義」，人們才會從之不違。「庶幾義利合，民樂從善，而治化之進不遠歟！」[109] 總之，嚴復強調說：

今之為教，則明不義之必無利，其見義而忘義者，正坐其人腦力不強而眼光短耳。[110]

---

[108]　《天演論》，頁九二。

[109]　《《原富》按語》，《嚴復集》，第四冊，頁八五八～八五九。

[110]　〈論今日之教育應以物理科學為當務之急〉，《嚴復集》，第二冊，頁

嗚呼！唯公乃有以存私，唯義乃可以為利。⑪

　　當然如果我們進一步加以考察，也許會看到義利並不像嚴復所說的那樣是一種完全相容不二的關係。但嚴復一反義利對立的傳統觀念，重視義利的一致性，卻為中國近代走向富強的目標從理論上鋪平了道路。

（三）群體與個體

　　在西方近代思想中，既有個人主義、自由主義的理論，也有社會主義、國家主義的學說。它們或是分明地存在於不同的思想家那裏，或是不協調地被同一思想家所統屬。對於這諸如此類的思潮，嚴復不僅從理論上進行運思，他還要把它們與中國近代的現實背景結合起來加以觀照，特別關心其實踐效應。進化論物競天擇、適者生存的原理及中國在西方面前慘敗的這一無情事實，使嚴復的危機感和憂患意識達到了頂點。他決不願意再看到中國繼續沉陷，乃至於亡國亡種。拯救的使命感，促使他發出了中國和中國人要自立自強的強烈呼喚。就是在這自立自強中，嚴復找到了西方的不同思潮與中國現實的結合點。為了個人、個體的自立自強，自由主義和個人主義就是必需的；為了社會群體、國家、民族的自立自強，社會主義和國家主義又是不可缺少的。但這兩方面在嚴復那裏是否相容無礙、相得益彰呢？

　　無疑，盧梭、斯密、穆勒、斯賓塞等人的自由主義、個人主義和放任不干涉主義，影響感化著嚴復。他宣揚說：「夫所謂富強云

二八五。

⑪　《原富》按語〉，《嚴復集》，第四冊，頁八九七。

者，質而言之，不外利民云爾。然政欲利民，必自民各能自利始。民各能自利。又必皆得自由始。」⑫個人的自由和權利，非但不會有害於社會群體和國家的自由與權利，而且它還是後者的基礎，「人人皆得自由，國國皆得自由」⑬，「身貴自由，國貴自主，生之於群，相似如此。」⑭「吾未見其民之不自由者，其國可以自由也；其民之無權者，其國之可以有權也。」⑮有趣的是，嚴復提醒人們說，我們不只是被動地從西方接受個人自由和權利思想，同時也意味著復興與其相似的中國傳統中已存在著的觀念。莊子思想的主要精神之一，就是主張，「凡可以聽民自為自由者，應一切聽其自為自由」⑯，「治國宜順自然，聽其自由，不可多加干涉。」⑰楊朱的真義，即是個人主義。「所謂楊朱，其論道終極，皆為我而任物，此在今世政治哲學，謂之個人主義Individualism。」⑱孟子非薄楊朱，淺而無當。「夫自修為己者也，為己學說即行，則人人皆自修自治，無勞他人之庖代。世之有為人學說也，以人類不知自修自治也。使人人皆知自修自治，則人人各得其所，各安其性命之情。孟子詆楊，其義淺矣。」⑲這可謂是獨特的理解。

但由於中國近代國家民族的救亡生存和獨立，最為急迫，因而嚴復有時又把社會群體、國家的自由和權利視為優先。他說：「特

---

⑫　〈原強〉，《嚴復集》，第一冊，頁一四。

⑬　〈論世變之亟〉，同上書，頁一三。

⑭　《〈原強〉修訂稿》，同上書，頁一七。

⑮　《〈原富〉按語》，《嚴復集》，第四冊，頁九一七。

⑯　《〈莊子〉評語》，《嚴復集》，第四冊，頁一一一八。

⑰　同⑯書，頁一一一九。

⑱　同⑯書，頁一一二六。

⑲　同⑯書，頁一一二五。

觀吾國今處之形，則小己自由，尚非所急，而所以去異族之侵橫，求有立於天地之間，斯真刻不容緩之事。故所急者，乃國群自由，非小己自由也。」⑫ 斯賓塞的社會有機體概念，使嚴復深信群體的存在是個體存在的前提，「天演之事，將使能群者存，不群者亡，善群者存，不善群者亡。」⑫ 所以，當個體與群體發生矛盾的時候，就應把群體放在優位，「群己並重，則舍己為群。」⑫「兩害相權；己輕群重」⑫。在這一主見下，嚴復對穆勒《論自由》一書的基調有所修正。他首先把書名改為《群己權界論》。《論自由》的主旨是強調個人的自由和權利，但嚴復則說「穆勒此書，即為人分別何者必宜自繇，何者不可自繇也」⑫。此書第三章標題應為「論個體為人類福祉的因素之一」，而嚴復把它譯為「釋行己自繇明特操為民德之本」，其旨趣有所變化。此外，嚴復譯孟德斯鳩《論法的精神》也有這種修正。如孟德斯鳩說道：「如果一個公民能夠做法律所禁止的事情，他就不再自由了」。但嚴復把「他」釋為「群」，並說：「假有國民，得取法所禁之而為之，將其群所享之自由立失。」⑫

在斯賓塞那裏，自由主義、個人主義與社會主義、國家主義相互矛盾地存在著，與之相比，嚴復在二者的選擇上並不更為協調，不過他重視群體的傾向比斯賓塞要突出些。

（四）義務與權利

---

⑫　《《法意》按語》，《嚴復集》，第四冊，頁九八一。

⑫　《天演論》，頁三二。

⑫　同上。

⑫　《侯官嚴先生年譜》，《嚴復集》，第五冊，頁一五五二。

⑫　《《群己權界論》譯凡例》，《嚴復集》，第一冊，頁一三二。

⑫　《法意》，上冊，頁二一九。

　　同樣，在義務與權利問題上，嚴復的認識和把握，也基於近代
西方的觀念。享有權利和承擔義務，不可分割地聯繫在一起。只想
保持權利而不願盡義務，或只能盡義務而不能行使應有的權利，都
是不合理的。在盧梭看來，自由權利不排除服從，也不說明可以為
所欲為，它意味著行動的嚴格必然性，意味著每個人為自己制定的
不可違背的法律。斯賓塞認為，人具有正義感和同情感，這就促使
人們在提出自己權利要求的同時，也要盡不侵犯別人權利的義務。
對權利與義務的這種二重性，嚴復心知其意。比如自由，他說：「我
自繇者人亦自繇，使無限制約束，便入強權世界，兩相衝突。故曰
人得自繇，而必以他人之自繇為界。」⑯

　　正如西方在從專制王權主義走向民主主義的過程中是向上爭
取權利那樣，嚴復要求打破權利全於上，義務盡於下的王權統治。
在中國封建專制社會中，嚴復認為，「寸權尺柄，皆屬官家。其行
政也，乃行其所固有者。假令取下民之日用而整飭之，雖行纖息，
終無有人以國家為不當問也，實切以為能任其天職。」⑰上之獨攬一
切的這種權利的無限傾斜，雖然在政治的運行操作中，不只是導致
暴政，情形好的話甚至還會出現仁政。但無論是仁政抑或暴政，都
不能掩蓋下民不享有不可剝奪之權利的共同事實。嚴復說：上「使
後而仁，其視民也猶兒子耳；使後而暴，其遇民也猶奴虜矣。為兒
子奴虜異，而其於國也，無尺寸之治柄，無絲毫應有必不可奪之權
利，則同。」⑱民無應有之權利，不知權利為何物，因而，雖然他們
要盡無限的「義務」，也仍然沒有義務的觀點。嚴復說盡沒有權利

<hr />

⑯　同⑭。

⑰　《社會通詮》按語〉，《嚴復集》，第四冊，頁九三〇。

⑱　《法意》按語〉，同⑰書，頁一〇〇六。

的義務，與做奴隸無異。因為「義務者與權利相對待之名詞也。故民有可據之權利，而後應盡之義務生焉。無權利，而責民以義務者，非義務也，直奴隸分耳。」[129] 這種無限權利和無限義務的專制政治社會生活，其結果就是，上可以隨意地使用權利而無需承擔任何責任，下只能被牢牢束縛住而無從發揮自己的能力，最終造成中國的貧弱和落後。

要使政治生活中的權利和義務統一起來，走向合理化，嚴復說這首先依賴於民主制度的建立，同時要求提高「民智」。在民主制度下，權利和義務將被納入到法治的秩序中，無限權利和無限義務不能有存在的餘地。上下都必須是權利與義務的雙重主體。上必承擔責任，下必擁有不可侵犯的權利。嚴復強調指出：「嗚呼！國之所以常處於安，民之所以常免於暴者，亦恃制而已，非恃其人之仁也。恃其欲為不仁而不可得也，權在我者也。使彼而能吾仁，即亦可以吾不仁，權在彼者也。在我者，自由之民也；在彼者，所勝之民也。必在我，無在彼，此之謂民權。彼所勝者，尚安得有權也哉！」[130] 權利和義務的確立和落實，還需要有與之相應的「民智」。嚴復認為，民智未開，權利和義務對人來說都是外在之物。他既不敢去爭取維護自身的權利，也往往不願盡義務。因此，要通過發展教育，提高國民的素質，使權利和義務成為內在之物，自覺地維護和盡心，形成不唯知之且亦好之樂之的局面。

如果我們試圖就上述嚴復的倫理思想講幾句概括性的話，那就應該說，嚴復是理解中西倫理思想並想做出綜合的第一人，盡管在這一過程中他存在著不協調和矛盾。他不是一味地用西方的倫理觀

[129]　《法意》按語，同[127]書，頁九七二。

[130]　參閱同[127]書，頁九八一～九八二、九八六。

念來批判中國的倫理觀念，也不是頑固地拿中國的倫理形態去排拒
西方的倫理形態。他既用西方的倫理思想來闡明、理解中國的倫理
思想，同時還注意兩種倫理思想的相互闡明和相互理解。他的倫理
思想，既是倫理上的興趣，又是基於中國近代現實背景下的關切。
他之更多地傾向和接受近代西方的倫理觀念，那是因為它伴隨著西
方社會的現代化。中國也需要這種觀念，因為中國需要現代化。

第五章　富強理想

一般來說，每一個時代都有它所面對的基本問題，而圍繞這一基本問題所形成的一些觀念就成為這一時代的中心觀念。中國近代面臨的基本問題是內憂外患，為了從這種狀態中擺脫出來，對許多中國知識分子來說，最根本的對策就是達到「富強」。通觀當時的文獻，可以發現，盡管在如何實現「富強」目標這一點上，人們所作出的設計存在著或大或小的差別，但是就追求「富強」這一目標來說，人們具有驚人的一致性。嚴復是中國近代最著名的知識分子之一，他在不少方面都保持著自己的「鮮明個性」，但是，他與和他同時代的許多人一樣，也把「富強」作為中國追求的根本目標❶。

一、財富追求及其合理化

但是，對「富強」的追求，說到底是通過財富和經濟的力量來達到國家的強大，而這同帝國傳統所強調的以「德」和「義」實現治平的理想途徑並不合拍，甚至是衝突的。因此，當嚴復強調大力

---

❶　史華慈(B. Schwartz)先生把嚴復的思想和行動的努力方向，概括為「尋求富強」，可以說是抓住了問題的核心。不過，在嚴復那裏，「富強」決不是像他所說的那樣基本上只是指「國家」的「富強」。

發展經濟利益的時候，他就不得不面對這樣的問題，即注重經濟利益具有充分正當的根據嗎？它真的同倫理道德價值（如「仁義」）格格不入嗎？

（一）「富強」：國與民

不言而喻，中國近代的危機是空前深重的，因為它所面對的是西方工業化之後達到了高度發展的眾多列強的侵略和威脅。為了把帝國從困境和危機中拯救出來，仍有人主張把立足點放在「人心」的轉移和道德理想的重建上。但是，包括一些洋務派人士在內，不少人對此的充分有效性，已經打上了折扣。他們的眼光開始轉向非正統的路線上，即認為只有通過「富強」才能扭轉帝國所處的難局。這一點，在很大程度上，成為當時知識分子的基本共識。對嚴復來說，「富強」是首要的目標，沒有「富強」，就不能在嚴峻的物競天擇中獲得生存權，也不能「保國」、「保種」、「保教」。通過出國留學的直接觀察，使嚴復對西方的「富強」驚嘆不止，在〈《原強》修訂稿〉一文中，他這樣說：「東土之士，見西國今日之財利，其隱賑流溢如是，每疑之而不信。迨親見而信矣。」❷當他回觀中國的時候，它的「貧弱」和「落後」，又使他痛心疾首。這帶給他的最強烈衝動和願望就是改變這種反差，使中國也像西方那樣富強起來。何以才能達到富強呢？受過科學知識嚴格訓練並深得科學精神之旨的嚴復，當他思考富強之道的時候，他首先想到的是科學。正如他把西方不同領域的發展都同科學緊密聯繫在一起一樣❸，他也把西

❷　《嚴復集》，第一冊，中華書局，頁二九。

❸　嚴復對科學的功用這樣強調說：「制器之備，可求其本於奈端；舟車之神，可推其原於瓦德；用電之利，則法拉第之功也；民生之壽，則

方的富強同經濟學直接對應起來：「晚近歐洲富強之效，識者皆歸於計學，計學者，首於亞丹斯密氏者也。」❹在嚴復的意識中，科學是普遍有效的，它適合於所有不同國家的時空。既然西方的富強得益科學的「經濟學」，那麼，同理，中國的富強也不得不依賴於科學的「經濟學」，它不僅關係著中國的貧富，而且也關係著中國的盛衰：

> 夫計學者，且而言之，則關於中國之貧富；遠而論之，則繫於黃種之盛衰。❺

因此，嚴復花費大量的精力翻譯亞當‧斯密的《原富》，並不奇怪。他認為，此書言之成理，持之有據，具有實證科學的嚴密性。嚴復從多方面說明了在西方眾多的經濟學著作中，他何以選中了亞當‧斯密的《原富》：「計學以近代為精密。乃不佞獨有取於是書，而以為先事者，蓋溫故知新之義，一也；其中所指斥當軸之迷謬，多吾國言財政者之所同然，所謂從其後而鞭之，二也；其書於歐亞二洲始通之情勢，英法諸國舊日所用之典章，多所纂引，足資考鏡，三也；標一公理，則必有事實為證喻，不若他書勃窣理窟，潔淨精微，不使淺學，四也。」❻嚴復希望此書的翻譯，能把中國的經濟發展帶向科學的軌道上。

哈爾斐之業也。二百年學昌明，則又不得不以柏庚氏之摧陷廓清之功為稱首。」(〈《原強》修訂稿〉，《嚴復集》，第一冊，頁二九)

❹　《天演論》，商務印書館，1981年，頁三四。

❺　嚴復：〈譯斯氏《計學》例言〉，《嚴復集》，第一冊，頁一〇一。

❻　同❺書，頁九八。

　　由於自由民主被近代突出為主要的意識，因而國家與個人往往
也被加以明確的區分。與此相關，在國家利益同個人利益之間，何
者應置於「優先」地位，引起了激烈的爭論。就中國近代對「富強」
的追求來看，一般來說，所謂「富強」，就是指「國家」的富強。
但是，在經受過英國自由主義洗禮的嚴復那裏，問題並不如此簡單。
在這一點上，史華慈先生(B. Schwartz)實際上是誤解了嚴復，而不
是他所說的嚴復在根本上修改了亞當・斯密的觀念。照史華慈的說
法，亞當・斯密的《原富》是把立足點放在最大多數人的最大幸福
上，首先注重的是個人的利益，但嚴復真正關心的則是「國家」的
富強，而不是個人的「利益」。這充分表明了嚴復對亞當・斯密觀
念核心的扭轉：「我們在《原富》譯著本中，不斷地遇到國家富強
這個熟悉的緊迫問題。……雖然不必假定嚴復對於把絕大多數人的
最大幸福作為最終目的完全不感興趣，但是，群（『社會有機體』）和
國（『民族一國家』）這些詞已深深含有以國家政權本身為目的的涵
義。假如對於斯密來說，『國民財富』首先指的是構成民族一社會
全體個人的財富，那麼，對於嚴復來說，『國』的財富，則首先是
指民族一國家的財富，從而也指其實力而言。……這樣，我們從研
究嚴復的《原富》中得出一個壓倒一切的結論：在斯密著作中發展
了的，並由維多利亞英國這個活生生的例子所證實了的經濟自由主
義體系，是一個為國家富強而非常巧妙地設計出來的體系。」 ❼又
說：「在此，我們又一次看到，亞當・斯密的目的是純經濟的，他
的最終目的是為了個人的幸福。而嚴復則認為，經濟自由所以是正
確的，顯然是它會使國家『計劃』的擴大成為可能。嚴復的這一點

❼　史華慈：《尋求富強：嚴復與西方》，江蘇人民出版社，1995年，頁一
　　〇七～一〇九。

也許與斯密的學說極其出乎意料的相悖。」❽但是，根據我們的研究，嚴復所說的「富強」，不只是指「國家」的富強，同時也指「個人」的富強。如果我們要明確地找出嚴復究竟是把「國家」富強還是把「個人」的富強置於「優先」考慮的位置上，我們寧可說他往往選擇的恰恰是後者。這取決於他對國家的理解，對他來說，國家是以個人為基礎而建立起來的集合體：「今夫國家非他，合億兆之民以為之也。」❾因而個人如何，國家也將如何。國家既然是由眾多的個人組成的，那麼，國家的所有權就不再屬於「帝王」，而是屬於組成它的民眾，嚴復說：「今日之國，固五族四萬萬民人之國也；今日之政府，固五族四萬萬民人之政府也。」❿基於對國家與個人關係的這種理解，個人的富強也就優先於國家的富強。沒有個人的富強，也就沒有國家的富強。對此，嚴復多次加以強調：

> 國何以富？合億兆之財以為之也。國何以強？合億兆之力以為之也。⓫

> 處今而言救貧之事，其所憂者常在民，惟民實貧，而吾國乃以不救，此今昔大異之點也。⓬

> 天下之物，未有不本單之形法性情以為其聚之形法性情者也。

---

❽　同❼書，頁一一二～一一三。

❾　《原富》按語，《嚴復集》，第四冊，頁九一七。

❿　嚴復：〈原貧〉，《嚴復集》，第二冊，頁二九三。

⓫　同❾。

⓬　同❿。

是故貧民無富國，弱民無強國，亂民無治國。⓭

夫所謂富強云者，質而言之，不外利民云爾。⓮

　　從嚴復以上的這些言論來看，我們不能說他把亞當・斯密對民富的注重轉到了對國富的強調上。實際上，他並未遠離亞當・斯密的觀念。

（二）經濟行為的動機

　　不管直接目標是國家的富強，還是個人的富強，對它的追求都是一種經濟行為。現在的問題是經濟行為的動機或根源究竟是什麼？它是出於一種道德的願望呢，還是來自純粹的對個人利益的深切關懷？

　　按照斯密的理論⓯，人們的經濟行為或對財富的謀求，說到底只是對個人利益的關心，或者是每一個人為了改變自身處境而作的自發性的努力。經濟秩序就是千百人個人在對自己利益的追求的這種本能的強大衝動中形成的。如對人為什麼要積累財富，斯密解釋說：「促使人們儲蓄的原動力，是要改善自身處境的欲望，這種欲望，雖然一般是心平氣和和不動感情的，但卻是從娘胎裏帶來的，在我們進入墳墓以前，決不會離開我們。……增加財產是大部分人

⓭　嚴復：《原強》修訂稿，《嚴復集》，第一冊，頁二五。

⓮　同上書，頁二七。

⓯　斯密在《道德情操論》中認為，人們的行為大都是來自希望得到別人的贊同而發生的。對財富的追求主要不是為了自身生存的需要，而是為了虛榮心的滿足。在此，斯密是把道德願望看成是人類行為的動機。

要求和希望改善處境的手段。」❶對斯密來說，經濟行為的出發點決
不是為了實現道德價值或倫理目標，如果我們不是以互利的目的從
事經濟交易活動，而是希望別人從仁慈和善良出發使我們獲利，那
肯定是要落空的。斯密分析道:「人類幾乎經常需要別人的幫助，但
如果希望別人僅僅由於仁慈而給予幫助，那是辦不到的。倘能利用
他們的利己心理達到有利於自己的目的，使他們相信，為他做他所
要求於他們的事是符合於他們自己的利益的，則他更有可能獲得成
功。不論是誰，如果他要和別人作交易，他應這樣提議：請給我以
我所要的東西吧，這樣你就可以得到你所要的東西。這句話是一切
交易的通義；只有這樣，我們才能互相得到自己所需要的絕大部分
幫助。我們所以有飯吃，不是因為賣肉者、釀酒者或麵包商的仁慈，
而是因為他們要考慮自身的利益。我們不對他們的人性說話，只對
他們的利己心說話，切不可對他們談我們自己的需要，只可談他們
的利益。」❶依此，經濟行為純粹是出於利益的計算，而不是出於善
良的道德動機。

　　嚴復對經濟行為動機的看法，與上述斯密的觀念基本是一致
的。他反對斯密在《道德情操論》中把人組成社會的願望說成是「人
心之相感通」的論點，認為促使人「由散入群」的原初動機是「安
利」，　這與其它動物沒有什麼差別，並不是為了得到他人的好評。
人對經濟利益的追求同樣，本初的動機是自私自利，而不是為了利
人。社會公共利益的達成，是人的經濟行為的一種無意識的結果，
並非人事先所抱的就是這種願望。嚴復引述斯密的理論說：「吾聞

❶　（法）夏爾·季德等著:《經濟學說史》，上冊，商務印書館，1986年
　　版，頁九〇。

❶　同上書，頁八八。

斯密氏少日之言曰：今夫群之所以成群，未必皆善者機也。飲食男女，凡斯人之大欲，即群道之四維，缺一不行，群道乃廢。禮樂之所以興，生養之所以遂，始於耕鑿，終於懋遷；出於為人者寡，出於自為者多；積私以為公，世之所以盛也。此其言，借令褱衣大袑者聞之，不尤掩耳而疾走乎?」❶對嚴復來說，自利是人求生的一種基本的本能衝動，沒有這種衝動，人就不能存在。人對自己的利益的考慮，往往優先於他者，不管這個他者是其他的人，還是團體或者國家：「人人自為計，必重於其為一國計」❶。哪裏有利益，人們自然就趨向哪裏，這就如同水之就下一樣。因而，政治行為如果要有利於公眾，那麼，就要從公眾皆能追求自己的利益開始。在此，嚴復與斯密一樣，沒有把人的經濟行為的動機歸結為倫理道德價值，相反，恰恰是從非倫理道德價值——即自私心來看待人的謀利活動的。韋伯所說的出於「天職」、「救贖」和「禁欲」的動機❷，在斯密和嚴復那裏，都看不到任何影子。

　　嚴復的說法，很容易使我們想起韓非。與儒家對人性抱有樂觀主義的態度（「性善」）不同，韓非所強調的是人性的陰暗方面（「惡」）。對韓非來說，人性是自私的，人與人之間的關係都是一種利害關係，不僅人的經濟活動完全是出於對個人利益的追求，而且父子之間也沒有純粹的慈愛之心。如造車的人希望人富貴，造棺的人欲有人死，並非造車者仁造棺者惡，因為人富貴才有人能買車，人死棺材才能賣掉，二者都是出於對自己利益的考慮。父母對於自己的子女，生男的慶賀高興，生女的則殺之，所考慮的也是他們的

---

❶　同❺書，頁一〇〇～一〇一。

❶　嚴復：〈論中國救貧宜重何等之業〉，《嚴復集》，第二冊，頁二九五。

❷　參見韋伯：《新教倫理與資本主義精神》，三聯書店。

長遠利害，「故父母之於子也，猶用計算之心以相待也。」㉑當然，嚴復的觀念，並不像韓非這樣極端，他並不認為人與人之間純是一種利害關係，其中還存在著道德倫理價值。

與上述嚴復對人的經濟行為的自私性的解釋相關，從他那裏，我們還能發現他把對快樂的追求視之為人的強烈欲望，禁欲主義被他拋到了九霄雲外。嚴復以極其肯定的口氣說：「世變無論如何？終當背苦而向樂。此如動植之變，必利其身事者而後存也。」㉒當有人問他人道是以苦樂還是以善惡為究竟時，他的回答是，「以苦樂為究竟」，而善惡則是對苦樂的價值評判。我們看不出嚴復的這種觀念與穆爾等的功利主義有什麼不同。

（三）經濟與倫理

用自私和自利來解釋人的經濟行為的動機，在嚴復那裏是否就意味著在人的經濟活動中，唯個人利益是從、道德倫理價值（如「仁義」）沒有任何的存在餘地呢？嚴復從未作出過這種結論。不可否認，嚴復在肯定自利是經濟行為根源這一事實的同時，確有把它正當化的一面，也就是說，肯定了自利有其合理性的層面。但是，嚴復決不認為在經濟活動中可以只顧自己的利益而不管他人的利益，可以只要利益而不要仁義。實際的情況是，嚴復一直對「利己主義」保持著高度的警覺，他唯恐它會把人帶向新的歧途（與「以義壓利」相比）。當他翻譯《原富》一書時，有人就曾有這樣的擔心：「以謂如計學家言，則人道計贏慮虧，將無往而不出於喻利，馴致其效，天理將亡。」㉓對此，嚴復的回應是，一方面強調科學所關心的主要

㉑　《韓非子・六反》。

㉒　《天演論》，頁四一。

是真假是非，而不是是否合乎仁義；另一方面肯定經濟學講經濟，
並不隱含，人道只限於利益。在嚴復那裏，我們能清楚看到的是，
對於經濟與倫理、義與利，他從不試圖作出單一的選擇，或者以主
從輕重對待其一，他要平衡二者，把二者統一起來。但是，經濟與
倫理真的能統一起來嗎？義與利的緊張能夠完全化解嗎？

　　回觀一下中國傳統，義與利的關係，一直是思想家們關心的問
題之一。從已有的思想資源來看，固然時有強調利益的聲音㉓，甚
至還有人把物質利益看成是實現倫理道德價值的基礎，如所說的「倉
廩實而知禮節，衣食足而知榮辱」是很典型的。但是，把財富利益
同仁義對立起來的觀念也許更為強大有力。從孟子的「何必曰利」
和董仲舒的「正其誼不謀其利，明其道不計其功」，到宋明理學的
「存天理，滅人欲」，利益都被作為否定「義」的對立物來看待的。
這一方面給嚴復的印象是深刻的。而且，對嚴復來說，不只是中國
傳統，就是西方舊有的主要觀念，也是把經濟利益同仁義倫理道德
截然對立起來。他帶著深為不滿的語調說：

> 民之所以為仁若登，為不仁若崩，而治化之所難進者，分義
> 利為二者害之也。孟子曰：「亦有仁義而已矣，何必曰利？」
> 董生曰：「正誼不謀利，明道不計功。」泰東西之舊教，莫不
> 分義利為二塗。此其用意至美，然而於化於道皆淺，幾率天
> 下禍仁義矣。㉕

㉓　同❺，頁一〇〇。

㉔　如《周易‧繫辭》言：「崇高莫大乎富貴」；《史記‧貨殖列傳》言：
　　「天下熙熙，皆為利來，天下攘攘，皆為利往」；《明夷待訪錄‧原君》
　　言：「向使無君，人各得自私也，人各得自利也。」

　　但是，新的觀念使嚴復有充分的理由相信，義利和仁富是完全能夠統一起來的。這種新的觀念，在嚴復看來，就是斯密和斯賓塞的「合理利己主義」，嚴復稱之為「開明自營」。對於斯賓塞來說，雖然人的本性是利己主義先於利他主義，但是在社會中，利他主義也是必要的。他說：「既然個人最高的完善和幸福是理想，利己主義必然先於利他主義：每一生物將因其遺傳下來或後天的獲得的本性而得到好處或遭受禍害。但是利他主義對生活的發展和幸福的增進都是必要的，而且自我犧牲和自我保全同樣是亙古就有的。……純粹的利己主義和純粹的利他主義都是不合理的。」❷⑥顯然，斯賓塞是要在利己主義和利他主義之間保持一種平衡。如上所說，在斯密看來，個人對於利益的追求，根源於自己自發的對其利益的關心，因而應為此提供充分的自由空間。但是，斯密從未忘記社會的利益，也沒有承諾個人可以為所欲為地追求自己的利益。他一方面認為，每個人自發的對個人利益的追求，「往往能更有效的促進社會的利益」，為國家帶來繁榮和富強。另一方面他認為，個人在追求自己利益的時候，要使自己的行為保持在法律所允許的範圍之內。而這兩方面，對他來說，都是「正義」和「公正」。

　　對於這種「合理利己主義」的新觀念，嚴復欣喜若狂。他把「合理利己主義」解釋為「利」即「兩利」、「損」即「兩損」的雙向性互動，並且他比斯賓塞和斯密都更清楚地把它上升為具有普遍性的「公理」：

　　　蓋未有不自損而能損人者，亦未有徒益人而無益於己者，此

---

❷⑤　《嚴復集》，第四冊，頁八五八。

❷⑥　梯利：《西方哲學史》卷下，商務印書館，1979年，頁三一七。

人道絕大公例也。……嗟乎！使公而後利之例不行，則人類
滅久。❷

其中亦有最大公例焉，曰大利所存，必其兩益：損人利己，
非也，損己利人亦非；損下益上，非也，損上益下亦非。❷

為了適合自己的意圖和願望，嚴復甚至把斯密《原富》一書視之為
都是對這一觀念的闡述和說明：「其書五卷數十篇，大抵反覆明此
義耳。」❷但實際上並非這樣。嚴復之所以如此看重這種「合理利己
主義」的觀念，因為對他來說，正是這種觀念使一直對立和緊張的
經濟利益與倫理道德（「義」「利」、「仁」「富」）統一了起來，嚴復
把這視之為經濟學家對人類的一個最偉大功績：

自天演學興，而後非誼不利，非道無功之理，洞若觀火。而
計學之論，為之先聲焉。斯密之言，其一事耳。嘗謂天下有
淺夫，有昏子，而無真小人。何則？小人之見，不出乎利。
然使其規長久真實之利，則不與君子同術焉，固不可矣。人
品之下，至於穿窬極矣。朝攫金而夕敗露，取後此凡所可得
應享之利而易之，此而為利，則何者為害耶？故天演之道，
不以淺夫昏子之利為利矣，亦不以谿刻自敦濫施妄與者之義
為義。庶幾義利合，民樂從善，而治化之進不遠歟！嗚呼！
此計學家最偉之功也。❸

---

❷　同❾書，頁八九二～八九三。

❷　同❷書，頁三四。

❷　同❷。

民智既開之後，則知非明道，則無以計功，非正誼，則無以
謀利，功利何足病？問所以致之之道何如耳。故西人謂此為
開明自營。復所以謂理財計學，為近世最有功生民之學者，
以其明兩利為利，獨利必不利故耳。❸

但是，值得注意的是，在嚴復那裏，這種統一，又是以「民智」
的開化為前提條件的。也就是說，只要人們能夠認識到利必兩利、
損必雙損，認識到經濟利益往往伴隨著倫理道德這種普遍的「公理」，
在經濟行為中自然就會做到「利」而「義」、「仁」而「富」。這是
一種帶有樂觀主義的期待。因為在現實中，除了知而行外，還存在
著大量的知而不行的行為，即只考慮自己的利益而不考慮別人的利
益，或者為了自己的利益而損害他人。在這種情況下，又如何使人
的經濟行為與倫理道德價值統一起來呢？在此，嚴復只看到了認知
對道德成長的作用，而忽視了倫理道德價值的履行更多地取決於主
觀的意志。在現實中，知而行固然不乏其例，但知而不行也許更為
普遍。盡管嚴復對經濟與倫理的統一，過於樂觀，但他通過新的觀
念的引入，力求化解中國傳統中「義利」的對立和緊張，無疑在中
國近代觀念轉型中留下了深深的歷史記憶。

二、經濟一般觀念

對嚴復來說，斯密為他提供的遠不只是「經濟」行為動機的說
明和「開明自營」。他在他那裏所發現的是一個達到了科學化的經

❸　同❾書，頁八五八～八五九。

❸　同㉒書，頁九二。

濟學系統。這個系統不僅在中國傳統中是前所未有的，而且在西方
經濟學歷史中也是空前的。盡管嚴復並不是對這一系統的所有觀念
和理論都持贊成態度，但對其大部分他明確地加以肯定，把它們作
為具有普遍性的「公理」（或「公例」）。我們不敢說嚴復都準確地
把握了斯密的觀念和理論，但總體上他與斯密是合拍的。在嚴復所
處的時代，顯然還談不上中國經濟學的創造。他所能做的是理解和
介紹，而做到這一點已相當不容易，它標誌著經濟學作為一門科學
第一次被中國人所認知。在此，我們僅就「經濟」觀念及其經濟自
由主義，看看嚴復是如何理解的。

（一）"economics"析義

在翻譯和介紹斯密的 *An Inquiry into the Nature and Causes of
the Wealth of Nations*一書時，嚴復首先遇到的是此書的性質或專業
領域問題。這對受過西方學術訓練的他來說，並不算一件難事。他
知道，在西方的學科中，它是屬於 "economics" 方面的著作❸。但
是，使嚴復感到困難的是，用中文什麼詞彙來翻譯 "economics" 一
詞。嚴復知道，此詞出自希臘文 "οἰκονόμος"。"eco" 為 "οἰκο" 之
轉，「言家」；「nomics」為「νόμος從 νεμειν」之轉，「言治」、「言
計」。希臘文的原義為「治家」，「引而申之，為凡料量經紀撙節出
納之事；擴而充之，為邦國天下生食為用之經。蓋其訓所苞至

❸ 當然，正如嚴復所清楚意識到的那樣，斯密的這部著作並不是一部專
門討論 "economics" 一般原理的書：此書「達用多於明理，一也；匡
謬急於講學，二也。其中所論，……於計學所涉者寡，尤不得以科學
家立言例之。云《原富》者，所以察究財利之性情，貧富之因果，著
國財所由出云爾。故《原富》者，計學之書，而非講計學者之正法
也。」（〈譯事例言〉，《原富》，頁七）

眾。」❸❸當時，日本和中國學者，已有人分別把它譯成「經濟學」和
「理財學」，而且在日本，「經濟學」已通用了起來。但是，在嚴復
看來，譯為「經濟學」，顯得太寬泛；譯成「理財」又失之過於狹
隘。他經過一番思考，認為把它譯成「計學」比較恰當，並一直使
用。

　　1902年，梁啟超在日本橫濱創辦《新民叢報》。在第一號上介
紹了嚴復所譯《原富》一書，梁啟超對嚴復的譯名基本上持肯定態
度，並大加讚賞他在中西學方面的學識：「至其審定各種名詞，按
諸古義，達諸今理，往往精當不易，後有續譯斯學之書者，皆不可
不遵而用之也，嚴復於西學中學，皆為我國第一流人物。」但是，
梁啟超對嚴復把“economics”譯為「計學」（包括日本所譯的「經濟
學」），提出了不同意見。他覺得譯為「理財學」較為貼切。對此，
先後有署名「愛讀生」和「紅柳生」者向梁請教，求其恰當之譯。
梁又認為應譯為「平準學」，後覺不當，再易為「生計學」❸❹。與此
同時，嚴復也看到了梁所寄的《新民叢報》，他很快給梁寫信，就
“economics”的譯法，同梁商討。他指出，譯為「平準學」，不足以
表示“economics”之義。若求適俗，不如直接譯為「理財學」，若擔
心意義不清，仍宜譯為「計學」。他這樣告訴梁說：「易平準之名，
然平準決不足以當此學。蓋平準者，乃西京一令，因以名官職，斂
賤糶貴，猶均輸常平諸政制。計學之書，所論者果在此乎？殆不然
矣。故吾重思之，以為此學名義苟欲適俗，則其若徑用理財，若患
義界不清，必求雅馴，而用之處處無扞格者，則僕計學之名，似尚
有一日之長，要之後來人當知所去取耳。」❸❺嚴復最終仍是堅持用「計

---

❸❸　〈譯事例言〉。

❸❹　見《新民叢報》，第三號、第八號。

學」之名，認為譯為「理財」不當，他講出了三條理由：

> 譯此為計學而不曰理財者，亦自有說。蓋學與術異，學者考
> 自然之理，立必然之例，術者據既知之理，求可成之功。學
> 主知，術主行。計學，學也；理財，術也。術之名必不可以
> 譯學，一也；財之分理積，皆計學所討論，非理之一言所能
> 盡，二也；且理財已成陳言，人云理財，多主國用，意偏於
> 國，不關在民，三也。吾聞古之司農稱為計相，守令報最亦
> 曰上計。然則一群之財消息盈虛，皆為計事，此計學之名所
> 由立也。❸❻

　　顯然，嚴復對 "economics" 的譯法頗費苦心，他也有充分的理
由相信，譯 "economics" 為「計學」最為恰當，但遺憾的是，後來
「計學」之名卻沒有被通用，通用的則是日人的譯名「經濟學」。這
裏主要不是因為「經濟學」譯名一定比「計學」優越，而是在於晚
清的中國留日學人在把大量日文經濟學書籍譯成中文時，大都直接
照用了日人「經濟學」的譯名，久而久之，人們也就習以為常了。
　　嚴復清楚，「計學」並不是近代才有的，亦非斯密所獨創。在
西方，從古希臘開始，就不斷有人在此領域有所建樹。而斯密也與
前輩的理論有密切關係。說到中國，亦非純粹不毛之地。實際上，
對其義理也有所把握，而且像西方一樣，自古就開始了：「中國自
三代以還，若《大學》、若《周官》，若《管子》、《孟子》，若《史
記》之〈平準書〉、〈貨殖列傳〉，《漢書》之〈食貨志〉，桓寬之《鹽

---

❸❺　〈與梁啟超書〉，《嚴復集》，第三冊，頁五一八。

❸❻　《原富》，下冊，頁三四八。

鐵論》，　降至之唐之杜佑，宋之王安石，雖未立本幹，循條發葉，
不得謂於理財之義無所發明。」❸但是，嚴復強調，「計學」作為一
門嚴密的科學出現卻是西方近代的產物，特別與斯密的名字分不開。
這並不偶然，因為科學實證和歸納為整個西方的學術界帶來了普遍
有效的方法，它也使經濟學大受其益。對嚴復來說，在科學中，「計
學」屬於「內籀」之學，它是通過對一系列現象和事實的觀察，從
中歸納出普遍的「公理」。　斯密的「計學」正是如此，它成功地運
用了科學歸納的方法，因而其理論大都是具有真實可靠性的「公理」
（如他對「重商主義」的批評）。嚴復說：「今夫理之誠妄，不可以
口舌爭也，其證存乎事實。哥白尼、奈端之言天運，其說所不可復
搖者，以可坐致數千萬年過去未來之躔度，而無杪忽之差也。斯密
《計學》之例，所以無可致疑者，亦以與之冥同則利，與之舛馳則
害故也。」❸嚴復對科學的歸納法的信賴，對斯密經濟學理論的大加
肯定，在中國近代科學遠比西方落後的背景下，具有推動觀念轉型
的作用。

（二）經濟自由主義

斯密經濟理論中帶有根本性的一個觀念是對「經濟自由」的極
力提倡和堅決維護。他的理由是，只有個人才最清楚自己的利益，
並為此而採取最有效的途徑和方法。經濟活動是非常複雜的，國家
和政府根本沒有能力去管理和干涉千頭萬緒的經濟事務。而且，政
府是社會中的最大浪費者，它花費的是別人賺來的錢，花別人的錢
往往不像花自己的那樣珍惜。因此，經濟自由和不加干涉就是最好

---

❸　同❸。

❸　同❸。

的選擇。斯密說：「一切特惠或限制的制度，一經完全取消，最明白最純明的自然自由制度就會樹立起來。每一個人，在他不違犯正義的法律時，都應聽其完全自由，讓他採取自己的方法，追求自己的利益，以其勞動及資本和任何其他人或其他階級相競爭。」❸❾斯密指出，經濟自由同樣適用於國際貿易，以此為基礎，他對「重商主義」進行了有力的批評和控訴。

那麼，嚴復是如何對待斯密的這一經濟自由主義呢？通觀嚴復的〈譯事例言〉和他在《原富》中所加的按語，不難看出，他顯然傳承了斯密的經濟自由主義。如同斯密所說的個人自發和自由地對其自身利益的追求，最終將為國家帶來繁榮一樣，嚴復認為，國家的財富出自於個人。如果要個人充分發揮自己的能力，就必須使人們在經濟活動中具有廣泛的自由，不要多加干涉：

> 蓋財者民力之所出，欲其力所出之至多，必使廓然自由，悉絕束縛拘滯而後可。……民力之自由既侵，其收成自狹。❹

> 凡可以聽民自為者，其道莫善於無擾。❹❶

嚴復還從中國傳統中發現了反對干涉，主張經濟自由的呼聲：「史遷、申、老之言曰，善者因之，其次利導之，其次教誨之，其次整齊之，最下與之爭。」❹❷但是，從傳統的君民關係（上「民之父母」）

---

❸❾　斯密：《國民財富的性質和原因的研究》，商務印書館，1979年版，頁二五二。

❹　《原富》按語〉，《嚴復集》，第四冊，頁八八八。

❹❶　同❹書，頁九〇二。

中，產生的自然是「匡拂勞來之政」，過多地干涉人們的經濟活動，這樣做的結果是「名曰輔之，適以錮之；名曰撫之，適以苦之。生於其政，害於其事。」❸這是被歷史所充分證明的。因此，與新的政治觀念（「國家民之公隸」）相適應，反對和取消對經濟活動的不必要限制和干涉，就成為必然的訴求：「是故後之政家，僉謂民之生計，祗宜聽民自謀，上惟無擾，為神已多。……各勸其業，樂其事，若水之趨下，日夜無休時，不召而自來，不求而民自出。」❹這裏完全是「自然」和「放任」的旨趣。在嚴復的心目中，英國是通過經濟自由變成富強的最典型例子。此外，與斯密一樣，嚴復的經濟自由主義是一貫的，它也體現在國際貿易中，對「重商主義」（嚴復譯為「商宗」）持排拒態度。他認為，「重商主義」目的是為了保護本國的利益，但是在經濟活動中，利益的分配是相互的（「主客交利」）。如果只是為了本國的利益，而採取保護主義，自身也只能一時獲利，而喪失長遠的更多的利益。要避免這種情形，就只能實行自由貿易，公平競爭：

> 求其如是者，莫若使貿易自由。自由貿易非他，盡其國地利民力二者出貨之能，恣賈商之公平為競，以使物產極於至廉而已。凡日用資生怡情浚智之物，民之得之，其易皆若水火。夫如是，而其君不富，其治不隆者，殆無有也。❺

---

❷　同❹書，頁八七九。

❸　同❷。

❹　同❷。

❺　同❹書，頁八九五。

嚴復指出，英國原是採取貿易保護政策的，但恰恰由此而失去了很多利益。於是改為自由貿易，結果成為世界上最富的國家：「顧英雖遇德之勍，與夫群雄競進之中，乃巋然尚有以自存，不至為所奪而稍消者，則守自由商政之效也。」⑥ 從這種經驗事實出發，在對照中國的時候，嚴復批評了洋務派的官僚壟斷政策，主張實行經濟自由的制度。

由上來看，很明顯，嚴復與斯密的經濟自由主義是一脈相承的。但不知是為了保持自己觀點的一致性，還是由於沒仔細閱讀這方面的文獻，令人難以理解的是，史華慈先生，卻認為嚴復嚴重地誤解了斯密，把他的經濟自由主義改變為適合自己需要的「重商主義」。因為嚴復真正關心的是國家的利益和富強，而「重商主義」所提供的正是這一點。如同我們前面已談到的那樣，在嚴復那裏，富強決不只是意味「國家」，同時也意指著個人。他對「重商主義」沒有好感，引起他好感的倒是「重農主義」（嚴譯為「農宗」），他說：農宗「其所明自由平通之義，不獨能使工商之業自無而為有，自困而為亨也，且能持已傾者使不至於覆，保方衰者使無及於亡。」⑦ 這一點，嚴復與斯密也是一致的。

需要指出的是，不管是斯密，還是嚴復，都沒有把經濟自由推到極端，認為可以完全不要任何干涉，反對一切管理和官辦。對斯密來說，國家的某種干涉無疑是合法的，如限制利息、管理郵政事業、實行強迫性的初等教育等。嚴復認為，在需要國家管理和干涉

---

⑥　同⑩書，頁八九七。

⑦　同上。這一方面，李強在〈嚴復與中國近代思想的轉型——兼評史華慈《尋求富強：嚴復與西方》〉一文中，有所討論。（載香港《中國書評》，總第九期，1996年2月）

的情況下，而仍放任自由，那就會反受其害。這種情況主要有：「一、其事以民為之而費，以官為之則廉，此如郵政電報是已；二、所利於群者大，而民以顧私而莫為，此如學校之廩田、製造之獎勵是已；三、民不知合群而群力猶弱，非在上者為之先導，則相顧趑趄。」⓭
但是，這種情況也因國而異，不可固守不變。

⓭　同㊴書，頁九〇二。

第六章 「自由」、「民主」精神

　　在西方近代政治思想和政治實踐中，「自由」和「民主」具有無與倫比的顯赫性，它們不僅引起了眾多思想家們的熱烈討論，而且成為許多國家政治運動的理想目標。可以這樣說，西方近代文明的最突出特徵之一，就是通過自身歷史經驗所發展出的「自由」、「民主」精神及其政治制度。與其它許多事物一樣，中國沒有「創造」出「自由」、「民主」思想系統和制度❶，它們在中國的成長，主要表現為對西方「自由」「民主」「遺產」的傳播和吸取。但與其它許多事物不一樣，「自由」、「民主」在中國的成長比其它任何事物都難（「千呼萬喚不出來」），無論是思想領域，還是行動領域，對「自由」和「民主」的各種形式的抵制，強大而有力，持久而頑固，可謂最具「特色」。試圖品嘗「自由」、「民主」之果的人，命運多舛；引進和主張「自由」、「民主」思想的知識分子，往往都走過了一個艱難的路程。嚴復作為中國「自由」、「民主」的先行者，也有類似的經歷。危機多變的中國近代歷史，使他的「自由」、「民主」思想具有了複雜的色調，留下了不少耐人尋味的東西。

---

❶　這主要是從作為一種廣泛的思潮和大規模的政治行為意義上來說的，並不意味著中國傳統思想中沒有自由思想的任何東西。

一、「自由」精神探險

　　在嚴復的著論中，「自由」是最早登場亮相的重要概念之一。在他發表的第一篇政論〈論世變之亟〉一文中，「自由」就被提到一個看來不能再高的位置上。在此，「自由」被賦予了一種不可侵犯的「神聖性」：

> 人人各得自由，國國各得自由，第務令毋相侵損而已。侵人
> 自由者，斯為逆天理，賊人道。其殺人傷人及盜蝕人財物，
> 皆侵人自由之極致也。故侵人自由，雖國君不能，而其刑禁
> 章條，要皆為此設耳。❷

「自由」之所以神聖，是因為它體現了「天理」和「人道」；「自由」之不能侵犯，是因為侵犯了它，就等於是對「天理」和「人道」的僭越。顯然，「天理」和「人道」，被設定成了最高的、普遍的原理和價值，而「自由」的原理和價值是與它分不開的。因此，反過來說，保護「自由」同時就是對「天理」和「人道」的維護。在嚴復看來，對「自由」的這種信念，已經成為西方精神的核心，而在中國，這仍是天外之物。中國古代的聖賢，懼怕「自由」，他們的「教化」與「自由」無緣。雖曾提出過「恕」和「絜矩」，與西方的「自由」有相似之處，但只是「相似」而已，並不真正相同，由此決定了中西文化在眾多方面的異同優劣：「自由既異，於是群異叢然以生」❸。在嚴復的第二篇政論〈原強〉中，嚴復提出了一個重要命

---

❷　《嚴復集》，第一冊，頁三。

題，即：「以自由為體，以民主為用」。在中國哲學中，「體」意味著「實體」和「本質」，同時意味著「根本」和「首要」。「以自由為體」，就是把「自由」放在「本質」和「根本」的位置上。它的重要性在於，為整個西方文明提供了活力和無窮無盡的動力。嚴復列舉說：「凡所謂耕鑿陶冶，織紝樹牧，上而至於官府刑政，戰鬥轉輸，凡所以保民養民之事，其精密廣遠，較之中國之所有所為，其相越之度，有言之而莫信能者。且其為事也，又一一皆本之學術；其為學術也，又一一求之實事實理，層累階級，以造於至大至精之域，蓋寡一事焉可坐論而不可起行者也。推求其故，蓋彼以自由為體，以民主為用。」❹1898年，嚴復翻譯的《天演論》正式出版，在此書的按語中，嚴復第一次引出了正當和合理運用「自由」的尺度，這個尺度就是：「人得自由，而以他人之自由為界」或「各得自由，而以他人之自由為域」❺，這一說法來自於斯賓塞，被嚴復認為是「太平公例」。照此，人的「自由」是有限度的，其限度為，每一個人在行使自己的自由的時候，不能侵害他人的自由。

以上所說，可以看作是嚴復探索「自由」精神的第一個階段。顯然，在這一階段上，嚴復表現出的主要是對「自由」的熱烈擁抱之情，義理上的闡發還處在他的視野之外。「自由」的合理和正當使用問題雖已被觸及，但也只是停留在一般的原則上，沒有引向深處。新的階段在1900年之後來臨了。1903年，嚴復出版了譯著《群己權界論》。選擇由穆勒所著的這部討論自由的名著，再次表明了嚴復的慧識。這部書的英文名為 *On Liberty*，直譯就是《論自由》，

---

❸　同上。

❹　《嚴復集》，第一冊，頁一一。

❺　《天演論》，頁三四、九〇。

其意義簡明扼要。但嚴復卻把它譯成為《群己權界論》。 這種改變是否意味著嚴復在自由觀上的調整或退步，是一個有爭議性的問題。照周振甫的看法，這表明了嚴復從 1900 年前的激進已轉向保守。史華慈不同意這種簡單的二分法，但他還是肯定了嚴復對自由態度有某種變化，把自由的種種限制突出出來。維新運動的失敗、義和團之亂和革命破壞思潮的興起，都是促成他發生這種變化的因素。史華慈說：「我們必須從這樣的來龍去脈去看待嚴復在 1903 年對穆勒《論自由》一書的態度。書名的改變和對魯莽革命者的抨擊，也許的確反映了他對穆勒自由觀看法的改變。至於針對魯莽的年輕革命者鼓吹過時了的盧梭的觀點，他必須強調實現自由的種種限制。如果說這樣的限制甚至在先進的文明的英國都存在，那麼，在落後的中國就更必須是如此了。」❻ 對於史華慈（也包括其他持有這種觀點的人）的看法，汪榮祖堅決不同意，他提出了尖銳的批評❼。在我們看來，完全不承認嚴復對自由態度的微妙變化，是不符合事實的。固然，如上所說，嚴復在《天演論》中已經談到了自由的限度問題。不言而喻，自由是有限度的，沒有無限制性的自由。但是，自由的核心意義恰恰是最大限度地擺脫束縛或盡量不受約束地去從事各種活動。穆勒的《自由論》，當然不認為個人可以隨心所欲地「自由」，可以只顧自己自由而不管別人的自由。但是，他所強調的並不在於「自由」的限度，對他來說，「自由」是越廣泛越好，因為這種廣泛的自由能使每個人充分發展自己的個性並為社會帶來富祉。與此相應，他注意的則是「社會」權力的限度，因為社會權力越大個人

---

❻　史華慈：《尋求富強：嚴復與西方》，頁一三九。在史華慈的影響下，李澤厚等也持這種看法。

❼　參見汪榮祖的〈嚴復的翻譯〉，載《中國文化》，第九期。

自由的餘地就越小。他在全書一開頭就點明說：「這裏所要討論的
乃是公民自由或稱社會自由，也就是要探討社會所能合法施於個人
的權力的性質和限度。」 其中第四章的標題也是「論社會駕於個人
的權威的限度」。他討論的具體對象主要是思想自由和言論自由，在
此充分的自由被認為是獲得真理的最佳途徑。嚴復把穆勒所強調的
個人自由、社會權威的限度，調整為個人權力和社會權力的各自限
度，如他把第四章的標題也譯為「論國群小己權限之分界」， 以適
合當時中國的境遇，即中國需要一種更為穩妥的「自由」理論。在
〈譯者序〉，他說：「十稔之間，吾國考西政者日益眾，於是自繇之
說常聞於士大夫。顧竺舊者既驚怖其言，目為洪水猛獸之邪說；喜
新者又恣肆泛濫，蕩然不得其義之所歸。以二者之皆譏，則取舊譯
英人穆勒氏書，顏曰：《群己權界論》。」但是，我們不能把嚴復為
了需要而對穆勒觀念作出的這種調整說得過頭。穆勒在國家和社會
面前維護「自由」的精神，嚴復無疑是加以保持的。如在全書的最
後，穆勒再次對個人自由的重要性作了強調。嚴復的譯文為：

> 總之，今世國家政府其最重要之天職，在扶植國民，使有獨
> 立自治之能，而不為之沮梗，害之所由興者，以一方之事，
> 國下聽其民之自為，奪其權而代其事也。……善為國者，不
> 惟不忌其民之自繇也，乃輔翼勸相，求其民之克享其自繇，
> 己乃積其民之小己之自繇，以為其全體之自繇，此其國權之
> 尊，所以無上也。

這段譯文，明確地顯示了穆勒的精神意旨。在〈譯凡例〉中，嚴復
也這樣說：「穆勒此篇，本為英民說法，故所重者，在小己國群之

分界。然其所論，理通他制，使其事宜任小己之自繇，則無間君上貴族社會，皆不得干涉者也。」　可以肯定，嚴復的這部譯著仍是中國近代自由歷程中的一個最重要文本。值得注意的是，與其它譯著不同，在這部譯著中，嚴復沒有加一條說明和解釋性的按語，這樣，我們也就失去了更多地看到他表達自由的機會。但可貴的是，他為此書寫的〈譯凡例〉，　卻為我們提供了一篇闡發「自由」精神和義理的重要文本。在這裏，他對「自由」的意義和精神第一次作了較多的分析和說明。強調自由決不是為所欲為，自由在於為善，而不是為惡，言論自由也旨在追求真理。

　　1906年，嚴復的《政治講義》一書出版。這是嚴復一生唯一一部對專門領域（政治學）中的問題闡述自己意見的著作。在這部書中，討論自由的篇幅和比重顯然是不小的，嚴復意識到這是政治學中人們興趣最高的問題，對此他也不能掉以輕心：「西國學堂，每講政治，淺學之人，多嫌沉悶，必待論及民權自由，聽者始有興會。使西國如此，其於吾人可知。況近歲以來，士大夫喜聞新異之說，一若舊法無可復陳，必其咸與維新，吾國庶幾有多，則無怪其崇拜自由如此。」❽在這裏，嚴復關心的焦點是政治上的「自由」究竟意味著什麼，自由同民主制度的關係，同時他再次指出了運用和享受自由的限度和條件，仍表現了他對自由的穩健態度。這種態度也在與此前後的《法意》按語中得到了體現。

　　但是，隨著辛亥革命後中國政治危機的加劇和社會的無序狀態，嚴復對自由的信念變得暗淡下來。嚴復認為，造成這種惡果的理論根源是梁啟超所宣揚的盧梭的以社會契約論為基礎的自由觀念。他不能再讓這種風氣持續下去，他要加以阻止，於是在1914年

---

❽　嚴復：〈政治講義〉，《嚴復集》，第五冊，頁一二七九。

他寫作並發表了《《民約》平議》。在給其弟子熊純如的信中，他明確地道出了他的寫作動機：「自盧梭《民約》風行，社會被其影響不少，不惜喋血捐生以從其法，然實無濟於治，蓋其本源謬也。刻擬草《民約平議》一通，以藥社會之迷信，報出，賢者可一觀之而有以助我。」❾問題是，即便盧梭把自由建立在社會契約之上或者天賦自由的觀念不容易成立，但他對自由的追求仍是不能完全否定的。在第一階段上，嚴復實際上還曾具有「天賦自由人權」的觀念。如他所說的「唯天生民，各具賦畀，得自由者乃為全受」就是如此。對盧梭自由觀的不滿，在嚴復自由歷程的第二階段上，已經出現在他的論著的個別地方。但如此認真地對盧梭的觀念作出這種否定，已不再是穩健的問題了。他實際上是要把自由作為一種危險之物來處理了。的確，自由如果被非正當或非合理地運用，那肯定是有害的，也許如同羅蘭夫人所說：「自由，自由，幾多罪惡假汝而行。」但是，正如任何事物都會帶來消極影響而仍不能否定一樣，我們不能因自由會被利用而對它失去信心。嚴復卻沒有做到這一點。他對自由曾有的熱情和信念，在西方文明的危機和中國社會、政治轉型的曲折中喪失了：「平等、自由、民權諸主義，百年已往，真如第二福因；乃至於今，其弊日見，不變計者，且有亂亡之禍。」❿嚴復沒有深思，我們的問題果真就是「自由」造成的嗎？西方文明的危機，難道也要由「自由」來承擔嗎？不管如何，最後，在自由面前，嚴復退步了，「自由」的理想，在他那裏已變成了「非理想」的自由。

儘管在對自由的信念上，嚴復沒有自始至終地加以堅持，但他

---

❾　《嚴復集》，第三冊，頁六一四。

❿　同上書，頁六六七。

對自由的理解，在中國自由的歷程中，仍占有重要的地位。那麼，他究竟是如何理解自由的呢？

就「自由」一詞來說，它本是古漢語中的一個固定詞彙，我們不難找到它的一些用例。如古詩〈焦仲卿妻〉說：「吾意懷不忿，汝豈得自由？」白居易〈苦熱詩〉言：「始慚當此日，得作自由身」。但是，古漢語中的「自由」，只是一個普通的用語，並不是中國古代思想上的一個觀念。當中國人接觸到西方的 liberty 和 freedom 時，就產生了把它翻譯成中文中的什麼詞彙的問題❶。有人曾想把它譯成「公道」，嚴復認為不當，指出恰當之譯應是「自繇」。他作了一番辨析：「或謂：『舊翻自繇之西文 librety 里勃而特，當翻公道，猶云事事公道而已。』此其說誤也，謹案：里勃而特原古文作 libertas 里勃而達，乃自繇之神號，其字與常用之 freedom 伏利當同義。伏利當者，無掛礙也，又與 slavery 奴隸、subjection 臣服、bondage 約束、necessity 必須等字為對義。人被囚拘，英語曰：To lose his liberty 失其自繇，不云失其公道也。釋繫狗，曰 Set the dog at liberty 使狗自由，不得言使狗公道也。公道西文自有專字，曰 justice 札思直斯。二者義雖相涉，然必不可混而一之也。」❷嚴復的辨析，當然是確切

---

❶　在近代中國，我們還不清楚，誰最早把英語中的 liberty 和 freedom 譯成「自由」。據認為，1857年，美國人神治文(E. C. Bridgman, 1801–1861)在上海出版有《聯邦史略》一書。書中第一次用「自主」、「自立」來翻譯 liberty 和 freedom。在日本，幕府首席譯員森山多吉郎第一次把它們譯為「自由」。1862年出版和1867年再版的《英語對話辭書》中都用「自由」作為譯語。重要啟蒙思想家福澤諭吉1866年出版的《西洋事情》初編中，也使用「自由」作為譯語。參見鈴木修次的《日本漢語與中國》，東京：中央公論社出版，1981年，頁一四五。

❷　嚴復：《《群己權界論》譯凡例》。

的。但是，此前他已經使用了「自由」兩字，現在他把「由」改成
「繇」，在《群己權界論》中，也都用「自繇」，這實在是畫蛇添足。
嚴復認為他這樣做是有理由的，他的理由是：「由繇二字，古相通
假，今此譯遇自繇字，皆作自繇。不作自由者，非以為古也。視其
字依西文規例，本一玄名，非虛乃實，寫為自繇，欲略示區別而
已。」❸從語義上說，「繇」的本義既然不是「由」，它只是與「由」
在通假的意義上才作「由」；同時既然早就已經有了「自由」一語，
沒有必要再拐彎抹角用「繇」去表達「由」義。西文 liberty 或 freedom
都是名詞，「自由」也不難名詞化。嚴復說他非以為「古」，事實上
他恰恰是在好「古」，而且是多餘的「好古」。

　　嚴復改用「自繇」作西語 liberty 或 freedom 的譯語，在他看來，
並沒有達到他的要求，他仍遇到了意義上的衝突，這就是，中文的
「自繇」（實際上是「自由」，中文固有詞彙並不寫為「自繇」）有
許多貶義。他指出：「中文自繇，常含放誕、恣睢、無忌憚諸劣
義。」❹但是，這只是後起之義，而與本來意義無關。中文「自繇」
的本來意義是「不為外物拘牽」，既無褒義，也無貶義。那麼，後
起之義，起於何時呢？照嚴復在另一處的說明，是起於當時，「自
繇之義，始不過謂自主而無掛礙者，乃今為放肆，為淫佚，為不法，
為無禮。」❺嚴復這裏的說明，並沒有確實的根據。中文「自由」一
詞出現的較晚，最早的用例可能是在東漢❻。它的基本意義是不受

---

❸　同❷。

❹　同❹。

❺　同❷。

❻　參見周昌龍的《嚴復自由觀的三層意義》，載《漢學研究》，第十三卷
　　第一期，1995 年；鈴木修次的《日本漢語與中國》，頁一三八～一四四。

束縛，而且在之後仍是這樣，如唐詩和禪宗典籍中有不少這樣的例子。近代以來，是誰把「自由」當成肆無忌憚的呢？真正熱愛自由和宣揚自由的，恰恰反對把自由當成為所欲為，就像嚴復本人所作的這樣。嚴復所深惡痛絕的梁啟超，事實上從來也沒有主張無限制性的自由，把自由當成為所欲為，當成沒有秩序的同義語，恰恰是敵視自由的人，不管這些人是來自知識分子中的頑固主義者，還是不同政黨中的政客。

　　儘管嚴復對中文「自由」意義的演變的說法，不夠準確。但他的目的是無可非議的，他要把「自由」完全變成積極的事物，一心一意防止「自由」被誤入歧途。因此，正如我們上面已經談到的那樣，嚴復對「自由」意義的把握，始終是與其限制性或限度聯繫在一起加以考察的。對他來說，無限的自由，只能存在於社會之外或只能為超越者所有，「此如有人獨居世外，其自繇界域，豈有限制？」⑰「佛言：『一切眾生，皆轉於物，若能轉物，即同如來。』能轉物者，真自繇也。是以西哲又謂：『真實完全自繇。』……惟上帝真神乃能享之。」⑱但是，在社會中，「自由」總帶有限度，有自由，就有不自由。嚴復說：「自入群而後，我自繇者人亦自繇，使無限制約束，便入強權世界，而相衝突。故曰人得自繇，而必以他人之自繇為界，此則《大學》絜矩之道，君子所恃以平天下者矣。」⑲自由限度的大小，取決於人的創造性能力的大小。能力越大，所享受之自由亦越大。否則，所享受的自由就越小。動物完全被生物本能支配，沒有自由可言。人剛生下來，連自我生活的能力都沒有，

---

⑰　嚴復：《〈群己權界論〉譯凡例》。

⑱　同上。

⑲　同上。

也談不上自由，盧梭的「人生而自由」之說，缺乏事實根據：

> 禽獸下生，驅於形氣，一切不由自主，則無自繇，而皆束縛。
> 獨人道介於天物之間，有自由亦有束縛。治化天演，程度愈
> 高，其所得於自繇自主之事愈眾。由此可知自繇之樂，惟自
> 治力大者為能享之，而氣稟嗜欲之中，所以纏縛驅迫者，方
> 至眾也。盧梭《民約》，其開宗明義，謂「斯民生而自繇」，
> 此語大為後賢所呵，亦謂初生小兒，法同禽獸，生死饑飽，
> 權非己操，斷斷乎不得以自繇論也。❷⓪

一般認為，自由就是擺脫壓制和束縛，而這要通過對舊制度的改變
和新制度的建立來實現。但一種新的自由觀認為，這是一種消極的
自由。自由更應具有積極性的意義，即有所作為的能力。嚴復在這
裏把自由的程度同「能力」聯繫起來，表明他對自由的看法，已經
再向積極的自由邁進。這一點，在他有關「自由」與「善」的關係
和對「言論自由」的看法上，有更清楚的表現。對嚴復來說，自由
在於為善，而不在於為惡。只是在劃定自由的界限時，為惡也允許
是自由的。「言論自由」的通常意義，是指不受束縛地公開表達自己
的觀點和看法，不管其觀念和看法是對還是錯。但是，對嚴復來說，
「言論自由」的根本意義是追求真理，說真話。他強調道：「須知
言論自繇，只是平實地說實話求真理，一不為古人所欺，二不為權
勢所屈而已。使理真事實，雖出之仇敵，不可廢也。使理謬事誣，
雖以君父，不可從也。此之謂自繇。亞里斯多德嘗言：『吾愛吾師
柏拉圖，勝於餘物，然吾愛真理，勝於吾師。』即此義也。蓋世間

---

❷⓪　同❶⓻。

一切法，惟至誠大公，可以建天地不悖，俟百世不惑，未有不重此
而得為聖賢，亦未有不倍此而終不敗者也。使中國民智民德而有進
今之一時，則必自寶愛真理始。仁勇智術，忠孝節廉，亦皆根此而
生，然後為有物也。」㉑顯然，嚴復的這種自由觀，是要把自由同有
益事物的追求結合起來，盡量避免自由被消極地運用。

　　在嚴復看來，穆勒《群己權界論》中所討論的自由，主要是社
會意義上的自由，它所關心的是個人對社會所具有的自由。但西方
自由的意義，除了社會意義上的自由（還包括其它）之外，更重要
還有政治意義上的自由。政治意義上的自由是什麼呢？說起來，政
治本是管理和治理，它與自由恰恰處在對立的一極：

> 言西政誠不可不深論自由，但欲言之得理，自不能不先言管
> 轄。管轄者，政府之專職，而自由之反對也。㉒

> 政治學所論者，政府之事也。政字中國六書，從文從正，謂
> 有以防民，使必出於正也。然則政治，正是拘束管轄之事。
> 而自由云者，乃惟民所欲而無所拘。㉓

照這裏所說，政治的意義本是管理，而自由的意義卻是不受管理，
二者無疑具有對立性。但是，這是否意味著它們不能並存呢？對無
政府主義者來說，為了求得完全的自由，政府和國家都不應該存在。
在他們那裏，自由與政治管理是水火不相容的。但是，沒有政府和

<hr/>

㉑　同⑰。

㉒　嚴復：〈政治講義〉，《嚴復集》，第五冊，頁一二八〇。

㉓　同上書，頁一二八九。

國家，果真能實現完全的自由嗎？自由不是又正需要國家來保護嗎？因此，對於大多數自由主義者來說，他們並不主張為了自由而必須以取消國家和政府為前提，他們所希望的是自由與政治管理和平共處，相得益彰。但是，要把兩種具有對立性的事物，統一起來，在邏輯上不就要陷入二律背反的困境、在現實中不就要冒二者衝突的危險嗎？的確，政治管理與自由是容易衝突的，特別是所說的「政治自由」。近代自由主義的興起所針對的就是一種政治管理。但是，「政治自由」與政治管理的衝突，主要與專制制度相關，在民主制度中，二者主要是相互依賴關係。嚴復承認，在專制制度下，有時人們也可以得到一定程度的自由，統治者有時對其臣民也可以顯示出仁慈之德，甚至以民之父母自居，但這都是偶然的和隨意的，他只是出自統治者的主觀好惡。他可以仁慈，同樣可以殘暴。無論是仁慈，還是殘暴，都不改變人們的被奴役的地位：

蓋使其民生逢仁愛國家，以父母斯民自任，然而耕則為定播獲之時，商則為制庸贏之率，工則與之以規矩，士則教其所率由，其於民也，若繈負而繩牽之，毫末無所用其發己之志慮。嗟呼！此在中國或將奉其上以神明父母之稱，以其身所遭，為千載一時之嘉遇。顧彼西民則以如是之政府，為真奪其自由，而己所居者，乃真無殊於奴隸。故西語所謂父母政府者，非嘉號也。夫父母慈祥之政府，既能奪其民之自由，則反是而觀，暴虐虎狼之政府，即有不奪其民之自由者，此在歷史之中真不止一二觀，而所見於亞者，尤多於歐者。❷❹

---

❷❹ 同❷❷書，頁一二八三。

因此，在專制制度下，不可能有真正的政治自由。真正的「政治自由」，只是民主制度下的產物。在民主制度下，「政治自由」是指不受約束或管治，或約束和管治寬鬆。嚴復說：「政界自由之義，可云其最初義為無拘束、無管治。其引申義，為拘束者少，而管治不苛。」⑳完全不受約束和管治，只是一種理想。在現實中，人們所享受到的政治自由，事實上就是管治和約束不多。但是「不多」或「少」，在量上有很大的伸縮性。管理多少的極限當然是，「多」不能多到專制的苛嚴，「少」不能少到放任自流。因此，政治自由的多少，只是在極限的中間變化。在嚴復看來，這一點主要取決於一個國家所處的特殊歷史條件。他不同意在理論上作一個整齊劃一的規定，定出何者應管，何者不應管。他又訴諸於進化論來解決這一問題。照他的說法，一個國家政治自由的多寡，或者管理的寬嚴，要依其進化的程度和所受外患的深淺來確定。進化程度高，當然就能享受更多的政治自由，否則，所享受的政治自由就少。同樣，外患淺者，所享受的自由就多，否則就少。嚴復甚至把這上升為一種普遍的「公理」：

> 今所立公例係云：凡國成立，其外患深者，其內治密，其外患淺者，其內治疏。疏則其民自由，密者反是。⑳

> 自然有機體之國家，其初成國也，大抵由外力之逼拶，而後來之演進亦然。蓋因外患，而求合群並力；因合群並立，而立政府機關。則由此可知政府權界廣狹，端視其國所當外來

---

⑳　同⑳書，頁一二八七。

⑳　同⑳書，頁一二九二。

壓力之何如，而民眾自由，乃與此成反比例。❷⃝

通過把自由與歷史經驗和現實境遇聯繫起來，自由也就被相對化了。也就是說，自由決不是對任何國家都是適宜的，它的成長依賴於一個國家的良好土壤。嚴復再次提出民智、民德、民力的程度，認為能否享受自由之福，就看這三者的程度如何：「夫國民非自由之為難，為其程度，使可享自由之福為難。吾未見程度既至，而不享其福者也。」❷⃝自由是偉大之物，但也是危險之物。也許偉大之物都有危險的特性，它的危險性來自超越歷史條件的人為設置。嚴復的自由觀主要來自於英國，英國的自由主義往往是與經驗主義哲學結合在一起的，即自由不是單靠人的理性設計和突然建立起來的，它是歷史經驗積累的結果❷⃝。嚴復反覆強調自由的歷史條件，就根源於這種精神氣質。他與盧梭自由主義的不合，由此也能得到理解。盧梭的自由主義帶有濃厚的理性主義特徵，即用理性來設計自由。

由於對歷史條件的注重，嚴復一方面希望中國走向自由之路，但另一方面，中國當時那樣的現狀，又使他深感這條道路的困難。在這種理想和現實的衝突中，嚴復對自由的處理方式，顯得憂鬱和暗淡。自由是對人的解放，這種解放能把人的各種內在潛力釋放出來，中國需要這種潛力。但嚴復生怕過多的解放會造成無序，因而總是一再叮嚀自由的限度，結果問題似乎變成了我們如何不自由，而不是我們如何自由。柳宗元有一詩寫道：「破額山前碧玉流，騷

---

❷⃝ 同❷⃝書，頁一二九一。

❷⃝ 同❷⃝書，頁一二八八。

❷⃝ 參見A. 哈耶克的《個人主義與經濟秩序》，北京經濟學院出版社，1991年，頁三～一二。

人遙住木蘭舟，東風無限瀟湘意，欲採蘋花不自由。」嚴復注解說：
「所謂自繇，正此義也。」❸

　　自由主義是西方近代思潮，但正如西方古代具有自由的思想因
素一樣，在中國傳統中，也有自由思想的萌芽。在這一點上，嚴復
的發現又一次給我們留下了深刻的印象。如前所說，他認為儒家的
「絜矩」，與西方的「自由」具有相似性。當他注重理想的自由時，
他強調的是它與西方的差別：「謂之相似則可，謂之真同則大不可
也。何則？中國恕與絜矩，專以待人及物而言。而西人自由，則於
及物之中，而實寓以存我者也。」❹當他注意自由的限度時，「絜矩」
在他那裏，又與西方的自由等同了：「人得自繇，而必以他人之自
繇為界，此則《大學》絜矩之道，君子所恃以平下者也。」❺但是，
儒家的「絜矩」或「恕」，仍不是「自由」。它只是強調尊重人，自
己不喜歡的事也不要強加給別人，而自由說到底是對束縛或約束的
擺脫，是充分享有去做和去說的權利。與西方自由相當的東西，嚴
復在別的地方還有發現。如他認為揚雄所說的「周人多行，秦人多
病」，把「行」和「病」對舉，所謂「行」就是指自由。另外，在
老子那裏，他認為也有相當於自由的東西。這一點我們在前面已談
過了。

　　但是，整體上來說，自由對中國仍是嶄新的，我們不能因中國
傳統中有某種自由的因素而忘記了更重要的事，即對西方自由的吸
取。不管如何，中國要通過對西方自由的準確接受，來作為活力和
生氣的源泉，並最終使中國走向富強。從這種意義上說，史華慈的

---

❸　嚴復：〈《群己權界論》譯凡例〉。

❹　嚴復：〈論世變之亟〉，《嚴復集》，第一冊，頁三。

❺　同❸。

解釋是成立的。嚴復在很大程度上是把「自由」作為另一種更高價值——即國家富強的手段，它並沒有明確認為人的自由就是目的，自由就是最高的價值。但是，史華慈進而又認為，在這一點上，嚴復嚴重地誤導了他所師承的穆勒的自由主義。穆勒的自由主義，是把自由視之為目的，而不是別的東西的手段。果真如此嗎？事實上，穆勒的自由主義也不是沒有手段性的考慮。他把功利作為衡量一切的價值標準，自由之所以重要，在某種程度上就在於它有利於實現「最大多數人的最大幸福」這一功利主義原則。即便我們把自由的觀念擴展到西方更大的範圍中，自由也不純粹是被作為目的。因此，不能說嚴復把自由作為富強的手段就是對西方自由的完全偏離。某種偏離是有的，如他過多地強調自由的限制，淡化了自由正是最大限度地擺脫限制這一核心。

二、論「民主」及其「平等」和「法治」

與自由一樣，嚴復對民主也具有強烈的關心。這是很自然的，在西方政治生活中，自由與民主密切相關，沒有自由而能民主，或沒有民主而能自由，都是很難想像的。當嚴復提出「以自由為體，以民主為用」這一重要命題時，他就充分意識到了自由和民主必須同步發展。

說起來，「民主」觀念，相當古老，它源於希臘語 demos（人民）和 kritia（統治），意為由人民或民眾進行統治。柏拉圖（Plato，前 427–347）和亞里士多德（Aristotle，前 384–322）對此都曾作過討論。特別是亞里士多德，在《政治學》一書中，把「民主」作為一種政體第一次進行了充分的討論，並與其它的政體形態作了比

較。對此，嚴復並不陌生，他介紹說:「古希臘政家之論治制也，大體分為二宗。曰:獨治，曰公治而已。獨治之善者，立法度，順民情，而不憑一己之喜怒，至於其弊，而專制之治出焉。公治之善者，為平等，崇儉樸，而政柄則操於其國之賢豪;至於其弊，而愚賤者亂法度。是故自亞里士多德言之，賢政為公治之善，猶之立憲為獨治之善者也;而民主庶建，為公治之末流，猶之專制霸朝，為獨治之極變也。」❸但是，西方近代所興起的「民主」政治，與亞里士多德所說的「民主」並不相同，「人民」和「統治」的意義都發生了很大的變化。這一點，嚴復也有所認識，他是這樣看待的:「至於今，自英之洛克，法之孟、盧諸家說出，世乃以庶建民主，為治國正軌;而不曰賢政。謂之貴族之治，惡其不平，非所尚矣。即今之所謂立憲者，亦與古殊。今之立憲，用獨治之名，而雜以賢政庶建之實者也。古之立憲，經一人獨治，而率由舊章者也。」❹

　　那麼，在嚴復看來，西方近代的「民主」究竟意味著什麼呢?它的最基本特性何在呢?嚴復對「民主」的認識，整體上來源於英國和法國的思想家們，其中孟德斯鳩的觀念對他的影響最為突出，他對孟德斯鳩《論法的精神》的翻譯，給他提供了思考「民主」及其相關事物的絕好機會。孟德斯鳩對「民主」的觀念，並不就是最有說服力的，但仍不失其代表性。在孟德斯鳩的觀念之下，就像在其它許多場合一樣，嚴復所能作的也主要是理解和引介。當然，這

---

❸　嚴復:《《法意》按語》，《嚴復集》，第四冊，頁九四六。嚴復這裏所用的幾個術語公治、獨治、賢政和庶建，分別為英語中的 republican、despotism、aristocracy、democracy，今一般分別譯為共和、專制政治、貴族政治和民主。

❹　同上。

並不排除在有的問題上他仍能發表不同的見解。與亞里士多德類似，孟德斯鳩把政體劃分三種：共和制（民主制與貴族制的合成）、君主制和君主獨裁制，並把這三種不同的政體分別同三種不同的品性即公德、榮譽和恐懼聯繫起來，以作為不同政體得以成立的基礎。通過比較，嚴復發現，亞里士多德對政體的劃分完全依據於進行統治者的人數的多寡，沒有抓住其根本。與此不同，孟德斯鳩的劃分不僅看統治者的人數的多少，而且看其所反映的不同精神，因此更為可取。嚴復比較說：

> 雅理氏之為分，專以操治權之人數立別，自係無關要旨，是以後賢多棄其說。孟氏之分，不婫婫於人數，而兼察精神形制之殊，較雅理氏為得理。其二三兩制，皆以一君託於國民之上，其形制固同，而精神大異。蓋專制之孟氏之意言之，直是國無常法，惟元首所欲為，一切憑其喜怒；至於獨治，乃有一王之法，不得悉由己意。此在吾國約略言之，則為無道有道。此獨治與專治之大殊也。至於孟氏之民主，亦與雅理氏民主不同。雅理氏之民主，以一國之平民，同執政權，以時與議者也。孟氏之民主，有少數多數之分。少數當國，即雅理氏之賢政；多數當國，即雅理氏之民主。而二者為有法之治則同。自孟氏之言，民主精神高於獨治。民主之精神在德，獨治之精神在禮，專制之精神在刑。㉟

㉟ 嚴復：〈憲法人義〉，《嚴復集》，第一冊，頁二三九～二四○。值得注意的是，嚴復並沒有完全遵守孟德斯鳩的這種三分法。他有時則把政體劃分為兩種，把其它的視之為這二者的變體。如他說：「五洲治制，不出二端：君主、民主是也。君主之國權，由一而散於萬；民主之國

孟德斯鳩的這種「民主」觀念，在很大程度上，也就是嚴復的民主
觀念。通觀起來，在嚴復那裏，「民主」不僅意味著人民大眾的統
治權利及其統治❸，即人民自治，而且也意味著它是具有良好精神
（「德」）的體制。嚴復認為，就前者而論，人民的統治，離不開「平
等」這一原則。就後者來說，它依賴於法治這一根本精神。因此，
民主之制，也可以說就是平等和法治之制。

　　對嚴復來說，在宗法社會或專制政體中，人被劃分為貴賤上下
不同的等級階層。只有少數人屬於上等人和貴族，而絕大多數人則
是屬於被統治的下等人和卑賤者。在這樣的價值觀念和體制支配下，
政治統治只能是少數人對於多數人的事。嚴復說：「宜乎古之無從
眾也。蓋從眾之制行，必社會之平等，各守其畛畔，一民各具一民
之資格而後可。古宗法之社會，不平等之社會也。不平等，故其決
異議也，在朝則尚爵，在鄉則尚齒，或親親，或長長，皆其所以折
中取決之具也。」❸這種不平等的社會制度，實際上不過是適合某種
歷史境況的一種政治安排，但有時被賦予一種神聖的性質。隨著近
代社會和政治的變革，平等的觀念開始突出出來，它成為一種新的
政治安排，但有人也從人的先天性中尋找其合法性。如盧梭所說的
「人生而平等」，就是如此。嚴復並沒有這種人生而平等的觀念，
也反對「惡平等」或「壞的平等」，既通過強行的辦法，硬把人拉

　　　權，由萬而匯於一。民主有二別：用其平等，則為庶建，真民主也；
　　　用其貴貴賢賢，則曰賢政。」（〈《法意》按語〉，《嚴復集》，第四冊，
　　　頁九三七）

❸　嚴復意識到，多數之治，並不是最為合理的，只是比較起來，較為公
　　　道罷了。

❸　嚴復：〈《法意》按語〉，《嚴復集》，第四冊，頁九二八。

到一個水平線上。他認為，真正的平等是每個人通過自身的努力而達到的智、德、力的相同水準。民主只能建立在這種好的平等上，而不是壞的平等上。嚴復說：「夫民主之所以為民主者，以平等。故班丹（亦譯邊沁）之言曰，人人得一，亦不過一。此平等之定義也。顧平等必有所以為平者，非可強而平之也。必其力平，必其智平，必其德平。使是三者平，則郅治之民主至矣。不然，使未至而強平之，是不肖者不服乎賢，愚者不令於智，而弱者不役於強也。」❸嚴復這種以提高共同「能力」為基礎的平等觀念，顯然有利於推動社會的進步。但是，這是一種樂觀主義的願望。正如每個人都有其不同的個性和特點一樣，即使每個人都在努力提高自己的智、德、力，但其結果仍然會有或大或小的差異。如果這樣，那不就意味著人與人不能平等嗎？「平等」的真正義是，不管人的能力大小，也不管其貧富和家庭出身，社會和政治所能作出的合理安排是，都為其提供均等的機會，如選舉中的一人一票原則，如都受到法律的保護。

　　民主政治對法治的依賴性，使人有理由認為民主制度也就是法治。實現「法治」的前提，當然就是具備完善的「法律」。孟德斯鳩也肯定民主與法治之間的密切關係，但他更看重民主對道德品性的依賴，把具有「德」視之為民主的基本特性。他所說的道德品性，並不十分明確。大概是指公共精神、公德等一類品質。如愛國心和尊重法律的責任感等。與此不同，嚴復根本上是把法治同民主內在地結合起來。換言之，在「德治」與「法治」之間，他毫不猶豫地堅定地選擇了後者。我們知道，按照儒家中國的政治傳統，「德治」被奉為治國的根本途徑。儒家對德治的信仰，基於對人性的樂觀主

---

❸　同❸書，頁九五七。

義信賴。既然人性都具有先在的善良之性，既然人都可以通過道德教化和自身修養成為完善的人格，我們用「道德」來治理國家有什麼困難呢？但是，在實際的政治生活中，儒家的這種期待和承諾並不充分有效。嚴復對儒家的「德治」論，沒有什麼興趣。他沒有從理論上去打破人性、德性和善政之間的連續性，也沒有設法去論述人性的有限性同法治的關聯。主要是中國歷史的事實和經驗告訴他，「仁政」和「德治」總是靠不住的。他不時地強調，把血親關係「父母」投射到政治上的「仁政」，在現實中總不免伴隨著殘酷的暴政。他對權利無限的中國傳統政治批評說：「自吾國言之，唐虞三代以還，至於今世，固無一非教化政府，元後作君作師，為民父母，其權豈有界域？」❸❾權利的無限，對一個人來說，是為善還是為惡，就憑其自己的主觀好惡了。由於主觀的好惡，帶有很大的不確定性，因此其結果也是不定的，欲仁則仁，欲暴則暴。嚴復不喜歡這種隨意性，他希望的是具有可控性的單一結果。在他看來，這首先必須依靠民主的「法律」制度（「仁制」），而不是個人的「仁德」：

> 雖有至仁之國，必不能為所勝亡國之民立仁制也。夫制之所以仁者，必其民自為之。使其民而不自為，徒坐待他人之仁我，不心蘄之而不可得也。就令得之，顧其君則誠仁矣，而制則猶未仁也。使暴者得而用之，嚮之所以為吾慈母者，乃今為之豺狼可也。嗚呼！國之所以常處於安，民之所以常免於暴者，亦恃制而已，非恃其人之仁也。恃其欲為不仁而不可得也，權在我者也。使彼而能吾仁，即亦可以吾不仁，權在彼者也。在我者，自由之民也；在彼者，所勝之民也。必在

---

❸❾　嚴復：〈政治講義〉，《嚴復集》，第五冊，頁一二九五。

我，無在彼，此之謂民權。彼所勝者，尚安得有權也哉！」❹

　　但是，嚴復沒有完全停留在「法制」這一層面上。因為單從有
沒有「法制」上，仍不能把「民主」同「專制」等政體區分開。顯
然，「專制」政體也是有「法」可依的。對於當時人們大談「立憲」
之呼聲，嚴復指出，「憲」之本義，就是「法」，「立憲」也就是「立
法」。這很容易使人誤以為，中國傳統政治沒有「法」，顯然不合乎
事實。如從有沒有「法」上說，中國秦代不僅有法，而且是以「嚴
刑峻法」而聞名的，但這並不能改變秦代的高度專制性。那麼，「民
主」之「法」、民主之「立憲」究竟意味著什麼呢？它意味著一種
能體現「公平」和「正義」的法律。這種法律對任何人來說，都沒
有無限的權利，也沒有無限的義務。人們既享受權利，同時也履行
義務。如君民、上下各有其權，各有其限。嚴復說：「今日所謂立
憲，不止有恆久之法度已也，必將有其民權與君權，分立並用焉。
有民權之用，故法之既立，雖天子不可不循也。」❹又說：「立憲者，
立法也，非立所以治民之刑法也。何者？如是之法，即未立憲，固
已有之。立憲者，即立此吾儕小人所一日可據以與君上為爭之法典
耳。其無此者，皆無所謂立憲，君上仁暴，非所關於毫末也。」❹
同時，法律所規定的權利之分散和多元，使監督和約束成為可能，
任何人不得超越於法律之上而為所欲為，真正體現出「法治」精神
而不是主觀隨意的「人治」。嚴復比較專制和立憲的不同說：「專制
之政府，無以為宣達測視輿論之機關，而立憲之政府有之。一令之

❹　嚴復：《《法意》按語》，《嚴復集》，第四冊，頁九七二。
❹　同上書，頁九四〇。
❹　嚴復：〈政治講義〉，《嚴復集》，第五冊，頁一二八四。

行，一官之立，輿情之向背，不獨顯然可見也，而多寡之數，亦至著明。」❹嚴復這裏所說的「輿論監督」和「多數決」，實是「民主法治」的靈魂。「輿論監督」意味著新聞和言論自由，這是專制政治最為敵視和害怕的，而民主恰恰在此獲得生命。「多數決」，在達成共同意志時，也是最為可取的方式。民主立法，不僅意味著有公正的法律，和實行「法治」， 同時意味著，立法過程之本身，有嚴格之程序，所立法律具有神聖性：「立憲之國，最重造律之權，有所變更創垂，必經數十百人之詳議。議定而後呈之國主，而准駁之。此其法之所以無苟且，而下令常如流水之原也。」❹

　　總之，在嚴復看來，以平等和法治為根本精神的「民主」是人類政治制度發展過程中所出現的一種最為理想的制度：「民主者，治制之極盛也。使五洲而有郅治之一日，其民主乎?」❹當他把這一制度運之於中國傳統和現實時，在他那裏又再次湧現了我們所常能看到的情景。他肯定，中國傳統政治根本上是一種專制政治，與民主格格不入。但他又肯定，中國傳統社會也不是完全與「民主」政治無關，在中國傳統政治思想中，也更具有「民主」的觀念，這種觀念不僅見之於儒家，也見之於道家。如他說：「中國古之井田，故民主之政矣。而其時有諸侯君主者，蓋緣宗法社會而兼民主之制也。季氏之伐顓臾，併兼之事也。故孔子曰：『有國有家者，不患寡而患不均，不患貧而患不安。蓋均無貧，和無寡，安無傾。』 凡此皆民主平等之法言，而孔子舉而誦之耳。」 又如，他認為，老子所描述的「小國寡民」理想，所揭示的就是孟德斯鳩所說的「民主」

❹　同❷書，頁一三一三。

❹　嚴復：〈《法意》按語〉，《嚴復集》，第四冊，頁九九五。

❹　同上書，頁九五七。

真相。因此，對嚴復來說，就像西方傳統一樣，中國傳統也不是「民主」的不毛之地。民主既然是一種理想，西方政治先進國已經實現了，中國傳統也具有某種民主的成分，那麼對於近代中國它不就更應提到迫切的位置上來嗎？但是，至此，嚴復又謹慎起來。他把民主視之為自然的歷史過程，認為中國並不具有這一自然過程，缺乏實現「民主」的現實基礎，即民智、民德和民力落後。他甚至像盧梭一樣更認為，民主適合於小國，就像適合於希臘城邦一樣。而中國這樣的大國不適合實行民主。以民主為理想的嚴復，最後又把中國置於「民主」之外，至少是把它放在未來。像嚴復這種以傳播西方觀念為生命的人，對中國民主就持這樣的態度，那些根本上就敵視「民主」的人，也就可想而知。清末一些固守傳統禮教觀念的人，甚至包括張之洞這種帶有某種開明性的洋務人士，對民主的反對是不遺餘力的，他們反對的理由，是民主破壞了「忠孝」禮教，非君無法。這種反對，明確公開，倒也誠實。對民主的另一種反對方式，是盜用「民主」之名，行專制之實。你講民主，我也講民主，偷換民主的真義，把民主恰恰變成了維持專制的工具。這也真可謂是「中國特色」了。但是，歷史最終會作出裁判，「真民主」總有一天要取代「假民主」，「特殊性」也不得不讓位於「普遍性」。

第七章　進化論及其進步歷史觀

　　我們知道，嚴復是以引進和傳播西方新的觀念符號而著稱的。其中最引人注目的算得上是「進化」或「進化論」了❶。這是斯賓塞對他影響最大的地方之一，也是他對中國影響最大的地方之一。在中國，說到進化論，人們首先想到的是嚴復的名字，而談到嚴復，首先會強調的恐怕也就是他引進的進化論了❷。與進化論相關，嚴復對歷史進步充滿了樂觀的態度，並將其它的歷史意識排除在外。

一、進化論的引入

　　作為一種科學理論和思潮，「進化論」是西方近代的產物，但

---

❶　嚴復把"evolution"譯為「天演」，日本人譯為「進化」。由於受此的影響，他也使用過「進化」之名。為了討論的方便，我們統一使用現在通行的「進化」。

❷　嚴復是否最早在中國介紹「進化論」，郭正昭在〈達爾文主義與中國〉一文中，提出懷疑。認為在嚴復介紹進化論之前，可能已經有人曾作過介紹，他指出了三條線索：一是西方傳教士和商人；二是梁啟超《新民叢報》中講除了嚴復還有別人；三是香港作為橋樑的可能性。但他沒有提出具體的證據，所以仍是一種推測。（載《港臺及海外學者論近代中國文化》，重慶出版社，1987年）

它的內涵和外延在不同人那裏往往是不一樣的，從生物進化論到社會進化論，從單一領域的進化論到普遍進化論，不一而足。進入嚴復所傳播的進化論，我們發現，在他那裏，它的內容也決不是單一的，實際上既有達爾文和赫胥黎的進化論，也有斯賓塞的進化論；既有生物和社會進化論，也有普遍進化論。那麼，嚴復是如何處理這不同的理論形態呢？他是否平分秋色地把它們都接受下來呢？

達爾文的進化論，是生物進化論，這一理論認為，生物普遍存在著變異現象，其原因是生活條件的改變。在變異的同時，也有遺傳。「自然選擇」是物種進化的基礎，它是通過生存競爭而實現的。「物競天擇，適者生存」是生物進化的基本規律：「自然選擇是每日每時在世界上檢查最微細的變異，把壞的去掉，把好的保存和推進；不論時間，不論地點，一有機會就在沉默不覺中進行工作，把各種生物與有機的與無機的生活條件的關係加以改進。我們對於這些緩慢變化的進行，一點也不能覺察，除非有時代變遷的標記。」❸達爾文也曾認為，「自然選擇」對人類歷史產生過重大影響，並對現代社會仍會發生作用，如為了生存而進行競爭能制止懶惰。但是，達爾文並沒有認為它的進化論也完全適用於社會，生物進化的規律對社會同樣有效❹。

與此不同，斯賓塞的進化論是普遍進化。對他來說，作為一個哲學家，其任務是去發現一切現象所共有的特性，或者發現事物的普遍規律，進化規律就是這種規律，它包括集中、分化和確定等不同的演化過程及相互關係。斯賓塞的這種「普遍進化論」曾受過拉馬克(J. B. Lamarck, 1744–1829)的啟發，但在達爾文的生物進化學

---

❸　達爾文：《物種起源》，科學出版社，1972年，頁五六。

❹　參見巴克：《英國政治思想》，頁九一。

說之前業已完成。這一點看來是確實的。梯利指出：「斯賓塞把在《第一原理》中所得到的一般原理應用於存在的各種形式上，諸如生命、精神、社會和行為。這種一般原理被認為是真理，並用於證明生物學、心理學、社會學和倫理的特殊真理：後者是一般真理的例證；一般真理是特殊真理的解說。因此，進化的規律適用於一切現象。」❺巴克亦告訴我們：「斯賓塞既不是從生物學著手，在一定意義上生物學就是生命的實證學；也未從生物學中藉進化的觀念應用於各個領域。他是從普遍進化論著手，後來又將生物進化論納入其中。」❻但這並不是說斯賓塞的進化論沒有受到過達爾文的影響。達爾文的「自然選擇」、「適者生存」的生物學規律，幫助他在社會領域中找到了相似之處。這對他並不困難，生物領域和社會領域在他那裏一直是相通的。因而生物競爭、適者生存的法則也適用於社會領域。這一觀念使他成為「社會達爾文主義」的主要人物之一。

　　赫胥黎的進化論，主要是以宣傳和捍衛達爾文的進化論、同時反對把生物規律運用在社會領域這一努力表現出來的。在他看來，生物領域中的進化規律根本上不適用社會。社會領域的根本特性是它的倫理性。倫理當然有進化，但決沒有進化的倫理。

　　對於上述的進化論，嚴復都作有介紹。如他介紹達爾文的進化論說：「達爾文者，英之講動植之學者也。……窮精眇慮，垂數十年，而著一書，曰《物種探源》。自其書出，歐美二洲幾於家有其書，而泰西之學術政教，一時斐變。……其書之二篇為尤著，西洋綴聞之士，皆能言之；談理之家，摭為口實，其一篇曰〈物競〉，又其一曰〈大擇〉。物競者，物爭自存也；天擇者，存其宜種也。意

---

❺　梯利：《西方哲學史》，下冊，頁三一二～三一三。

❻　巴克：《英國政治思想》，頁六〇。

謂民物於世，樊然並生，同食天地自然之利矣。然與接為搆，民民
物物，各爭有以自存。其始也，種與種爭，群與群爭，弱者常為強
肉，愚者常為智役。及其有以自存而遺種也，則必強忍魁桀，趫捷
巧慧，而與其一時之天時地利人事最其相宜者也。……動植如是，
民人亦然。民人者，固動物之類也，達氏總有生之物，標其宗旨，
論其大凡如此。」❼如上所說，達爾文並沒有把他所發現的「生物學」
規律用之於社會。但嚴復在介紹時，有時卻沒有嚴守這一界限，超
出了達爾文的本意。如嚴復在一個地方這樣介紹說：「達爾文曰，
物各競存，最宜者立，動植如是，政教亦如是。」❽

　　比之於達爾文，斯賓塞的進化論，使嚴復激動不已，因為它是
一種普遍進化論，它更適合他的需要。嚴復以極其推崇的心情說：
「斯賓塞爾，與達同時，亦本天演著《天人會通論》，舉天、地、
人、形氣、心性、動植之事而一貫之，其說尤為精闢宏富。……嗚
呼！歐洲自有生民以來，無此作也。」❾嚴復除了對斯賓塞的「普遍
進化論」作簡要的介紹外❿，他並沒有翻譯斯賓塞的《第一原理》
一書，而此書正是專門討論「普遍進化的」。但嚴復選擇翻譯的卻是
赫胥黎的《進化與倫理》，此書旨在說明自然宇宙進化過程同社會
倫理的不同性，對「社會達爾文主義」作了批評，他與斯賓塞恰恰
是一種對立的關係。嚴復這樣做，按照史華慈的解釋，一是因為赫

---

❼　嚴復：〈《原強》修訂稿〉，《嚴復集》，第一冊，頁一六。

❽　嚴復：〈原強〉。

❾　《天演論》，頁四～五。

❿　如嚴復介紹說：「斯賓塞爾之天演界說曰：『天演者，翕以聚質，闢以
　　散力。方其用事也，物由純而之雜，由流而之凝，由渾而之畫，質力
　　雜糅，相劑為變者也。』」（《天演論》，頁七）

胥黎的這一著作「以簡潔生動的、幾乎詩一般的語言闡述了達爾文主義的主要原理」；二是，「也是最重要的，赫胥黎反斯賓塞的基本態度，給了嚴復為斯賓塞的觀點進行辯護有極好機會」。這兩點解釋，正如史華慈本人所說的那樣，可能只是「推測」❶。對此，我們也提出兩點，一是比起斯賓塞的《第一原理》一書來，赫胥黎的《進化與倫理》翻譯起來容易。二是，赫胥黎的著作也有嚴復所需要的東西，而這恰恰又是斯賓塞所不能滿足的。

問題的關鍵是，嚴復決不是一味地贊成誰或一味地拒斥誰。現在，我們就來具體疏理一下在斯賓塞和赫胥黎的進化論之間，嚴復是如何作出選擇、並加以整合的。

首先可以肯定的是，嚴復對於斯賓塞的「普遍進化論」不加懷疑地接受了下來，而且也贊成斯賓塞把「普遍進化」推演到各個領域。他在介紹了斯賓塞的「普遍進化」之後說：「天演之義，所苞如此，斯賓塞氏至推之農商工兵語言文學之間，皆可以天演明其消息所以然之故，苟善悟者深思而自得之，亦一樂也。」❷對於斯賓塞來說，如同宇宙自然的演進過程一樣，社會也是通過自然的方式進化的。這種自然的方式不僅是社會得以存在的基礎，而且也是倫理道德的基礎。人的行為的根源，並不是有意識的「作為」，而是內在於自身的自然生存欲望。嚴復引述說：

> 斯賓塞之言曰：人當食之頃，則自然覺饑思食。今設去饑而思食之自然，有良醫焉，深究飲食之理，為之程度，如學之有課，則雖有至精至當之程，吾知人以忘食死者必相藉也。

---

❶　參見史華慈：《尋求富強：嚴復與西方》，頁九四～九五。

❷　《天演論》，頁八。

物莫不慈其子姓，此種之所以傳也。今設去自然愛子之情，
則雖深諭切戒，以保世存宗之重，吾知人之類其滅久矣。此
其尤大彰明較著者也。由是而推之，凡人生保身保種，合群
進化之事，凡所當為，皆有其自然者為之陰驅而潛率，其事
彌重，其情彌殷。設棄此自然之機，而易之以學問理解，使
知然後為之，則日用常行，已極紛紜繁賾，雖有聖者，不能
一日行也。⓭

但是，人的自然欲望實際上有很大的伸縮性，「任情」的結果，可
能就是「過情」，「自然」的要求，也許就是「非自然」。這樣，「任
情」是否為正當仍是一個問題。對此，斯賓塞作了這樣的回答：「任
情而至於過，其始必為其違情。饑而食，食而飽，飽而猶食；渴而
飲，飲而滋，滋而猶飲，至違久而成習。習之既成，日以益痼，斯
生害矣。故子之所言，乃任習，非任情也。使其始也，如其情而止，
則烏能過乎？學問之事，所以範情，使勿至於成習以害生也。」　⓮
但是，「飽而猶食」說到底不仍是發自人的自然之「情」嗎？還想
再「吃」，實際上正是「任情」，而不是「違情」。人的有意識的「作
為」或「自制」，恰恰就是要適度限制「任情」或「自然的自發性」，
但斯賓塞則認為只是為了糾正「習」，而且這在人和社會的進化過
程中也只起輔助作用。嚴復雖然並不是完全同意斯賓塞的「任情」
論，但在把人的「自然性」看作是人的行為和社會確立的前提這一
點上，他與斯賓塞是一致的。如他贊成斯賓塞這樣的觀點，即社會
成立的出發點是人對利益和生存的「自然」追求，而反對赫胥黎所

⓭　同⓬書，頁一六。

⓮　同⓬。

說的出於人類善良的相互同情心。嚴復說：「善相感通之德，乃天擇以後之事，非其始之即如是也。其始豈無不善相感通者，經物競之烈，亡矣。赫胥黎執其末以齊其本，此其言群理，所以不若斯賓塞氏之密也。」⓯

　　對於赫胥黎來說，自發的生存競爭，是社會禍亂的根源，並擔心人口過多地增長，也會導致社會的危機。但是對於斯賓塞來說，生存競爭恰恰是社會進化的動力，人口的壓力反而有利於社會的進步。在這一對立的觀念上，嚴復仍是選擇了斯賓塞。按照斯賓塞的理論，人的自然本性，都是好逸惡勞，只有使其自由地競爭，人的各方面的能力才能不斷進化：「蓋惡勞好逸，民之所同，使非爭存，則耳目心思之力皆不用，不用則體合無由，而人之能事不進。是故天演之秘，可一言而盡也。天惟賦物以孳乳而貪生，則其種自以日上，萬物莫不如是，人其一耳。」⓰同樣，當人口過多，生活資料不足時，就會產生生存競爭。而人為了獲得所需的生活資料，就不得不去想方設法，結果就帶來了人的生存能力的進化和適應（「體合」）：「生齒日繁，過於其食者，所以使其民巧力才智，與自治之能，不容不進之因也。惟其不能不用，故不能不進，亦惟常用故常進也。」⓱總之，斯賓塞對自由的生存競爭、「任天」、不干涉，完全是一種樂觀主義的態度，對他來說，社會的一切問題都會在競爭中得到解決，「宇宙妨生之物至多，不僅過庶一端而已。人欲圖存，必用其才力心思，以與是妨生者為鬥。負者日退，而勝者日昌，勝者非他，智德力三者皆大是耳。三者大而後與境相副之能恢，而生

⓯　《天演論》，頁三二。

⓰　同⓯書，頁三七。

⓱　同⓯書，頁三六。

理乃大備。」⑱對於嚴復來說，斯賓塞的理論是可信的，赫胥黎的憂
慮，完全是多餘。嚴復肯定說：「斯賓塞之言如此。自其說出，論
化之士十八九宗之。計學家柏捷特著《格致治平相關論》，多取其
說。夫種下者多子而子夭，種貴者少子而子壽，此天演公例，自草
木蟲魚，以至人類，所隨地可察者。斯賓塞氏之說，豈不然哉？」⑲

　　但是，嚴復對於赫胥黎的觀念也不是一無所取。說起來，赫胥
黎同斯賓塞的對立，是根本性的。赫胥黎的主導性觀念是「宇宙的
自然進化」和生物領域的規律對人類都是不適用的。巴克分析道：
「宇宙自然包含自我維護的『天賦權利』以及通過殘酷而無休止的
鬥爭求得自我滿足，而倫理特性則是在社會中聚結而成，其目的是
為了人類的利益，並具有與這種利益相關並為其所控制的社會權利。
事物的自然規律無助于導致人類的利益，他在《進化與倫理》中寫
道，『宇宙的自然狀態並不是什麼美德的學校，而是倫理特性的敵
人的司令部。』自然長著血紅的牙齒，利爪上抓著捕獲物，它是『老
虎的權利』的王國，它把它所創造的生物投入生存鬥爭，在這場鬥
爭中，自然選擇對生存的保障並不是為道德上的最優者，甚至也不
是為身體上的最適合提供的，而只是為對在一定時期內起作用的環
境最適合提供的。」⑳嚴復既然接受了斯賓塞的「普遍進化」和社會
自然競爭進化的觀點，他就不可能從根本觀念上再接受赫胥黎的說
法。他對赫胥黎的認同是枝節性的東西。如赫胥黎對「最適者」的
說法，就得到了嚴復的贊同。在赫胥黎看來，所謂「最適者」，只
是僅就某一環境之下而言，並非對任何環境都是如此。嚴復認為此

---

⑱　同⑮。

⑲　《天演論》，頁三七。

⑳　巴克：《英國政治思想》，頁九一～九二。

說「自不可易」。　因為有許多例證證明，外來新種比已有舊種優越並在生存競爭中取得了勝利。嚴復感嘆道：「夫物有遷地而良如此，誰謂必本土固有者而後稱最宜哉？嗟乎！豈惟是動植而已，使必土著最宜，則彼美洲之紅人，澳洲之黑種，何由自交通以來，歲有耗減？」❷

　　與斯賓塞的「任天為治」的「自然主義」相反，赫胥黎堅持認為社會的進化完全是通過倫理性的「人為」達到的，或者說恰恰是通過對自然法則的抑制而實現的。嚴復肯定了自然法則對人類社會的適用性，同樣他也不能像赫胥黎那樣，把社會排除在「宇宙自然」之外。但是，社會畢竟有自己的特點。它在遵守自然的法則的同時，也有自己的特殊「法則」，這就是他的倫理性的「人為」。而赫胥黎的觀念又使嚴復在這一方面得到了啟發，或者說彌補了斯賓塞的「自然主義」的「偏差」。　按照「優勝劣敗，適者生存」的自然法則，一個人、一個社會和國家，在強大者面前是要被淘汰的。但是，如果在此之前，一個人、一個社會和國家認識了這一法則，並能以「人為」和「人道」達到「自強、自立」，那麼，它的結局就完全會是另外一個樣子。這二者，在斯賓塞和赫胥黎之間完全是以對立的形式出現的。但對嚴復來說，「天行」和「人治」卻可以並行互補。赫胥黎對「人治」的強調之所以可取，就是因為它可以補充斯賓塞的「天行」的不足，在〈譯《天演論》自序〉中，嚴復說：

　　　　赫胥黎氏此書之旨，本以救斯賓塞任天為治之末流，其中所論，與吾古人有甚合者，且於自強保種之事，反復三致意焉。

---

❷　《天演論》，頁一四。

在這一點上，嚴復的知音吳汝綸也作了相似的說明：對於「任天為治」之說，「赫胥黎氏起而盡變故說，以為天下不可獨任，要貴以人持天。以人持天，必究極乎天賦之能，使人治日即乎新，而後其國永存，而種族賴以不墜，是之謂與天爭勝。而人之爭天而勝天者，又皆天事之所苞，是故天行人治，同歸天演。」❷ 對嚴復來說，強調「人為」不只是追求理論上的完滿，而且也是中國現實所需要的。斯賓塞自由競爭、適者生存的理論，能為中國提供充分的「危機意識」，使中國人認清自己所處的「亡國、亡種」的危險境地。但是這種理論，一方面容易成為帝國主義侵略弱小民族和國家的根據，為「強權」辯護，另一方面也容易使落後者陷入「天命論」而忍受挨打。顯然，對嚴復來說，這二者都不是中國所需要的。在「強權」與「公理」之間，嚴復要維護的是「公理」和「正義」，希望的是「公平」或「平等」的競爭，而不是只謀求一方利益的「強權」：「夫所謂開化之民，開化之國，必其有權而不以侮人，有力而不以奪人。一事之至，準乎人情，揆乎天理，審量而後出。凡橫逆之事，不欲人之加諸我也，吾亦毋以施於人。此道也，何道也？人與人以此相待，謂之公理；國與國以此相交，謂之公法；其議論人國之事，持此以判曲直、別是非，謂之公論。凡地球進化之國之民，其自待待人，大率由此道也。」❸ 同時，在中國面對「亡國、亡種」的挑戰之下，嚴復所要看到的是「自強」和改變命運的「人為」，而不是對「侵略」的忍受和對「天命」的順從。

在嚴復看來，斯賓塞的「自然」同赫胥黎的「作為」的對立，

---

❷　《《天演論》吳汝綸序》。

❸　嚴復：〈駁英《太晤士報》論德據膠澳事〉，《嚴復集》，第一冊，頁五五。

在中國傳統中也能找到相似者。按照道家的學說，「自然無為」是
社會政治達到理想的最好途徑。嚴復認為，這種觀念與斯賓塞的理
論是一致的：「斯賓塞之言治也，大旨存於任天，而人事為之輔，
猶黃老之明自然，而不忘在宥是已。」❷照劉禹錫的說法，「天」和
「人」是相分的，各有其能和不能。他在《天論》中這樣說：「形
器者有能有不能。天，有形之大者也；人，動物之尤者。天之能，
人固不能也；人之能，天亦有所不能也。故天與人交相勝耳。天之
道在生植，其用在強弱；人之道在法制，其用在是非。……故人之
能勝天者，法大行，則是為公是，非為公非，蹈道者賞，違道有罰，
天何予乃事耶！法小馳，則是非駁，賞不盡善，罰不盡辜。人道駁，
而天命之說亦駁焉。法大馳，則是非易位。義不足以制強，刑不以
勝非，而人之能勝天之具盡喪矣。故曰：天之所能者，生萬物也；
人之所能者，治萬物也。」嚴復認為，赫胥黎的觀念與劉禹錫這裏
所說完全一致：

> 案此所言，正與赫胥黎氏以天行屬天，以治化屬人同一理解，
> 其言世道興衰，視法制為消長，亦與赫胥黎所言，若出一人
> 之口。❷

> 以尚力為天行，尚德為人治，爭且亂則天勝，安且治則人勝。
> 此其說與唐劉、柳諸家天論之言合，而與宋以來儒者以理屬
> 天，以人欲屬人者，致相反矣。❷

---

❷　《天演論》，頁一六。
❷　《嚴復集》，第五冊，頁一四七二。
❷　《天演論》，頁九二。

正如斯賓塞同赫胥黎能夠互補一樣，中國傳統中的上述兩種觀念也可以相容。總而言之，盡管嚴復總體上更傾向於斯賓塞，但赫胥黎也有他所需要的東西。他的進化論不僅整合了斯賓塞和赫胥黎，而且也統一了中國傳統中的不同思想資源。

二、進步歷史觀

斯賓塞的進化論不僅為嚴復提供了社會領域的法則，而且也使嚴復對歷史抱上了「進步」的樂觀主義信念。說起來，「進步」觀念並不是十九世紀的產物，文藝復興之後，伴隨著科學和工業革命的出現，這一觀念也很快地成長進來，人們對歷史具有了空前的美好理想。十九世紀「進化論」的誕生，又大大加強了人們對歷史的「進步」信念。斯賓塞的「普遍進化論」，同時就意味著歷史的「進步論」。柯林武德(R. G. Collingwood, 1889–1943)指出：「十九世紀的後期，進步的觀念幾乎成了一個信條。這種觀念是一種十足的形而上學，它得自進化的自然主義並被時代的傾向而強加給了歷史學。它無疑地在十八世紀把歷史作為人類在合理性之中前進並朝著合理性前進的這一概念中有著它的根源；但是在十九世紀，理論的理性已經是指掌握自然……，而實踐的理性則已經是指追求快樂……。從十九世紀的觀點看來，人道的進步就意味著變得越來越富足和享受越來越好。而且斯賓塞的進化哲學似乎是證明這樣一個過程必然會要繼續下去，而且無限地繼續下去。」❷❼但是，一種觀念一旦被無限制地推演，對它的懷疑和挑戰就會應運而生。赫胥黎就是這樣的人物之一，他向持歷史不斷「進步」的樂觀主義者吹來了一股冷風：

---

❷❼　柯林武德：《歷史的觀念》，中國社會科學出版社，1986年，頁一四六。

「斯賓塞的進化主義及其對於後天獲得性的遺傳和自然規律的仁慈性的信仰，到這時已經為一種新的、色調更陰暗的自然主義所代替了。1893年赫胥黎發表了他的《進化與道德》的羅曼斯尼講演，講演中他主張社會的進步只有是在自然規律的面前翱翔時，才是可能的：即它要在『每一步都核對著宇宙過程並且可以叫做倫理過程的另一個過程來代替它』。人的生活，只要它遵循著自然的規律，就是一種獸性的生活；與其它獸性不同的只是在於有著更多的智力而已。他結論說，進化的理論並沒有為千年福王國的希望提供任何基礎。」❷❽

但是對於中國來說，以進化論為基礎的歷史「進步」觀念，顯然是新穎和吸引人的，而且中國所需要的也正是對未來進步的信念。所以，西方已經出現的那種對歷史「進步」的懷疑，在中國還為時尚早。嚴復在這一點上，無疑是典型的。他清楚地知道斯賓塞與赫胥黎歷史觀的對立：「赫胥黎氏是書大指，以物競為亂源，而人治終窮於過庶。此其持論所以與斯賓塞氏大相逕庭，而謂太平為無是物也。斯賓塞則謂事遲速不可知，而人道必成於郅至。」❷❾就像他對斯賓塞進化論哲學的基本接受一樣，他對斯賓塞的「進步」史觀，更是堅信不疑。相比之下，赫胥黎那種對歷史「進步」的悲觀和懷疑態度，在他眼裏就成了沒有根據的無稽之談。在《天演論》最後一章，赫胥黎認為，善惡總是相伴而行的，善進惡也進，決不可能有一天人類會發展到只有善而無惡的理想境界。但是，嚴復認為，在整個《天演論》中，「此篇最下」，關鍵就在於赫胥黎所持的「惡演」論，意欲駁斥斯賓塞的觀點，而實際上並沒有認真研究斯賓塞

---

❷❽　同❷❼書，頁一六六。

❷❾　《天演論》，頁三五～三六。

立論的基礎。在嚴復看來，斯賓塞的歷史「進步論」具有堅強的理論根據，是無法駁倒的：

> 蓋意求勝斯賓塞，遂未嘗深考斯賓氏之所據耳。夫斯賓塞所謂民群任天演之自然，則日必進善不日趨惡，而郅至必有時而臻者，其豎義至堅，殆難破也。何以言之？一則以生理而推群理。……然於物競天擇二義之外，最重體合，體合者，物自致於宜也。彼以為生既以天演而進，則群亦當以天演而進無疑。而所謂物競、天擇、體合三者，其在群亦與在生無以異，故曰任天演自然，則郅治自至也。 ❸⓪

嚴復指出，斯賓塞也承認善惡都是歷史過程的產物。但是，他提出了社會自我保存的三個「公理」：一是民未成丁，功食為反比例；二是民已成丁，功食為正比例；三是群己並重，則捨己為群。這是否能成為「社會」的「公理」，並不是沒有問題的。如，假若所有的每一個「己」同時都捨「己」為「群」，那麼這個「群」又是一個什麼樣的「群」呢？這不就是一個沒有了「己」的群呢？沒有己的群，又怎麼會是「群」呢？嚴復沒有進一步去考慮其中的問題，他肯定斯賓塞所說的就是「公理」，而且進一步又推論說，如果社會能遵循這三條「公理」，惡最終將會被抑制住，最後只剩下善展翅飛翔：「民既成群之後，苟能無擾而公，行其三例，則惡將無從而演，惡無從演，善自日臻。此亦猶莊生去害群馬以善群，釋氏以除翳為明目之喻己。」 ❸①

---

❸⓪ 同❷⑨書，頁八九～九〇。
❸① 同❷⑨書，頁九〇。

在斯賓塞功利主義倫理學那裏，快樂被視之為善，痛苦被劃為惡。但是對許多倫理學家來說，善而不樂，德而不福；惡而不苦，無德而幸，在現實中並不少常見。赫胥黎看到了現實中善與樂、惡與苦的非對應性，認為「捨己為群」雖然體現了道德精神，可謂是一種「善」行，但是他所犧牲的恰恰就是自己的快樂。在這一點上，嚴復同樣是站在斯賓塞的立場上，認為善與樂、惡與苦的非一致性只是社會歷史落後狀態的產物，隨著歷史的不斷進步，在其理想的境界中，它們是完全能夠統一起來的。嚴復肯定道：「一群之中，必彼苦而後此樂，抑己苦而後人樂者，皆非極盛之世。極盛之世，人量各足，無取挹注，於斯之時，樂即為善，苦即為惡，故曰善惡視苦樂也。……由此觀之，則赫胥氏是篇所稱捨己為群為無可樂，而其效之美，不止可樂之語，於理荒矣。」❸❷

歷史進步論往往是與社會烏托邦聯繫在一起的，也就是說，進步總是在朝著理想的目標邁進，這種邁進不是無休止的，它最終會在一個絕對美好的點上停止下來。這樣來說，歷史的進步論，最後卻成為一種歷史「終結論」，進步一開始在它自身的邏輯中就意味著它的反面「停止」。進步論者對這種「弔詭」是沒有興趣的。他們只是為「進步」而歡呼舞蹈，只是為最終的理想而陶醉不已。斯賓塞的「普遍進化論」就包含著一種廣義的演化終止論，而這被認為對社會歷史領域同樣是有效的，社會最終會停止向前的躍動而歸於靜止。照巴克的說明：斯賓塞「不論視進化為生命趨於個體化的傾向抑或力趨於均衡的傾向，都可視之為最終達到了均衡。這個在將來可能達到因而可以視之為遙遠的烏托邦的目標，便成為一種絕對標準或模式。進化將要達到的絕對均衡體現了這一理想。這種理

---

❸❷　同❷⑨書，頁四六。

想必然是靜止的，因為當達到這一理想時，進步便停止不前，運動也就停止了。」❸但是，嚴復沒有跟著斯賓塞走到底。也許是他不喜歡幻想得太遙遠，他只堅信歷史是進步的，未來比現在美好，但是否會有斯賓塞所說的「終極」理想，他把它推到了「不可思議」之地：

> 然則郅至極休，如斯賓塞所云云者，固無有乎？曰：難言也。大抵宇宙究竟與其元始，同於不可思議。不可思議云者，謂不可以名理論證也。吾黨生於今日，所可知者，世道必進，後勝於今而已。至極盛之秋，當見何象，千世之後，有能言者，猶旦暮遇之也。❸

當嚴復被斯賓塞的進步歷史觀武裝起來之後，他就對中國傳統的歷史觀揮舞起了砍伐的大刀。在中國傳統中，有兩種歷史觀念是很盛行的。一是「一治一亂」的「循壞史觀」；一是「好古非今」的「退化史觀」。顯然，這兩種史觀，同「進步」史觀都是不相容的。特別是「退化史觀」，把歷史的「黃金時代」置於遙遠的歷史的「過去」，如儒家津津樂道的「三代」，道家意識中「自然原始狀態」，是古非今，厚古薄今。在嚴復看來，這實際上，都是把「過去」理想化的產物。而且，即使所說的是真的，那麼歷史也決不會再退回去。他說：「今夫法之行也，必有其所以行；而政之廢也，亦有其所以廢。自三代之衰，學者慨慕古初，其賢者莫不以復古為己任，然而卒不能者，非必俗之不善也。民生降繁，世事日新，雖

---

❸　巴克：《英國政治思想》，頁六四。

❸　《天演論》，頁四七。

欲守其初，其勢有必不可得故也。當此之時，脫有聖人，固當隨時以為之今，不可逆流而反之古為得。其道將以日新。惟其不然，使宜進者反以日退，而暴亂從之矣。此真吾國學者之大蔽也。」❸

　　歷史不是退化的，而是進步的，從歷史的發展階段可以看出來。甄克思把自古以來的歷史依次劃分為三大階段，即圖騰、宗法和國家。對他來說，後一階段是對前一階段的超越，都體現了歷史的進步。嚴復接受了這一說法，並加以解釋說：「夫天下之群眾矣，夷考進化之階段，莫不始於圖騰，繼以宗法，而成於國家。方其為圖騰也，其民漁獵，至於宗法，其民耕稼。而二者之間，其相嬗而轉變者以游牧。最後由宗法以進入國家。而二者之間，其相受而蛻化者以封建。方其封建，民業大抵猶耕稼也。獨至國家，而後兵、農、工、商四者之民備具，而其群相生相養之事乃極盛而大和，強立蕃衍而不可以克滅。」❸嚴復認為，歷史的這種階段，是不能打亂的，任何國家都要沿著它發展：「此其為序之信，若天之四時，若人身之童少壯老，斯有遲速，而不可或少紊者也。」❸按照這種歷史劃分法，嚴復對中國的歷史進程作了分析。他認為，中國在唐虞之時，就已經進入了宗法社會，到周時，已有兩千餘年。秦漢以後，中國歷史雖欲由宗法社會而進入國家社會，但經過兩千多年，仍然徘徊在宗法社會中。何以如此，嚴復認為是有原因的，但具體原因是什麼，他並沒有告訴我們。

　　從一般意義上說，嚴復肯定，在歷史過程中，有一種不可抗拒的力量（必然性）或「趨勢」，它是由諸多複雜的因素逐步演變而

---

❸　嚴復：《〈古文辭類纂〉評語》，《嚴復集》，第四冊，頁一二三四。

❸　嚴復：〈譯《社會通詮》自序〉，《嚴復集》，第一冊，頁一三五。

❸　同❸書，頁一三六。

成的，一旦形成，就決定了歷史的命運，任何人也改變不了。嚴復把它稱之為「運會」：「夫世之變也，莫知其所以然，強而名之曰運會。運會既成，雖聖人無所為力，蓋聖人亦運會中之一物。既為其運會中之一物，謂能取運會而轉移之，無是理也。」❸歷史的必然性，雖不可改變，但卻可以認識。人的優越性之一就在於能夠認知歷史的必然性：「積數千年歷史之閱歷，通其常然，立之公例。故例雖至玄，而事變能違之者寡。嗚呼！人之所以為萬物之靈，而世之所以有進化之實者，以能不忘前事，而自得後事之師也。不然，必至之而後知，必履之而後堅，常如環然，常循其覆轍而已，烏由進乎？」❸透過對歷史經驗的認識，就能對起作用的歷史條件加以改變，從而能夠使歷史朝著人們所需要的方向發展，這是聖人的智慧和高明所在：「彼聖人者，特知運會之所由趨，而逆睹其流極。唯知其所由趨，故後天而奉天時；唯逆睹其流極，故先天而不違，於是裁成輔相，而置天下於甚安。」❹

　　從這種理論出發，嚴復認為，中國近代的「危機」，決不是偶然的，它是前此歷史演變的「必然」結果。如果我們要從中擺脫出來，那就要尋找促成這種結果的各種因素，並加以克服。但是，嚴復強調，正如歷史趨勢的形成是一個逐步的過程一樣，對一種歷史局面的改變，也只能是漸進的，而無跳躍和突進。嚴復把這一點上升為一種具有普遍性的「公理」：

　　　　其演進也，有遲速之異，而無超躍之時。故公例曰：萬化有

❸　嚴復：〈原強〉，同❸書，頁一。
❸　嚴復：《《法意》按語》，《嚴復集》，第四冊，頁九六三。
❹　嚴復：〈原強〉，《嚴復集》，第一冊，頁一。

漸而無頓。❹

　　宇宙有至大公例，曰：萬化皆漸而無頓。❷

這種「歷史漸進論」是維新派的一個共同性觀念。如康有為也這樣
說：「進化有漸進，仁民有漸進，愛物亦有漸進，此聖人所不可如
何，欲驟變而未能者也。」❸但是，對於革命派來說，進化完全能夠
以革命和飛躍的方式進行。他們把「革命」視之為普遍性的「公理」。
革命軍中馬前卒鄒容，以排比的句式這樣說：「革命者，天演之公
例也。革命者，世界之公理也。革命者，爭存爭亡過渡時代之要義
也。革命者，去腐敗而存良善者也。革命者，則野蠻而進文明者
也。」❹孫中山也對「漸進論」的歷史邏輯提出了尖銳的詰難：如果
歷史只能是漸進的，那麼，「則中國今日為火車萌芽之時代，當用
英美數千年之舊物，然而漸漸更新換物，至最終之結果，乃可用今
日之新式火車，方合進化之次序也。世界有如是之理乎？人間有如
是之愚乎？」❺的確，歷史決不能只有「漸進」一種形式，當「需要」
革命時，就必須「革命」。 但是，不需要的「革命」， 決不能「革
命」，更不能「不斷革命」。

---

❹　嚴復：〈政治講義〉，《嚴復集》，第五冊，頁一二六五。

❷　同上書，頁一二四五。

❸　康有為：《論語注》。

❹　鄒容：《革命軍》。

❺　孫中山：〈駁《保皇報》〉。

第八章 「社會」和「變法」觀念

在嚴復的思想中，「社會」和「變法」觀念，無疑占有重要的位置。嚴復的「社會」觀念是斯賓塞刺激的結果❶。斯賓塞對他影響最大的東西，除了上面已經談到的「進化論」之外，也就是現在我們要說的「社會」觀念了。嚴復的「變法」觀念是當時中國危機之下眾多知識分子強烈呼籲改革的聲音之一。單是從要求「變法」這一點說，嚴復並沒有什麼獨特性，他的不同之處在於「如何」「變法」。他相信，按照他所設計的「變法」模式，他所希望的中國「自強」和社會「進化」理想就能實現。

一、對「社會學」和「社會」的理解

嚴復的「社會」觀念主要來自於斯賓塞的《社會學研究》（嚴復譯為《群學肆言》）。他開始翻譯此書，是在 1898 年，一直到 1903 年才譯畢，並於同年出版。但嚴復在開始翻譯此書之前，早在 1881 至 1882 年之際就閱讀了此書，這部書使他興奮不已，在此，他不僅發現了一個學問的新世界，而且還第一次發現了他以往言論和見解

❶ 嚴復雖多以「群」字來譯英語的"society"，但他同時也使用「社會」之名。我們統一用現在通行的「社會」來討論他這一方面的看法。

的偏失：「不佞讀此在光緒七八之交，輒嘆得未曾有，生平好為獨
往偏至之論，及此始悟其非。」❷ 1898年，嚴復在他的第二篇政論
文〈原強〉中，首先介紹了達爾文的「生物進化論」後，接著所介
紹的就是斯賓塞的「群學」：

> 而又有錫彭塞者，亦英產也，宗其理而大闡人倫之事，懺其
> 學曰「群學」。「群學」者何？……凡民之相生相養，易事通
> 功，推以至於兵刑禮樂之事，皆自能群之性以生，故錫彭塞
> 氏取以名其學焉。❸

照嚴復這裏所說，「社會學」所研究的對象主要是人的生活、交往
及其由此而產生的制度。由於這一切都依賴於人的社會性（「能群之
性」），所以就以「社會」二字名其學。

後在〈譯《群學肄言》序〉中，嚴復對「群學」又作了解釋：

> 群學何？用科學之律令，察民群之變端，以明既往、測方來
> 也。……今夫士之為學，豈徒弋利祿、釣聲譽而已，固將於
> 正德、利用、厚生三者之業有一合焉。群學者，將以明治亂、
> 盛衰之由，而於三者之事操其本耳。

從概念的界說和定義標準來看，這裏的解釋顯然是嚴格的。由此來
看，「社會學」主要是研究「社會」的變遷、發展、治亂興衰現象
和法則的。根據現在對「社會學」的一般定義，嚴復對社會學的這

---

❷　嚴復：《群學肄言·譯餘贅語》。

❸　《嚴復集》，第一冊，頁六。

一解釋，也許是不夠準確的。但嚴復對「社會學」的重視恰恰就與他的這種解釋相關。對於他來說，「社會學」既然所要把握的是「社會」進化發展和衰敗之理，那麼通過對它的研究，我們不就可以得到治理社會的關鍵、社會不就由此而進入盛世嗎？他用不勝感嘆的語調說：「群學治，而後能修齊治平，用持世保民以日進於郅馨香之極盛也。嗚呼！美矣！備矣？自生民以來，未有若斯之懿。雖文、周生今，未能舍其道而言治也。」❹ 這是對「社會學」功能的一種過高期望。我們知道，「社會學」在諸多學科中，是一門後起之學。孔德對這一學科具有開創之功。斯賓塞在此也有所建樹。但「社會學」作為一門學科，當時還處在初期發展階段，非常幼稚，實際上對社會成長也很難發揮什麼特別的作用。

對嚴復來說，「社會學」是一門具有「綜合性」的學科，它的這種綜合性質大大增加了我們研究它的困難。為了研究這門學科，我們首先「必須」研究各門自然科學。這一「必須」的原因是什麼呢？嚴復作了這樣的解釋：「格致之學不先，褊僻之情未去，束教拘虛，生心害政，固無往而不誤人家國者。是故欲治群學，且必先有事於諸學焉。非為數學、名學，則其民心不足以察不遁之理；非為力學、質學，則不知因果功效之相生也。」❺ 在研究自然科學的基礎上，嚴復認為繼之必須研究的是「天文學」、「地理學」和「人學」，其中「人學」最為迫切。因為僅僅研究自然科學，人僅能「審於寡而熒於紛，察於近而迷於遠也。故非為天地人三學，則無以盡事理

---

❹ 同❸。嚴復在另一處也說：「唯群學明而後知治亂盛衰之故，而能有修齊治平之功。嗚呼！此真大人之學也。」（〈原強修訂稿〉，《嚴復集》，第一冊，頁一八）

❺ 同❸書，頁六～七。

之悠久博大與蕃變也，而三者之中，則人學為尤急切。」❻嚴復所說的「人學」又包括「生物學」和「心理學」。 總之，嚴復強調只有在對以上諸學進行研究之後，才能去研究「社會學」。

斯賓塞除了《社會學研究》之外，有關社會學的著作還有《社會學原理》和《社會靜力學》等。從嚴復對斯賓塞的研究來看，他應該也知道他的這兩部著作，但他對此並無作介紹。他明確推崇的是《社會學研究》， 盡管他知道這部書並不是有關社會學的基本理論，而只是對社會學研究方法的討論。嚴復認為，斯賓塞的這部書，有理有據，探賾索隱，具體而微：

> 至錫彭塞之書，則精深微妙，繁富奧衍。其持一理論一事也，必根柢物理，徵引人事，推其端於至真之原，究其極於不遁之效而後已。❼

> 每持一義，又必使之無過不及之差，於近世新舊兩家學者，尤為對病之藥。雖引喻發揮，繁富弔詭，顧按脈尋流，其義未嘗晦也。其〈繕性〉以下三篇，真西學正法眼藏，智育之業，舍此莫由。斯賓塞此書，正不僅為群學導先路也。❽

實際上，這部書並不像嚴復所說的如此之好。書中有的理論仍然值得討論，如把社會領域同生物領域機械地加以比附，就是如此。

如同其它觀念一樣，嚴復在中國傳統中也找到了斯賓塞「社會

---

❻　同❸書，頁七。

❼　同❸書，頁六。

❽　嚴復：〈群學肄言・譯餘贅語〉。

學」觀念的某種相似物，他認為《荀子》、《大學》和《中庸》等書，
就包含有這樣的東西。他在兩處都明確地指出了這一點：「約其所
論，其節目支條，與吾《大學》所謂誠正修齊治平之事有不期而合
者。」❾「竊以為其書實兼《大學》《中庸》精義，以格致誠正為治
平根本矣。」❿嚴復的這種說法，究竟有多少可信性，仍是一個疑問。
他的說法太簡單了。他曾批評過有人簡單地把西學說成中國固有的
作法，但他實際上在某種程度上也犯有這樣的毛病。他在好幾個地
方的說法，都給我們留下了這樣的印象。

在「社會學」中，「社會」當然是一個最基本的觀念。它能引
起嚴復的注意並不意外。對這一最基本的觀念，嚴復首先面對的是
「社會」何以能夠被建立起來這一問題。可以肯定，社會只能是「人
類」的產物，在人類之外的其它動物中，沒有「社會」這種組織形
態。嚴復也明確說：「群道者，人道所不能外也。」⓫那麼人類為什
麼要組織為「社會」呢？對此，也許我們會說，因為「人是社會性
的動物」，但這實際上等於沒有回答。荀子曾說：「人之所以異於禽
獸者，以其能群也。」但人為什麼「能」「群」，而其它動物不能群
呢？荀子的回答是：「分」，即人能夠進行「分工」並分別完成自己
的「職分」。不管荀子這一回答如何，他畢竟提出了一個解釋。嚴復
知道荀子的這一解釋，但他沒有接受。他把「分工」看成是「能群」
的結果，而不是「能群」來自於「分工」。 照盧梭的解釋，在「自
然狀態」不利於人類的生存、不加改變人類甚至就會消滅這一情況
下，人類就不得不尋找一種新的結合方式。這就是通過「契約」組

---

❾　《嚴復集》，第一冊，頁六。

❿　嚴復：〈群學肄言・譯餘贅語〉。

⓫　同❿。

成社會。盧梭的這種說法，嚴復也很了解⓬。但是，他根本不同意盧梭的看法，認為它是一種沒有任何事實根據的虛構。他毫不留情地批評道：「西人舊籍中有著名巨謬而不可從者，如盧梭《民約》之開宗明義謂：民生平等而一切自由是已。蓋必如其言，民必待約而後成群，則太古洪荒，人人散處，迨至一朝，是人人者不謀而同，忽生群想，以謂相約共居乃極利益之事，爾乃相吸相合，發起一巨會者然，由是而最初之第一社會成焉。此自虛構理想不考事實者觀之，亦若有然之事，而無如地球上之無此。」⓭那麼，嚴復是如何解釋的呢？他認為，人完全是為了利益的考慮去組成社會的，因為只有通過社會這種形式，人才能在生存競爭中不至於被淘汰。嚴復說：「蓋人之由散入群，原為安利，其始正與禽獸下生等耳，初非由感通而立也。夫既以群為安利，則天演之事，將使能群者存，不群者滅；善群者存，不善群者滅。」⓮實際上，如果撇開通過這一「契約」具體方式，嚴復與盧梭的解釋差別並不大。

　　如同「社會學」一樣，嚴復通過字義的考察，認為中國有與西方「社會」一詞意義相似的字：

　　　　嘗考六書文義，而知古人之說與西人合。何以言之？西學社
　　會之界說曰：「民聚而有所部勒（東學稱組織——譯者注），
　　祈向者，曰社會。」而字書曰：「邑，人聚會之稱也，從口有
　　區域也，從卪有法度也。」西學國之界說曰：「有土地之區域，

⓬　嚴復同時也了解霍布斯和洛克的「社會契約論」，他還作有介紹。見
　　《民約》平議），《嚴復集》，第二冊，頁三三四～三三五。

⓭　嚴復：〈天演進化論〉，《嚴復集》，第二冊，頁三一〇。

⓮　《天演論》，頁三二。

而其民任戰守者曰國。」而字書曰：「國古文或，从一，地也，
从口以戈守之。」觀此可知中西字義之冥合矣。**⑮**

　　嚴復所說的「社會」，所包至為廣泛。小的如民間組織，大的
如國家都是社會。各種社會組織形式、機構及其功能，縱橫交織，
分工合作，使複雜的社會生活得以正常進行。正是由於社會結構的
這種複雜性，加之近代生物學的影響，有人就把生物「有機體」概
念同「社會」領域聯繫了起來，從而提出了「社會有機體」觀念。
斯賓塞是代表人物之一。生物「有機體」的通常意思是：「⑴一個
由不同種類的部分組成的有生命的結構；⑵由於它們之間的差異，
上述部分互為補充並相互依存；⑶整體的正常狀況取決於各部分正
常履行各自的適當功能。因此，有機體便具有高度分化性以及高度
整體性相互關聯的特性，因而『有機統一體』也就是在差異之中並
通過差異所形成的統一體。」**⑯** 在斯賓塞看來，社會同生物類似，也
是一種「有機體」。他的《社會學研究》對二者的相似性作了許多比
較，如生物有血液循環，社會有交通商貿；生物有神經系統，社會
有法律政府；生物有不同的器官並各有其能，社會有不同的組織和
機關並各負其責等等。但從這種類似性比較中，仍很難說社會也是
一種「有機體」。簡單說，「有機性」只是生命所特有的，而社會並
沒有生物學意義上的「生命」，對此斯賓塞是不管的，他只是從二
者的相似性中，就把其中的一個性質賦予給另一個，並為此而驚喜
不已。當然，斯賓塞也試圖在「社會有機體」與「生物有機體」之

---

⑮　〈群學肄言・譯餘贅語〉。

⑯　歐內斯特・巴克：《英國政治思想：從赫伯特・斯賓塞到現代》，商務
　　　印書館，1987年，頁七三。

間尋找出差異。在他看來，最明顯的就是，「生物有機體」的各個部分沒有知覺，而作為一個整體則有知覺。與此不同，組成「社會有機體」的最基本單位「人」，則有知覺，而社會整體卻無知覺。斯賓塞的這一說法，對嚴復來說，既新穎又誘人，他沒有不同意的理由，他以贊成的態度介紹說：「生物之有機體，其中知覺惟一部主之，縱其體為無數細胞、無數么匿所成，是無數者只成為一。至於社會有機體，則諸么匿皆是覺性，苦樂情想咸於人同，生物知覺聚於腦海，而以神經為統治之官，故以全體得遂其生，為之究竟。至於社會團體則不然，其中各部機關通力合作，易事分功，求有以遂全體之生固也，而不得以是為究竟。國家社會無別具獨具之覺性，而必以人民之覺性為覺性。其所謂國家社會文明福利，捨其人民之文明福利，即無可言。生物有時以保進生命，其肢體可斷，其官骸可壞，而不必計肢體官骸之苦樂。君形者利，不暇顧其餘故也，而社會無此獨重之特別主體也。」❼

　　從「生物有機體」與「社會有機體」的這種不同比較中，斯賓塞進而就政治哲學中個人與社會、國家之關係這一重要問題得出了自己的結論。個人與社會和國家的關係，可以分為兩方面的問題，一是誰取決於誰；與此相聯，二是兩者何者優先。按照「社會有機體」的一種理論，社會整體大於部分之和，部分的性質是由整體決定的。由這種理論導出的個人同社會和國家位置關係，自然是社會和國家優先於個人，個人的存在只能以社會和國家的存在為最終目的。持這種觀念的代表人物可以推出黑格爾。但是，由於斯賓塞對個人與社會、國家誰決定誰的關係，作了上面所說的相反設定，即：是個人決定社會和國家的整體的性質，而不是社會和國家決定個人

❼　嚴復：〈天演進化論〉，《嚴復集》，第二冊，頁三一四～三一五。

的性質，所以在何者優先問題上，他的結論也是相反的，即個人是
最高的目的，它優先於社會和國家，社會和國家不是目的，也不優
先於個人，嚴復翻譯他的話說：「是故治國是者，必不能以國利之
故，而使小己為之犧牲。蓋以小己之利而後立群，而非以群而有小
己，小己無所利則群無所為立，非若生物個體，其中一切么匭支部，
捨個體苦樂存廢，便無利害可言也。」⑱

　　對於斯賓塞的這種理論，嚴復自覺地幾乎不加保留地接受了下
來，他作了如下的說明：

> 東學以一民而對於社會者稱個人，社會有社會之天職，個人
> 有個人之天職。或謂「個人名義不經見，可知中國言治之偏
> 於國家，而不恤人人之私利。」此其言似矣。然僕觀太史公言
> 「《小雅》譏小己之得失，其流及上。」所謂小己，即個人也。
> 大抵萬物莫不有總有分，總曰拓都，譯言全體；分曰么匭，
> 譯言單位。筆拓都也，毫么匭也。飯拓都也，粒么匭也。社
> 會之變象無窮，而一一基於小己之品質。⑲

從嚴復對於斯賓塞的這種認同和傾心中，我們也許會說，他對斯賓
塞是不加分析地先入為主。但事實上並非如此，他恰恰是通過比較，
而作出自己的選擇的。他清楚地了解到，斯賓塞把個人置於社會和
國家之上，視個人為目的的思想，是十八世紀以來自由民主學說，
它「與前人學說，治道根本反對。希臘、羅馬前以哲學、後以法典，
皆著先國家後小己為天下之公言，謂小己之存，惟以國故，苟利於

---

⑱　同⑰書，頁三一五。

⑲　嚴復：〈群學肄言・譯餘贅語〉。

國，犧牲小己，乃為公道，即我國舊義亦然。故獨治之制得維持至六千年不廢。」⑳對於個人同社會、國家關係這兩種截然對立的理論，有人以二者的各自適用性均給予肯定。但是，嚴復沒有這樣做，他仍是明確地單一地選擇了「個人為上」的觀念：

> 應之曰：子云民生所以為國固矣，然子所謂國者，恐非有抽象懸寓之一物，以為吾民犧牲一切之歸墟。而察古今歷史之事實，乃往往毀無數眾之權利安樂，為一姓一家之權利安樂，使之衣租食稅，安富尊榮而已，此其說之所以不足存也。路易「朕即國家」之說，雖近者不見於〈言論〉，乃往往潛行於事實，此後世民主之說所由起也。㉑

由此來說，嚴復作為斯賓塞個人主義的擁護者和辯護者，是比較清楚的。但是，史華慈卻作出了嚴復誤解斯賓塞的結論，說嚴復從斯賓塞「社會有機體」理論中得出的是個人要把社會和國家放在首位的觀念㉒，這是非常遺憾的。

當然，嚴復在個人與社會、國家的關係上，前後確實存在有不一貫之處。面對社會和國家的迫切危機，他有時又耐不下心，急於通過把「社會」和「國家」放在首位來扭轉不可收拾的時局。如他把個人自由同國家自由對立起來，要求優先考慮後者：「特觀吾國今處之形，則小己自由，尚非所急，而所以袪異族之侵橫，求有立於天地之間，斯真刻不容緩之事。故所急者，乃國群自由，非小己

---

⑳　嚴復：〈天演進化論〉，《嚴復集》，第二冊，頁三一五。

㉑　同⑳。

㉒　參見史華慈：《尋求富強：嚴復與西方》，頁五一～五二。

自由也。」❷而且，我們知道，嚴復把是否善於「合群」看成是在激烈競爭中能否立於不敗之地的關鍵，而「合群」與「個人優先」是不容易協調的。在個人同社會利益發生衝突之際，他曾說「己輕群重」，要求「捨己為群」❷等等，這無疑給他所介紹和擁護的斯賓塞的「個人主義」增加了複雜的色彩。這種複雜性，不只是嚴復思想中所特有的現象，事實上，在中國近代以來不少人物的思想中，都程度不同地具有這種複雜性。如梁啟超，一方面大力宣揚「個人主義」，提升個人的地位和價值，另一方面，又認為中國人需要增加「合群」意識，倡導「國家主義」，其不協調性有甚於嚴復。❷

二、論「變法」和「智、德、力」

前面在考察嚴復的進化論時，我們已經看到，他決不是只吸取了斯賓塞的「任天為治」、「自然選擇」、「適者生存」的「自然主義」，他同時容攝了赫胥黎的「與天爭勝」、「人為」的「主體性」觀念。如果說前者給我們提供的是「危機意識」，那麼後者則是為擺脫危機而給我們指出的路。現在我們要討論的嚴復的「變法」和「智、德、力」觀念，就是他的「與天爭勝」「主體性」要求的具體落實。

說到「變法」，我們並不陌生。來自自身經驗的「變法」，在中國歷史上不乏其例。近代中國的「變法」，是在外來勢力的直接刺激下發生的，作為一種思潮，它在十九世紀七、八十年代的洋務派

---

❷　嚴復：〈《法意》按語〉，《嚴復集》，第四冊，頁九八一。

❷　參見《天演論》，頁三二；《嚴復集》，第二冊，頁三六〇。

❷　參見梁啟超：〈新民說〉。

知識分子群體中就已興起，而九十年代的「變法」觀念和實踐，可以說是七、八十年代「變法」訴求的繼續和深化。與康梁一樣，嚴復是中國九十年代積極主張「變法」的核心人物之一，當然，他們對「變法」所作的設計並不相同。

如同中國歷史上任何一次「變法」都會遇到保守主義的挑戰從而必須為其提供合法性（或合理性）辯護一樣，中國近代「變法」也不得不回應頑固保守派對「變法」的非難。在主張「變法」的許多知識分子看來，「變法」不僅是「法」本身的局限性使然，而且也是中國近代歷史發展的必然。嚴復對「變法」的合理性論證，大體上也主要是這兩方面。在嚴復看來，中國近代的危難時局，是世界統一化的必然結果。要適應這種統一，並在此獲得生存權，就必須改變舊有的政令和制度：

> 運會所趨，豈斯人所能為力。天下大勢，既已日趨混同，中國民生，既已日形狹隘，而此日之人心世道，真成否極之秋，則窮變通久之圖，天已諄諄然命之矣。繼自今，中法之必變，變之而必強，昭昭更無疑義，此可知者也。至變於誰氏之手，強為何種之邦，或成五裂四分，抑或業歸一姓，此不可知也。吾與客茫茫大海，飄飄兩萍，委心任運可耳，又何必容心於鼠肝蟲臂，而為不祥之金也哉！ ❷⑥

在此，嚴復對「變法」完全持一種極其樂觀主義的態度，把「變法」同「富強」直接地對應起來，司馬遷的「物窮則變，變則通，通則久」作為一種名言也被嚴復徵引了過來，但是如果不變法，就有亡

---

❷⑥　嚴復：〈救亡決論〉，《嚴復集》，第一冊，頁五〇。

種亡國的危險:「世法不變,將有滅種之禍,不僅亡國而已。」❷因此,嚴復堅定不移地要求「變法」。

「變法」既來自中國近代歷史的內在必然性,同時從「法」本身的特性來說,「變法」也有其合理的根據。在嚴復的意識中,作為政治措施和制度的「法」都是相對的,這種相對性一方面表現在凡「法」皆有其弊:「自古無無弊之法。」❷另一方面表現在它是某種歷史條件下的產物:法「蓋古之聖賢人,相一時之宜,本不變之道,制為可變之法,以處其群之相生養、相保持而已。是以質文相代,自三代而已然。」❷因此任何「法」都不能一勞永逸地適應於一切時代和歷史時期。一旦時過境遷,物移俗變,當「法」變得不能適應時代的狀況時,自然就應加以改變。但是,中國近代之所以被動挨打,一挫再挫,根本原因就是因為,「法既弊而不知其變也。」❸在這一點上,西方恰恰同中國形成了鮮明的對比,嚴復說:「外國窮而知通,故能與世推移,而有以長存。」❸

但是,在傳統的觀念中,先人和祖宗創制的「法」,往往被視之為「神聖」,好古而忽今,並以此作為抵制對抗改革者的根據之一。對此,嚴復認為,對於歷史的經驗我們無疑應加以借鑒,把它作為預測未來的寶貴財富。但是,我們不能認為凡事必須依據已有的「成法」:

---

❷ 嚴復:〈有如三保〉,同❷書,頁七六。

❷ 《〈原富〉按語》,《嚴復集》,第四冊,頁八八三。

❷ 〈擬上皇帝書〉,《嚴復集》,第一冊,頁六三。

❸ 同❷。

❸ 同❷。

> 夫稽古之事，固自不可為非。然察往事而以知來者，如孟子
> 求故之說可也。必謂事事必古之從，又常以不及古為恨，則
> 謬矣！ **❸**

原因是，歷史總是在不斷變遷，古人不能知曉未來沒有經歷的現實，
也不能對此作出正確的安排。嚴復分析說：「夫五千年世界，周秦
人所閱歷者二千餘年，而我與若皆倍之。以我輩閱歷之深，乃事事
稽諸古人之淺，非所謂適得其反耶！世變日極，一事之來，不特為
祖宗所不及知，且為聖智所不及料，而君不自運其心思耳目，以為
當境之應付，圓柄方鑿鮮不敗者矣！」 **❸**

　　對「變法」的反對，不僅來自唯「古」是從的觀念，而且還來
自對「道」的維護動機。董仲舒的「天不變，地不變，道亦不變」，
把自然「天地」和「道」作為永恒不變的對象加以敬仰，把「可變
性」嚴格限制在「法」的範圍之內。但是，這種觀念受到了近代維
新派人士的挑戰。譚嗣同從「道器」的聯繫中，在一定程度上把「可
變性」也賦予給了「道」。 從一般意義上看，嚴復也是肯定「道」
的「不變性」。但是，他與董仲舒仍有很大的差別。一是，他認為，
自然的「天地」是變的，他舉了很多例子來論證這一點。二是，儒
家所說的「道」並非永恒不變之「道」：

> 若非君臣之相治，刑禮之為防，政俗之所成，文字之所教，
> 吾儒所號為治道人道，尊天柱而立地維者，皆譬諸夏葛冬裘，
> 因時為制，目為不變，去道遠矣！第變者甚漸極微，固習拘

❸　嚴復：〈擬上皇帝書〉，《嚴復集》，第一冊，頁五一。
❸　同上書，頁五一～五二。

虛，未由得覺，遂忘其變，信為恒然，更不能與時推移，進
而彌上；甚且生今反古，則古昔而稱先王，有若古之治斷非
後世之治所可及者，而不知其事實也。❸

既然儒道之「道」，非「道」，那麼它就是可以改變的。嚴復在這裏
實際上是打破了儒家之「道」不可變的神聖偶像。對嚴復來說，只
有真正的「道」才具有不變的特性，這就是自然科學和社會領域的
「公理」和「法則」：

> 天變地變，所不變者，獨道而已。雖然，道固有其不變者，
> 又非俗儒之所謂道也。請言不變之道：有實而無夫處者宇，
> 有長而無本剽者宙；三角所區，必齊兩矩；五點布位，定一
> 割錐，此自無始來不變者也。兩間內質，無有成虧；六合中
> 力，不經增減，此自造物來不變者也。能自存者資長於外物，
> 能遺種者必愛護其所生。必為我自由，而後有以厚生進化；
> 必兼愛克己，而後有所和群利安，此自有生物生人來不變者
> 也。此所以為不變之道也。❸

「法」（乃至儒家之「道」）既然要因時而「變」，下面的問題

---

❸ 同❸書，頁五一。但是，嚴復在這一點上，是不嚴格的，他在〈擬上
　皇帝書〉書中，所說的「道」似乎又回到了儒家之道中：「蓋道者，
　有國有民所莫能外。自皇古以迄今日，由中國以訖五洲，但使有群，
　則其不有其相為相養，相為保持之事。則仁義、忠信、公平、廉恥之
　實，必行於其間。否則其群立散，種亦浸滅。」（《嚴復集》，第一冊，
　頁六三）

❸ 同❸書，頁五〇～五一。

就是如何「變法」。 嚴復是一位穩健的「變法」論者，對他來說，
頑固的守舊、不知變通固然要反對，但激進的革命和破壞，亦極其
有害。因為一個社會和國家的衰敗決非一時的結果，它是長期積累
所形成的，要加以改變也只能通過漸進的、適中的改革過程，試圖
一下子以劇烈的方式和手段創造「奇蹟」，只會是事與願違，「欲速
則不達」。嚴復說：「蓋風俗民德之衰，非一朝一夕之故。及其既弊，
亦非一手足之烈，所能挽而復之於其初也。……敵國強鄰，鷹攫虎
視，己之國勢，火屋漏舟，而由弱轉強，由愚轉智，由瓦解土崩而
為專心壹志者，又實無速成之術。」❸嚴復這種通過改良而達到富強
的「漸進式」改革設計，與孫中山等以「革命」和「破壞」實現理
想的這種激進式設計形成了尖銳的對立。在嚴復的意識中，我們的
問題如此嚴重，只能耐心地循序慢慢地改變。但是孫中山想的是「俟
河之清，人壽幾何」， 必須大刀闊斧。但是，可悲的是，無論是嚴
復的「漸進式」改革，還是孫中山的「激進式」革命，在中國都走
不通，都沒有為中國帶來富強。思考這一歷史，無論是批評改良，
還是要「告別革命」，都是「隔靴搔癢」。也許要用嚴復的邏輯來解
釋，即「在劫難逃」。

嚴復反對「激進式」變革的另一個理由是，這種方式不能處理
好「新」與「舊」的關係。革命或破壞走的是極端的道路，它為了
破「舊法」確立起新「法」， 往往連舊有的仍然有效的「善法」也

---

❸　嚴復：〈《社會通詮》按語〉，《嚴復集》，第四冊，頁九五八。當然，
　　嚴復也指出改革之際，很難完全做到恰到好處，出現過偏亦不必大驚
　　小怪：「進步之境，以翻變為先驅而變矣，又安得以無過如鐘擺然，
　　其一動而協於中點者。宇內絕無之事。今日欲求其進，固當耐得過
　　中。」〈與曹典球書〉，《嚴復集》，第三冊，頁五六〇）

拋棄了。他說：「改革之頃，破壞非難也，號召新力亦非難也，難在乎平亭古法舊俗，知何者之當革，不改則進步難圖；又知何者之當因，不因則由變得亂。一善制之立，一美俗之成，動千百年後有，奈之何棄其所故有，而昧昧於來者之不可知耶！」❸ 對嚴復來說，變法的難點在於，去舊弊，並能把舊者中的「善法」保留下來。為此，他定出了理想的模式：「必將闊視遠想，統新故而視其通，苞中外而計其全，而後得之，其為事之難如此。」❸ 的確，要像嚴復所說的這樣去變法，實在難乎其難。

　　按照洋務派的「變法」模式，吸取西方的工商等技術就能改變中國的落後狀態。但是，對嚴復來說，這只是應急的「治標」之法。在面對著亡國、亡種、亡教的危機關頭，採取緊急措施，無疑是必要的。但是，要謀求中國的持久富強，就必須進行根本性的「變法」，即「治本」。 這個本，就是嚴復一生所念念不忘的「民智、民德、民力」的改變。嚴復說：

　　　　及今而圖富強，非標本並治焉固不可也。不為其標，則無以救目前之潰敗；不為其本，則雖治其標，而不久則將自廢。標者何？收大權、練軍實，如俄國所為是已。至於其本，則亦民智、民力、民德三者加之意而已。❸

正如「本」所意味的那樣，嚴復把中國富強的希望完全放在民眾「智、德、力」的增強上。他認為，中國社會和國家衰敗的根本原因就是

❸　嚴復：〈憲法大義〉，《嚴復集》，第二冊，頁二四六。
❸　嚴復：〈與《外交報》主人書〉，《嚴復集》，第三冊，頁五六〇。
❸　嚴復：〈原強〉，《嚴復集》，第一冊，頁一四。

「民智已下矣，民德已衰矣，民力已困矣。」❹在嚴復那裏，有一個非常引人注目的論式，即「今之道」（「新法」）與「今之俗」（民眾智德力的低下）的不相容性。只要具有開放的視野，誰會否定西方「新法」的優越性呢？誰會不希望它們也在中國生根結果呢？但問題是，西方「新法」是從西方歷史經驗中成長起來的，它具有適合的土壤。如果我們要把它移植到中國，那也必須為它提供所需要的基礎，否則，「新法」不但不能為中國帶來新機，甚至有可能變成禍害。在這一點上，嚴復一次又一次給我們留下了話語：

> 西洋至美之制，以富強之機，而遍地弗良，若存若亡，輒有淮橘為枳之嘆。❹

> 善政如草木，置其地而能發生滋大者，必其天地人三者與之合也，否則立枯而已。❹

> 同一法也，施之於彼時而利生，出於此時而有害著，其見於歷史者眾矣。❹

> 民主者，天下至精之制也。然欲其制之有立而長久，必其時上下之民德，足以副之。❹

---

❹　同❸書，頁一三。
❹　同❸書，頁一五。
❹　同❸書，頁一三。
❹　嚴復：《《法意》按語》，《嚴復集》，第四冊，頁一〇二四。
❹　同❹書，頁九六五。

從某種意義上說（如局部性變法），嚴復的這種思路並不錯。但中國需要的實際上是全方位的「變法」，這樣，民眾智、德、力的改善與採取「新法」，就不僅僅是後者依賴於前者的問題，同時也有前者得益於後者的關係。換言之，我們如何去改善民眾的智、德、力呢？這不恰恰就需要「新法」的實施嗎？如我們要提高民眾的智慧，我們就不得不改變以「四書」、「五經」為中心的科舉考試制度，把自然和社會科學放在教育和學習的重要位置上；我們要提升民眾的道德水準，我們就不得不吸取一些新的道德價值觀念。因此，我們可以說，「新法」成長的條件同「新法」本身，實際上是一種相互依存的關係，而嚴復所看到的只是一個側面。只注重這一側面，使嚴復對「新法」的相對性作了太多的強調，降低了它的自主性和能動性作用，同時也使他有時變得過分保守。嚴復的這種觀念，很容易被人用來抵制「新法」的推行。回顧一下中國近代以來的改革，那些被拒斥的在西方成長起來的一些「新法」（如政治自由和民主），往往都是以不合中國「國情」為根據的。其實並非真的不合。「現代性」的最根本特性，是「普適性」或「普遍性」理念的廣泛落實。一個國家的現代性程度，取決於理念的「普遍化」程度。注意不同國家現代化比較的話，就會發現，越是強調「特殊性」或「國情」的國家，現代化的進程就越艱難、越緩慢。顯然，中國就是這樣的國家之一，它的多災多難在很大程度上正是根源於此。

第九章　文化翻譯

　　如同任何歷史人物一樣，說到嚴復，人們自然也能聯想起很多。但是，在他的全部活動和所從事的事業中，能代表他的「鮮明個性」、可稱之為「象徵」之一的，就應是他對西方文化的翻譯了。嚴復在此投入了最多的精神資源，這也為他贏得了不朽的聲譽。當然，這不等於說，嚴復的文化翻譯十全十美。如果說，他的文化翻譯最引人注目，那麼，也可以說，正是在他的這一方面上人們的意見最為相左。

一、翻譯境界

　　中國對外來文化的翻譯由來已久，這首先會使我們想到漢唐對印度佛教的翻譯。對西方文化的翻譯，主要開始於明清之際，以西方傳教士來華為契機。但這一時期對西方文化的翻譯，主要集中在自然科學和基督教方面，與社會科學有關的著作甚少。人們熟知的《名理探》，非常難得。此書對術語的翻譯，採用了兩種方式，一是音譯，一是意譯。前者如「第亞勒第加」，音譯西語"dialectic"；「絡日伽」，音譯西語"logic"。後者如「推理」，意譯西語"reasoning"；「語言」，意譯西語"language"；「文法」，意譯西語"grammar"等。

由於諸種原因，在清末系統輸入西方邏輯學之前，此書沒有受到應有的重視。

十九世紀中葉之後，在西方的壓力下，中國被迫開國，面向西方，開始謀求富國強兵之道，即所說的洋務運動。其重要內容之一就是翻譯西學書籍。但是，通觀這一時期的譯書，幾乎完全是在科學技術方面，以「江南製造局翻譯館」為例，此館從 1868 年開設到 1880 年間，共譯書一四○餘部（已刊九八部，未刊四五部），計三七七本（已刊二三五本，未刊一四二本），基本上都是科技書籍，只有國史和交涉公法（共七部）與社會科學有點關係❶。其它一些譯書學館（如京師同文館、船政學堂等）和翻譯機構（如強學書局、南洋公學譯書院等），也大同小異。之所以如此，與當時人們對西方的認識（「船堅砲利」）和文化選擇（「中體西用」）相關，正如梁啟超所說：「中國官局舊譯之書，兵學幾居其半。中國素未與西人相接，其相接者兵而已。於是震動於其屢敗之烈，怳然之西人之兵法為可懼，謂彼人之所以罵我者兵而已，吾但能師此長技，他不足敵也。故其所譯，專以兵為主，其間及算學電學化學水學諸門者，則皆將資以製造，以為強兵之用。」❷又說：「蓋當時之人，絕不承認歐美人除能製造能測量能駕馭能操練之外，更有其他學問，而在譯出西書中求之，亦確無他種學問可見。」❸即使在梁主辦《時務

---

❶　參閱傅蘭雅《江南製造總局翻譯西書事略》，《翻譯論集》，商務印書館，1984 年版，頁二二四～二二六。

❷　梁啟超：《變法通義‧譯書》，光緒二十三年四月二十一日《時務報》，第二十七冊。

❸　梁啟超：《清代學術概論》二十九，《梁啟超論清學史二種》，復旦大學出版社，1985 年版，頁七九。

報》（1896年至1989年）期間，已認識到中國此前譯書的片面性，但他的《時務報》所登載的譯文，與社會科學基本上也沒有什麼關係，就像「時務」所意味的那樣，一直是翻譯東（日本）西（歐洲）報章上有關時事的文字。正是由於社會科學書籍的翻譯還處在不被注意的狀態中，因而社科術語的翻譯問題自然也不重要。如同王國維在〈新學語之輸入〉一文中所說：「十年以前，西洋學術之輸入，限於形而下學之方面，故雖有新字新語，於文學上尚未有顯著之影響。」❹

　　但是，這種情形在中日甲午戰爭之後，開始被逐漸扭轉，其開拓性人物就是嚴復。1895年，他先後在《直報》上發表了〈論世變之亟〉、〈原強〉、〈闢韓〉和〈救亡決論〉等振耳發聵的文章，文中已對西方的新學說和術語有所介紹。據認為，最遲在同年，嚴復也開始了《天演論》一書的翻譯❺。1896年10月，嚴復在給梁啟超的信中說：「拙譯《天演論》，僅將原稿寄去」，由此可知譯稿此時已經脫手❻。此書正式出版於1898年。之後對西方文化的翻譯，就成為嚴復精神生活中一項至關重要的追求。

　　不言而喻，翻譯是把一種語言變成另一種語言的活動。但這並不容易。不同的語言代表著不同的文化、歷史、社會和種種事物。如同現代哲學家金岳霖所認為的那樣，語言不僅有意義，而且有情味。在自然科學領域中，主要是意義問題，在社會和人文領域，除

---

❹　《海寧王靜安先生遺書》，第十四冊，上海商務印書館，1940年石印本。

❺　王栻：《嚴復與嚴譯名著》，《論嚴復與嚴譯名著》，商務印書館1982年版，頁五。

❻　《嚴復集》，第四冊，中華書局，1986年版，頁五一五。

了意義外，還有情味問題。因此，與自然科學的翻譯有明顯的不同，社會和人文學科的翻譯，不僅要傳達一種語言的意義，同時也要表現它所具有的豐富的情感，而這卻是一件極其困難的事❼。這就要求翻譯者既要深通外文，又要具有本國文學的良好修養。

　　就嚴復而論，他是具備這兩方面條件的。但是，即便如此，他也深感文化翻譯的困難性。因為他為文化翻譯提出了一種很高的標準，也可以說是一種所要達到的理想境界。這就是他提出的人們所熟悉的「信、達、雅」標準❽。嚴復說：

　　　　譯事三難：信、達、雅。求其信已大難矣，顧信矣不達，雖譯猶不譯也，則達尚焉。❾

信指真實、可靠；達謂通順、明瞭；雅謂文辭優美。在嚴復看來，翻譯的這三條目標，其實也就是中國傳統中所強調的為「文」所追求的理想：

　　　　《易》曰：修辭立誠。子曰：辭達而已。又曰：言之無文，行之不遠。三者乃文章正規，亦即為譯事之楷模。故信、達而外，求其爾雅。❿

---

❼　參見金岳霖：《知識論》，商務印書館，1983年，頁八〇九～八二四。

❽　錢鍾書指出，信達雅三字在支謙〈法句經序〉中出現了，這是一個事實。但這裏還沒有明確地把它們確立為翻譯的三條目標。

❾　嚴復：〈天演論·譯例言〉。

❿　同❾。

嚴復提出這三條高的標準，固然是他所追求的翻譯理想，同時也是他針對當時翻譯界的弊病有感而發：「海通以來，象寄之才，隨地多有，而任取一書，責其能與斯二者，則已寡矣。其故在淺嘗，一也；偏至，二也；辨之者少，三也。」⓫他要改變這種狀況，他要在翻譯領域中樹立起一個典範。那麼，他做的究竟如何呢？

二、翻譯活動

嚴復一生所譯書籍，共有十一種。按王栻的統計，總字數大約為一百七十萬字。這個數量，有人說多，有人說少，這可以不管。我們關心的問題是，他的翻譯是否合乎他所說的標準。

通觀嚴復的翻譯，他採取的譯法，既有偏重意譯的，也有偏重直譯的。前者如《天演論》。在《天演論・譯例言》中，嚴復說：「西文句法，少者二三字，多者數十百言。假令仿此為譯，則恐必不可通，而刪消取徑，又恐意義有漏。此在譯者將全文神理融會於心，則下筆抒詞，自善互備。至原文詞理本深，難於共喻，則當前後引襯，以顯其義。凡此經營，皆以為達，為達即所以為信也。」照嚴復這裏所說，他是為了求達求信而採取意譯的。偏重直譯的，如《原富》。他說：「是譯與《天演論》不同，下筆之頃，雖於全節文理不能不融會貫通為之，然於辭義之間無所顛倒附益。」⓬其它幾部譯著，大體上也是或偏重意譯，或偏重直譯。

正如人家閱讀嚴復的譯著所感受到的那樣，他的語言風格完全是古典式的。之所以會這樣，是嚴復有意識追求的結果。對他來說，

⓫　同上。

⓬　嚴復：《〈原富〉譯事例言》。

學理之書，不能出於時下「俚俗」之語，最好是使用漢代以前的古典語言。他強調，這並非是為了好古鈞奇，而是因為前者難以求「達」， 而後者則容易些。嚴復對古典語言的這種喜好，因吳汝綸的鼓勵而更為執著。我們知道，吳曾師從曾國藩，在文章的風格上，他們同屬於「桐城派」。「桐城派」作為一種「散文」流派，其代表人物為方苞(1668–1749)、劉大櫆(1698–1779)和姚鼐(1732–1815)。他們推重《左傳》、《史記》等先秦兩漢的散文和唐宋古文大家韓愈、歐陽修等人的作品，以他們的文章為典範，追求語言的「雅潔」，要求遠離「小說」等各種俚詞、卑語❸，並提出了衡量文章和為文目標的「義法」。為了達到古文的神妙和韻味，「桐城派」重視「評點」之學，把它看成是求得「古文」境界的方便法門❹。儘管「桐城派」前後受到了強有力的挑戰，而且在晚清已經走向式微，但是，在清代文學中它無疑占有顯赫的地位。

說起來，嚴復同此派並沒有嚴格的師承傳授關係，但他卻可以說是晚清「桐城文」的最後一位健將。在這裏面，吳汝綸對他的影響顯然是不可忽視的。他把吳汝綸既看成是他的朋友，又奉之為他的老師（「平生風義兼師友」）。吳的「桐城派」氣質，在有意與無意之中就傳給了他。加之他本來就對「文章之道」有一種特別的情感，他與「古文」的親和也是發自內在之性情。如上所說，「桐城派」重視對古典文本的「評點」，希望通過這種訓練以求得與古文精神義旨的契合。嚴復對古典的研究方式，與此完全一致。他不作煩

---

❸ 吳仲倫〈初月樓古文緒論〉載：「古文之體忌小說，忌語錄，忌詩話，忌時文，忌尺牘，此五者不去，非古文也。」 轉引自郭紹虞《中國文學批評史》，上海古籍出版社，1979年版，頁六三九。

❹ 參見同❸書，頁六六六。

瑣性的考證和注解，而重在對古文妙趣的神悟和總體把握。他總共
評點過四部書：《〈老子〉評語》、《〈莊子〉評語》、《〈王荊公詩〉評
語》和《〈古文辭類纂〉評語》等。對「桐城派」來說，這四部書都
是能培養「古文之道」的範本，而嚴復對這四部典籍的閱讀方式，
與「桐城派」的義旨，若合符節。在「桐城派」那裏，「文章之道」
不僅要「鬱鬱乎文」、言詞稱得上「雅潔」，而且要「真實」有物。
嚴復所欲達到的也是這種目標。對他來說，「文章」本身的真實和
美，就是它的價值，一旦使它成為其它東西的手段，它的生命也就
不存在了。如「詩」本無實用，這正是其可貴之處。如果硬要使它
有用，「詩」之真性即蕩然無存❶。他區分「學」與「術」，認為不
能把「文章」當成「戈聲稱、網利祿」之術，而應視之為本身就是
目的「學」：「以得之為至娛，而無暇外慕，是為王者也，相欣無窮
者也。」❶在這種觀念支配下，嚴復對以「功利」為目的的「詞章」
之學作了尖銳的批評：

> 中土不幸，其學最尚詞章，致學者習與性成，日增惛慢。又
> 況以利祿聲華為準的，苟務悅人，何須理實。❶

以這樣的「文章之道」為指導，嚴復譯書，非常講究語言文字的「雅
潔」和「信實」。 當他把他的第一部重要譯著《天演論》呈示給吳
汝綸時，吳對嚴復譯文的讚賞無以復加：

---

❶　參見嚴復：〈詩廬說〉，引自周振甫《嚴復詩文選》，人民文學出版社，
　　1959年版，頁二九二～二九三。
❶　嚴復：〈涵芬樓古今文鈔〉，《嚴復集》，第二冊，頁二七五。
❶　嚴復：〈救亡決論〉，《嚴復集》，第一冊，頁四五。

自吾國之譯西書，未有能及於嚴子者也，……文如幾道，可
與言譯書也。❽

吳對嚴復「文章」的衡量標準，就是他所師承的「桐城派」的「義
法」：「凡吾聖賢之教，上者，道勝而文至，其次，道稍卑矣，而文
猶足以久；獨文之不足，斯其道不能以徒存。六藝尚已！」❾照這一
標準，吳認為，嚴復的譯文完全可以同先秦諸子之文相媲美：「嚴
子一文之，而其書駸駸與晚周諸子相上下，然則文顧不重耶？」❷
「與晚周諸子相上下之書。」㉑面對「桐城派」的日趨衰落，面對「時
文、公牘、說部」的充斥，吳憂慮不已：

吾則以謂今西書之流入中國，適當吾文學靡敝之時，士大夫
相矜尚以為學者，時文耳、公牘耳、說部耳！舍此三者，幾
無所為書。而是三者，固不足與文學之事。今西書雖多新學，
顧吾之士以其時文、公牘、說部之詞譯而傳之，有識者，方
鄙夷而不知顧，民智之淪何由？此無他，文不足焉故也。㉒

嚴復的譯文，使吳看到了一種希望，對他來說大有空谷足音、諸子
復生之感。當然，吳也意識到，嚴復之「文」在現實中的孤立性，
他擔心嚴復會受到冷遇。但是，他認為真正有價值的「文章」，是

---

❽　吳汝綸：〈天演論序〉。

❾　同❽。

❷　同❽。

㉑　同❽。

㉒　同❽。

能經得起時間考驗的，最終會得到人們的承認。

對於吳汝綸的表彰，嚴復自然是高興的，他覺得他遇到了真正的「知音」。但嚴復並沒有因此而得意忘形，他以謙虛的口氣這樣說：「復於文章一道，心知好之，雖甘食耆色之殷，殆無以過。不幸晚學無師，致過壯無成。雖蒙先生獎誘拂拭，而如精力既衰何，假令早邁十年，豈止如此。」❷❸嚴復與吳汝綸的這種論學之誼，在嚴復的心靈中打下了深深的印記，當吳汝綸逝世時，嚴復為他失去了這位「知音」而悲痛萬分：「嗚呼！惠施去而莊周忘質，伯牙死而鍾期絕琴，自今以往，世復有能序吾書者也！」❷❹

但是，嚴復「古雅」的「文字」，所得到的並不是都像吳汝綸那樣的稱道。梁啟超最早提出疑義。他承認嚴復的譯文，確實「雅馴」。然而，這並不利於文化的傳播，對他來說，通俗易懂更為重要，為此他認為應發生一次文學上的「革命」。梁在介紹嚴譯《原富》時這樣說：「其文筆太務淵雅，刻意摹仿先秦文體，非多讀古書之人，一繙殆難索解。夫文界之宜革命久矣。歐美、日本諸國文體之變化，常與其文明程度成正比。況此等學理之書，非以流暢銳達之筆行之，安能使學僮受其益乎？著譯之業，將以播文明思想於國民也，非為藏山不朽之名譽也。文人結習，吾不能為賢者諱矣。」❷❺但是，嚴復完全不能接受梁啟超的意見。對他來說，學理之書不能出以通俗之詞：「竊以為文辭者，載理想之羽翼，而以達情感之音聲也。是故理之精者不能載以粗獷之詞，而情之正者不可達以鄙倍之氣。」❷❻如果

---

❷❸　嚴復：〈與吳汝綸書〉，《嚴復集》，第三冊，頁五二二～五二三。

❷❹　嚴復：《群學肄言》譯餘贅語》，《嚴復集》，第一冊，頁127。

❷❺　梁啟超：〈介紹新著・原富〉，《新民叢報》，第一號，光緒二十八年。

❷❻　嚴復：〈與梁啟超書〉，《嚴復集》，第三冊，頁五一六。

為了使那些學識淺薄之人都能理解，而求通俗，嚴復說這是對文學的凌遲，決不是革命。而他譯書的目的決不是為這些人，而是為了多讀古書之人：「不佞之所從事者，學理邃賾之書也，非以餉學僮而望受益也，吾譯正以待多讀中國古書之人。」㉗最後，嚴強調，他不是有意去求雅，而是為文之道不得不如此，故即便讀者再少，也不會去迎合世人的口味：「聲之眇者不可同於眾人之耳，形之美者不可混於世俗之目，辭之衍者不可回於庸夫之聽。非不欲其喻諸人人也，勢不可耳。」㉘「有求於世，即啼笑皆非。此吳摯甫所以勸復不宜於並世中求知己。」㉙對於嚴復和梁啟超的爭論，黃遵憲(1848-1905) 並沒有簡單採取非此即彼的態度。他認為《名學》一書，用艱深之文是恰當的，但《原富》一書，也許可以使用人們容易理解的通俗之文。不過，黃對嚴梁之爭，更傾向於梁啟超些。他對語言的變遷作了積極的肯定：「公以為文界無革命。弟以為無革命而有維新，如《四十二章經》，舊體也。自鳩摩羅什輩出，而內典別成文體，佛教益盛行矣。本朝之文書，元明以後之演義，皆舊體所無也，而人人遵用之而樂觀之。文字一道，至於人人遵用之而樂觀之足矣。凡僕所言，皆公所優為。」㉚

之後人們對嚴譯文字從文學角度的評價，一直不斷。盡管在應不應該使用通俗語言問題上，仍存在著爭論。但是，比較一致的是㉛，人們基本上都肯定，他的譯文的確達到了「雅」。 我們可以

㉗　同㉖書，頁五一六～五一七。
㉘　同㉖書，頁五一七。
㉙　嚴復：〈與張元濟書〉，同上書，頁五三五。
㉚　黃遵憲：〈與嚴復書〉，《嚴復集》，第五冊，頁一五七三。
㉛　當然也有像章太炎這樣的例外。他說：「就實論之，嚴氏固知小學而

通過幾個例子看看。蔡元培(1868–1940)評論說：「他的譯文，又很雅馴，給那時候的學者，都很讀得下去。」❷胡適(1891–1962)說：「嚴復的譯書，有幾種⋯⋯在古文學史也應該占一個很高的地位。」❸馮友蘭(1895–1990)也評論道：「在嚴復的譯文中，斯賓塞、穆勒等人的現代英文卻變成了最典雅的古文，讀起來就像是讀《墨子》、《荀子》一樣。中國人有個傳統是敬重好文章，嚴復那時候的人更有這樣的迷信，就是任何思想，只要能用古文表達出來，這個事實的本身就像中國經典的本身一樣地有價值。」❹

對嚴復譯文爭論比較大的，是「信、達」方面。一種觀點認為，嚴復譯文沒有做到他所承諾的「信、達」。如傅斯年和張君勱(1887–1969)即這樣看❺。與此相對立，胡先驌和賀麟肯定嚴復基本上做到了「信、達」❻。這種對立的觀點，現在仍然存在著。美國學者史華慈堅持認為，嚴復的譯文對原作者的思想作了很大的修

於周秦兩漢唐宋儒先之文史，能得其句讀矣。然相其文質，於聲音節奏之間，猶未離於貼括。申夭之態，回復之詞，載飛載鳴，情狀可見，蓋俯仰於桐城之道左而未趨其庭廡也。」(〈《社會通詮》商兌〉，《章太炎全集》，卷四，上海人民出版社，1985年，頁三二三)

❸ 蔡元培：〈五十年來中國之哲學〉，《蔡元培全集》，第四卷，中華書局，1984年版，頁三五一。

❸ 胡適：〈五十年來中國之文學〉，載申報館《最近之五十年》，1923年。

❸ 馮友蘭：《中國哲學簡史》，北京大學出版社，1985年版，頁三七四。

❸ 參見傅斯年：〈譯書感言〉，《新潮》一卷三號，1919年；張君勱：〈嚴氏復輸入之四大哲學家學說及西洋哲學之變遷〉，申報館《最近之五十年。

❸ 參見胡先驌〈評胡適五十年來中國之文學〉，《學衡》，第十八期，1923年；賀麟：〈嚴復的翻譯〉，《論嚴復與嚴譯名著》，商務印書館，1982年版。

正，甚至歪曲。他的觀點影響頗大。但也受到了新的挑戰，如汪榮祖和李強對史華慈的回應都相當有力❸。從全方位來看，正如任何譯者都不敢說，他的譯文都「準確無誤」一樣，嚴復的譯文也確有失信的一面，特別是在有的譯著中，他對原文所作的刪消處理，違背了忠實性的原則。但不能因此而否定他的「信達」方面。事實上，他的譯著基本上做到了「信達」。

三、譯名及其命運

與我們現在翻譯西方社科學術著作的條件不同，在嚴復的時代，不僅專門的工具書缺乏，就是一般的工具書也不足。嚴復翻譯所遇到的一個主要困難是，大部分西方社科術語沒有現成的譯法。特別是，他翻譯的著作，又不限於某一學科，而是廣泛涉及到哲學、經濟學、社會學和法學等許多學科，有很多內容又是中國舊學聞所未聞。因而更增加了術語翻譯的難度。對他來說，一切都得從頭開始。俗語曰：「萬事開頭難」。其篳路藍縷之苦非親自體驗，難以深知。嚴復說：「新理踵出，名目紛繁，索之中文，渺不可得，即有牽合，終嫌參差。譯者遇此，獨有自具衡量，即義定名。」❸為了定下一名一詞，他往往要花費半月甚至一個月的時間去推敲和思考：「一名之立，旬月踟躕」。

嚴復譯書的一個重要特點，是在書中加上「按語」（共幾百條，約十七萬字，占總譯字數的十分之一）。這些「按語」，提綱挈領，

---

❸　參見汪榮祖：〈嚴復的翻譯〉，載《中國文化》，第九期；李強：〈嚴復與中國近代思想的轉型〉，香港《中國書評》，第九期，1996年2月。

❸　嚴復：〈天演論・譯例言〉。

疏通義理，對讀者理解本文和瞭解西學，很有幫助。在這些「按語」中，嚴復不時對西學術語，述其意蘊源流，定奪適切漢字。如，《穆勒名學・按語》在談到"logic"的譯法時，嚴考論說：

> 邏輯此翻名學。其名義始於希臘，為邏各斯一轉之根。邏各斯一名兼二義，在心之意、出口之詞皆以此名。引而申之，則為論、為學。故今日泰西諸學，其西名多以羅支結響，羅支即邏輯也。……邏各斯名義最為奧衍。而本學之所稱邏輯者，以如貝根言，是學為一切法之法，一切學之學；明其為體之尊，為用之廣，則變邏各斯為邏輯以名之。學者可以知其學之精深廣大矣。邏輯最初譯本為固陋所及見者，有明季之《名理探》，乃李之藻所譯，近日稅務司譯有《辨學啟蒙》。曰探，曰辨，皆不足與本學之深廣相副。必求其近，姑以名學譯之。蓋中文惟「名」所涵，其奧衍精博與邏各斯字差相若，而學問思辨皆所以求誠、正名之事，不得舍其全而用其偏也。❸⑨

此外，在其它一些文章和給人的書信中，嚴復也對譯名問題多有闡發，強調譯名首先要弄清西學原術語的意義，然後確定相稱的中文詞彙。為了使譯名能夠統一起來，避免混亂，嚴復認為，不管是意譯，還是音譯，對所譯之書，最好都要列出中西名詞對照表，為學者提供查閱之便。有人建議先譯專門字典，嚴復指出，此法無甚益處，因為辭典「義取賅備，故其中多冷字」，在他看來，可隨譯隨定，定後列出一表，互相參考，最後通用，達到一律。

---

❸⑨　《嚴復集》，第四冊，頁一〇二七～一〇二八。

　　從上述來看，嚴復對西學術語的中譯非常慎重，也花費了很多心血。他譯出的術語，主要是意譯，也有少數是音譯。1931 年，商務印書館編輯出版「嚴譯名著叢刊」時，於每冊之後，附有嚴復意譯和音譯的術語及流行的譯名對照表。而意譯者則隨時引出原名詞。1981 年，商務印書館重印此「叢刊」時，譯名對照，統一出以腳注。其中兩冊，依三聯書店 1959 年版本，譯名對照附以書後。根據譯名對照，嚴復親定譯出的有關哲學、經濟學、法學和社會學等學科的重要和普通術語，非常之多。就哲學方面看，主要有：元知 (intuition, 今譯「直覺」)、覺性 (consciousness, 今譯「意識」)、意 (concept, 今譯「概念」)、覺 (percept, 今譯「知覺」)、信 (belief, 今譯「信念」)、理學 (metaphysics, 今譯「形而上學」)、外讖 (denotation, 今譯「外延」)、內籀 (connotation, 今譯「內涵」)、丁格 (thing, 今譯「事物」)、庇音 (being, 今譯「存在」)、感 (sensation, 今譯「感覺」)、比擬 (judgment, 今譯「判斷」)、意宗 (idealism, 今譯「唯心主義」)、名宗 (nominalism, 今譯「唯名論」)、公性 (general substance, 今譯「共性」)、淨宗 (realism, 今譯「唯實主義」)、符驗 (demonstration, 今譯「證明」)、良知 (reason, 今譯「理性」)、求作 (postulate, 今譯「假定」)、推證 (inference, 今譯「推理」)、效實 (actual, 今譯「現實的」)、儲能 (possible, 今譯「可能的」)、宇 (space, 今譯「空間」)、宙 (time, 今譯「時間」)、元知宗 (intuitionism, 今譯「直覺主義」)、歷驗術 (empirical method, 今譯「經驗方法」) 等[40]。這裏除了個別的是音譯外，大都是意譯。就意

---

[40]　嚴復：《與張元濟書》，《嚴復集》，第三冊，頁五二八。在《京師大學堂譯書局章程》中，嚴復兩處專門談到譯名及其統一問題。見《嚴復集》，第一冊，頁一二八、一三一。

譯來說，嚴復的譯名，可以說基本上是緊扣原文之義的。如，他把詞根帶"-lism"後綴的都譯成「宗」，就是如此。這可能是他受了佛教各「宗」之名的影響。

　　然而，令人吃驚的是，嚴復的譯名，撇開普通的不說，即使一些重要的，也大都沒有通行起來，而是被日本所譯術語所取代了。這是何故呢？要回答這一問題，我們有必要了解一下日本對西學的翻譯。

　　日本與西方思想的接觸開始於十六世紀，一方面與南蠻人❹到日有關，另一方面與傳教士有關。最早翻譯的西學著作，是基督教方面的，在西方哲學影響下而寫出的最早著作是《妙貞問答》。但是，由於後來的禁教，長期實行類似於中國的閉關鎖國政策，從而堵塞了日本接觸西學的通道。十八世紀初，新井白石 (1657–1725)的《西洋紀聞》、《採覽異言》，卻是根據對監禁在日本的意大利傳教士西多蒂(G. B. Sidotti, 1668–1715)的審問記錄而寫成的。雖說幕末時期 (十八世紀末至十九世紀中期)，日本與西學開始了較多的接觸，繼蘭學之後的英學、法蘭西學也逐漸興起了，但由於存在著所謂「東洋道德，西洋藝術」和「和魂洋才」的觀念，所注重的只是西學中的自然科學和技術。1868年，以明治維新為轉折點，西方社會科學開始在日本全面傳播。以「明六社」為中心的日本啟蒙知識分子❷，在輸入西方社會科學上，做出了重要的貢獻。到十九世紀

---

❹　從室町(1392–1573年)末期到江戶時代(1600–1867年)，日本人對葡萄牙、西班牙人的稱呼。

❷　「明六社」，日本學術團體。1873年，在森有禮的倡議下成立。出版有《明六雜誌》，其成員幾乎涵蓋了明治初期所有著名知識分子，如福澤諭吉、西周、津田真道、加藤弘之等。1875年解散。

末，西方社會科學領域中的大量重要著作，都被譯成了日文。在這一過程中，術語的翻譯當然是一個基本的環節。

與中國一樣，此時日本所遇到的大量西學術語，除了個別的例外❸，最初都沒有現成的譯法，需要從頭開始。上面提到的「明六社」知識分子，程度不同都具有為譯名而冥思苦想的體驗，並分別在不同社科領域中譯出了許多新詞。如福澤諭吉這位傳輸西學的先知者，在回憶他譯西學術語的經歷時說：「隨著西洋新事物的逐漸傳入而感到缺少用日語表現這些新事物的新詞。開始時，這個那個地從漢文中亂抽一陣，想找出一些相當的字眼，但其結果，當然沒有什麼成效。本來，詞彙只不過是觀念的符號。沒有觀念之形，而想求詞彙之影，這好像叫一個沒有看過雪的印度人作一首詠雪的詩一樣，終究不成。因此，就摹仿古人，也創造了不少新日本所需的新詞。……另外，在我的朋友中，他們創造的新字眼也不少。」❹福澤特別提到為了翻譯英語的"copyright"和"speech"，他是如何創造出「版權」和「演說」這兩個詞的。說到西周 (1829–1897)，他在翻譯西方哲學術語上是很著名的。正是他最早把 "philosophy" 譯成為「哲學」。 其它諸如主觀、客觀、理性、悟性、歸納、演繹、真理、科學等都是由西周首譯並在以後通行起來的譯語。當然，有些術語前後有不同的譯法，是經過選擇才最後固定下來的。如西周曾把"aesthetic"譯為「善美學」、「佳趣論」和「美妙學」，稍後中江

---

❸　載之於此前的西日辭書，如蘭學家稻村三伯編的《波留麻和解》(1796年)、翻譯家本目正榮編的《諳厄利亞語林大成》(1814年)、桂川甫周編的《和蘭字彙》(1855–1858年) 等。

❹　福澤諭吉：〈《福澤諭吉全集》緒言〉，《福澤諭吉自傳》，商務印書館，1980年版，頁二五八～二八六。

兆民(1847-1901)則把它譯成「美學」，取代了西周的譯法。為了譯名統一的需要，專門的辭典也出現了。如井上哲次郎 (1855-1944) 等在 1881 年就編出了《哲學字彙》一書，經過修訂，第二版 (1884 年) 之後，大多數譯語，都定型通用起來⑮。這恰恰為中國人通過日本學習西方提供了方便之門。

本來，中國近代開國是面向西方的，只承認西方有一技之長。但沒有想到一直作為中國學生的日本，明治維新後，在學習西方上捷足先登，突然強盛起來，竟能戰敗中國。這就促使上層官僚和知識分子產生了借鑑日本革新和通過日本學習西學的強烈願望，在這一點上，張之洞、康有為最為典型⑯。於是清政府決定向日本派遣中國留學生，幾年之內，中國大批留學生紛紛湧向日本，他們和流亡日本的仁人志士一起，開始了通過日本學習西學的進程。其中一個重要方式就是譯書。張之洞和梁啟超此前對這一點都有清楚的認識。張在《勸學篇・外篇・廣譯》中指出：「各種西學書之要者，日本皆已譯之。我取徑於東洋，力省效速，則東文之用多。……學西文者，效遲而用博，為少年未仕者計也。譯新書者，功近而效速，為中年已仕者計也。若學東洋文，譯東洋書，則速而又速者也。是故從洋師不如通洋文，譯西書不如譯東書。」梁把譯書作為求得中國富強的首要任務，「苟其處今日之天下，則必以譯書為強國第一義，昭昭然也。」⑰梁承認直接譯西書來學習西學的好處，但是，他認為這太慢，不適應中國變法革新的迫切需要。而通過日本，可以事半

---

⑮ 參見柳父章《翻譯語成立事情》(東京：岩波書店，1989年) 和鈴木修次的《日本漢語與中國》(東京：中公新書，昭和 56 年)。

⑯ 參見張之洞《勸學篇・遊學》和康有為《日本變政考》。

⑰ 梁啟超：《變法通義・譯書》，《時務報》，第二十七冊，光緒二十三年。

功倍。因為，一是日本已與西方並駕齊驅，西學重要之書，大都可以通過日文得到。二是日本距離近，所需資費少。特別是由於日文與中文有淵源關係，日文易學。為了把西學之書譯成中文，向中國人傳播新思想、新觀念，在日中國學人，接二連三地創辦起了各種期刊，興起了中國歷史上又一次空前的譯書熱潮。

譯書的關鍵當然仍是術語，但是，由於日本人譯西學術語，基本上都是意譯，而且使用的是已有的漢文詞彙或用漢字組合的詞彙，這對中國人來說，實在是方便法門，幾乎可以坐享其成。在幾年之中，中國學人就譯出了數以千計的日文書籍和論文，而日本所譯西學術語，也隨之湧進中國。由此產生了日譯術語是否恰當，應不應該加以借用的爭論。

受到衝擊的首先是嚴復，因為他翻譯的黃金時代，與日譯術語的湧進恰恰在一個時間座標上。但嚴復有充分的理由相信自己所定術語的權威性，因為他不僅具有深厚的國學根基，而且他的西文也是一流的水準。在這兩方面，很難有人能向他提出挑戰和懷疑。然而面對日譯術語，嚴復不得不作出反應，以為自己所譯術語的合理性辯護。最典型的要算是「計學」一詞了。如前面所說，當嚴復把"economics"譯成「計學」時，日人已把它譯成了「經濟」。究竟如何譯，嚴復同梁啟超進行了討論❹。嚴復對自己的譯名是頗為自信

---

❹　嚴復：〈與梁啟超書〉，《嚴復集》，第三冊，頁五一八。又如，嚴認為日人譯"Philosophy"為「哲學」也不恰當，應譯為「理學」或「愛智學」，他說：「理學，其西文本名，謂之出形氣學，與格物諸形氣學為對，故亦翻神學、智學、愛智學。日人謂之哲學。顧晚近科學，獨有愛智以名其全，而一切性靈則歸於心學，哲學之名似尚未安也。」（《《穆勒名學》按語》，《嚴復集》，第四冊，頁一〇二九）

的，他相信他的譯名能經受住時間的考驗，他在給張元濟 (1867–1959)的信中，表白了他的這種自信：「《叢報》於拙作《原富》，頗有微詞，然其佩其語；又於計學、名學諸名義皆不阿附，顧言者日久當自知吾說之無以易耳。」 **❹** 但是，在通過日本學習西學的過程中，人們過多地肯定了這一橋樑的優越性，甚至認為通過日本勝於直接從西文中求西學，對此，嚴復很不以為然，他這樣說：「大抵翻譯之事，從其原文書下手者，已隔一塵，若數轉為譯，則源流益分，未必不害，故不敢也。頗怪近世人爭趨東學，往往人者主之，則以謂實勝西學。通商大埠廣告所列，大抵皆從東文來。夫以華人而從東文求西學，謂之慰情勝無，猶有說也；至謂勝其原本之睹，此何異睹西子於圖畫，而以為美於真形者乎？俗說之悖常如此矣！」**❺**

在對來自日譯術語的批評上，嚴復並不孤立。梁啟超不時也提出自己的不同意見。上面說的「經濟」只是一例。此外，他通過辨析"revolution"的原意和中國古典中「革命」的意義，指出：「日本人譯之曰革命。革命二字，非確譯也。」**❺**他主張譯為「變革」當然，梁肯定，有的日譯術語是恰當的，可以借用。如「金融」。 他解釋說：「金融者，指金融行情之變動漲落，嚴氏譯為金銀本值，省稱銀值，惟值字僅言其性質，不言其形態，於變動漲落之象不甚著。且省稱銀值，尤不適用於金貨本位之國，日本言金融，取金錢融通之義，如吾古者以泉名幣也，沿用之，似亦可乎！」**❺**又說：金融「謂

---

❹　嚴復：〈與張元濟書〉，《嚴復集》，第三冊，頁五五一。

❺　嚴復：〈與曹典球書〉，同上書，頁五六七。

❺　梁啟超：〈釋革〉，《梁啟超選集》，上海人民出版社，1984年版，頁三六八。

❺　梁啟超：〈問答〉，《新民叢報》，第六號，光緒二十八年。

金銀行情也。日人譯此兩字，今未有以譯之。」❸批評比較激烈的是一位叫彭文祖的人，他（署名「將來小律師」）著有《盲人瞎馬之新名詞》，對日譯術語在中國流行，大為不滿，他說：「顧吾國人談新學也有年矣，非惟不受新學之賜，並吾國固有之文章語言，亦幾隨之而晦。試觀現代出版各書，無論其為譯述也，著作也，其中詰屈聱牙解人難索之時髦語，比比皆是。嗚呼！是何故也？是不治外國文之過也，或治之而未深求也，盲談瞎吹，以訛傳訛。曩者大隈重信譏我曰：日本維新以前，漢文行乎日本，自維新而後，日文行乎中土。予聞此語，深慨國人之愈趨愈下而不知自振作也。」❹彭舉了許多具體例子，一一批評日譯之新名詞，要求中國人不要使用此等術語。

與上述批評意見相反，還有來自肯定的意見，即強調日譯術語的正當性和借用的合理性。最典型者要數王國維 (1877–1927)。他把輸入新術語作為當時中國文學的一個最顯著現象：「近來文學上有一最著之現象，則新語之輸入是也。」❺在王看來，這是自然之勢，因為語言是國民思想的代表和象徵，一國的思想如何，要看其語言如何。中國文化雖有其獨特性（相對西方），但在抽象和分類方面卻不夠自覺，已有的語言不能適應接受西學的需要，所以不得不造新名詞。他說：「我國學術而欲進步乎，則雖在閉關獨立之時代，猶不得不造新名詞，況西洋之學術駸駸而入中國，則言語之不足用，固

---

❸　梁啟超：〈論民族競爭之大勢〉，《新民叢報》，第二號至第五號，光緒二十八年。

❹　轉引自實藤惠秀《中國人留學日本史》，香港中文大學出版社，1982年版，頁二一三。

❺　王國維：〈論新學語之輸入〉，《海寧王靜安先生遺書》，第十四冊。

自然之勢也。」❺而日本在這方面先走一步，成為中國輸入西學的一個橋樑，「數年以來，形上之學漸入於中國，而又有一日本焉為之中間之驛騎，於是日本所造譯西語之漢文，以混混之勢而侵入我國之文學界。」❺但是，王指出，對此的兩種態度：即好奇濫用和泥古唾棄，都不可取。他通過嚴譯術語和日譯術語的比較，指出，日譯術語雖非盡當，但長處尤多，因而基本上是可以借用的，「日人所定之語，雖有未精確者，而創造之新語，卒無以加於彼，則其不用之也謂何？要之，處今日而講學，已有不能不增新語之勢，而人既造之，我沿用之，其勢無便於此也。」❺

　　不管如何，日譯大部分術語，最終在中國通行、固定了下來。就是嚴復在晚期的不少著論中，也不由自主地使用起日譯術語來。下面我們通過若干譯語的對比來具體看一看：

英文原詞	嚴　譯	日　譯	通　用
evolution	天　演	進　化	進　化
struggle for existence	物　競	生存競爭	生存競爭
selection	天　擇	天然淘汰	自然淘汰
philosophy	愛智學	哲　學	哲　學
metaphysics	理　學	形而上學	形而上學
induction	內　籀	歸　納	歸　納
deduction	外　籀	演　繹	演　繹
space	宇	空　間	空　間
time	宙	時　間	時　間
sociology	群　學	社會學	社會學
science	學　術	科　學	科　學
economics	計　學	經濟學	經濟學

---

❺　同❺。

❺　同❺。

❺　同❺。

　　嚴復譯出的大多數術語之所以會被日譯術語所取代，這首先與
嚴復譯文、譯語的方式有關。嚴復譯書，出以古文，執意雅馴，雖
在文學史上有一席之地，但與近代文學走向通俗化、大眾化的趨勢
並不合拍，縮小了讀者的範圍，不利於向大眾傳播。在這一點上，
梁啟超曾向嚴復提出的批評和建議，希望他能在文字上通俗一些，
以適應大眾的需要，自然是有道理的。

　　與此相聯，嚴復翻譯西學術語，也多求古字古意，視之本不易
理解，而要傳達西語之義也不是沒有問題的。對此，王國維指出：
「如侯官嚴氏所譯名學，古則古矣，其如意義之不能了然何以，吾
輩稍知外國語者觀之，毋寧手穆勒原書為快也！」❺⑨王還通過比較嚴
復和日人對"evolution"、"sympathy"、"space"、"time"等的不同譯
法，認為日譯為善，嚴譯有所不及，他說：「嚴氏造語之工者固多，
而其不當者亦復不少。茲筆其最著者如 evolution 之為天演也，
sympathy之為善相感也，而天演之於進化，善相感之於同情，其對
evolution與sympathy之本義，孰得孰失，孰明孰昧，凡稍有外國語
之知識者，寧俟終朝而決哉！又西洋之新名，往往喜以不適當之古
語表之，如譯 space（空間）為宇，譯 time（時間）為宙是已。夫
謂 infinite space（無限之空間），infinite time（無限之時間），曰宇
曰宙可矣。至於一孔之隙，一彈指之間，何莫非空間、時間乎？空
間、時間之概念足以該宇宙，而宇宙之概念不足以該空間、時間。以
宇宙表 space、time是舉其部分而遺其全體（自概念上論）也。以外
類此者不可勝舉。」❻⓪在這一點上，張君勱也有同樣的看法，照他的
說法，嚴復以古字譯西學之新觀念，文學雖美，但與原義不甚符，有

❺⑨　同❺⑤。

❻⓪　同❺⑤。

失科學家字義明確之精神❻。而且，嚴復繼承了中國傳統多以「單字」表示術語的思維方式，喜用「單字」譯西學新術語，影響了精密性。對此，梁啟超和王國維有一致的看法。他們認為，日譯術語的一個重要特點，就是多用複合詞表示，與單音詞相比，複合詞更能準確地表達術語的意義。如王國維說：「日本人多用雙字，其不能通者更用四字以表示。中國則習用單字，精密不精密之分全在於此。」❻

　　但更重要的原因是，客觀的情勢不利嚴譯術語的通行。如上所說，中國近代介紹西學主要是通過日本這一橋樑，在日中國學人大規模地把日譯西學書和日人著述翻譯成中文，這些書中的術語名詞基本上都是照日本的譯法和說法直接借用過來。此外，中國學人在日還創辦了很多期刊，這些期刊除了刊載翻譯文字外，登載的大都是介紹西學的論文，論文中所使用的術語基本上也都是日譯術語。由於這些書籍和雜誌占領了當時的中國思想界、學術界，因而非常有利於日譯術語的廣泛傳播、並逐漸被中國思想界所認同。特別是像梁啟超的著論，使用了新的文體，通俗易懂，「筆端常帶感情」，贏得了廣大的讀者，所用日譯術語也容易被人接受。還值得注意的是，「五四」前後，活躍在中國思想界前沿的一批著名知識分子，不少都曾留學日本，他們著文論說，常常使用日譯術語，使其通行無阻。

　　總之，由於嚴譯術語所存在的某種局限，特別是由於中國近代思想與日本的特別關係，就使得嚴譯術語為日譯術語所取代，留下了中國思想文化發展史中這一耐人尋味的現象。

---

❻　參見張君勱：〈嚴氏復輸入之四大哲學家學說及西洋哲學之變遷〉，申報館《最近之五十年》，1923年12月。

❻　王國維：《論新學語之輸入》，《海寧王靜安先生遺書》，第十四冊。

第十章　歷史回聲：影響與解釋

　　一個人的意義和影響是由他留下什麼來決定的。當我們在嚴復那裏經過一番遊覽、探勝之後，我們發現了什麼呢？他在歷史的進程中留下了何種記憶呢？

　　展現和描繪一個人的形象需要畫家，畫家的水準和技巧如何，他所畫的人物形象也就如何，或維妙維肖，傳神寫照；或死氣沉沉，貌合神離；或美中不足，爐火欠佳。與此類似，要弄清嚴復，就需要大家的研究，而大家的研究如何，嚴復也就如何，或理解，或誤解，或似是而非，或似非而是，不一而足。那麼，在嚴復之後半個多世紀以來的時間之流中，大家的「嚴復」研究又是怎麼的一個樣子呢？

一、多維效應

　　十九世紀末二十世紀初，是中國歷史上風雲激盪、變化迅速的一個時代，洋務運動、戊戌變法、辛亥革命、五四新文化運動等一系列社會變遷和事件就發生在這短短的幾十年的時間座標中。我們的主人公嚴復也恰恰就活動在這個複雜多變的歷史之中。從他1895年開始登上中國近代思想的舞臺到1921年他去世，他走過了一

個艱難的路程。他不僅努力使時代符合他自己的理念，他也因時代的變化而不得不調整自己以使自己適應其時代。時代的複雜和多舛，也使嚴復具有了不能用單一色彩描繪的特性，猶豫、徘徊、苦惱、灰心、無所適從等情緒有時也伴隨著他。但是，他整體上都把自己的「精神」和「生命」獻給了他的時代，並把這一「遺產」留給了之後的歷史。從我們前面對他所作的考察中，可以看到，為了中國的「富強」和「興盛」，他在中國思想領域中所做的一切。他不是一個行動性的人物，而是一個觀念型的人物。在中國近代思想和社會的轉型中，他投入了他的全部智慧和生命，他扮演了思想啟蒙者、觀念傳播者、文化翻譯者等豐富的角色。嚴復是第一位竭力主張用「科學知識」救國的人。對他來說，歐洲特別是英國的「富強」和「繁榮」都與科學和技術的發達分不開，那麼，很顯然，中國的富強也必須靠科學技術來達到。他所說的「科學」，決不只是有關「船堅砲利」、「技器製造」的「聲光化電」科學，而且也包括有關社會、人文領域的「社會科學」。在他那裏，就像在斯賓塞那裏一樣，他具有知識的統一的理想，這些知識都是通過科學方法（歸納或演繹）得到的，因而都有普遍的有效性和可靠性，他為這種統一的科學知識圖式歡欣鼓舞，他要中國也擁有它。像十八世紀法國的啟蒙思想家一樣，嚴復是一位「百科全書式」的人物，他的智力活動貫穿在哲學、社會學、法學、政治學、經濟學等諸多領域，他要在這所有的方面都使中國實現「知識的轉型」，他是近代中國社會科學的「奠基人」，為中國近代帶來一場「科學革命」。正如李澤厚所描述的那樣：「嚴復是將西方資產階級古典政治經濟學說和自然科學、哲學的理論知識介紹過來的第一人。從而嚴復在中國近代思想史上開創了一個新紀元，使廣大的中國知識分子第一次真正打開了眼界，看

到了知識的廣闊圖景：除了中國的封建經典的道理以外，世界上還有著多麼豐富深刻新穎的思想寶藏。嚴復對西方資產階級學術思想的系統介紹，及時滿足了當時人們進一步尋找真理、學習西方的迫切要求。」❶如在哲學領域，他對西方哲學的介紹無疑為中國哲學帶來了新的契機，他在這方面的貢獻有目共睹。蔡元培1923年發表有〈五十年來中國之哲學〉一文，在此，他認為，五十年來，中國還沒有獨創的哲學，他所做的工作主要是對西洋哲學的介紹和對古代哲學的整理。而在對西洋哲學的介紹這一點上，嚴復做了最值得稱道的工作。他說：「五十年來，介紹西洋哲學的，要推侯官嚴復為第一。」❷又說「嚴氏介紹西洋哲學的旨趣，雖然不很徹底，但是他每譯一書，必有一番用意。譯得很慎重，常常加入糾正的或證明的案語，都是很難得的。」❸

一個文化的生命力往往離不開文化的交流，而文化的交流要靠文化翻譯來實現。中國歷史上對佛教文化的翻譯為中國文化注入了新的活力。明末又開始了對西方文化的翻譯，但不幸中斷了，一直到近代才接了上來。說到中國近代的文化翻譯，我們總不免想到嚴復。盡管至今我們對他的翻譯的功過是非還存在著爭議，但我們無法否認他在此所作出的努力和留下的大量遺產。說到嚴復在文化翻譯上的地位，容易使人想起他的同鄉同輩林紓（字琴南）。林紓不懂外文，但卻能用古文譯述歐美等國小說一百多種。他的譯筆流暢，對當時的中國文學界發生了較大的影響，他也贏得了世人的稱譽，如康有為以「譯才並世數嚴林」之語贈之。嚴復對他的這位同鄉也

---

❶ 李澤厚：《中國近代思想史論》，人民出版社，1986年，頁二五九。

❷ 《蔡元培全集》，第四卷，中華書局，1984年，頁三五一。

❸ 同❷書，頁三五三。

有敬意，他的〈贈林畏廬〉一詩寫道：「左海畸人林畏廬，早年補柳遍西湖。數莖白髮看沉陸，無限青山入畫圖。更有高詞媲漢始，更搜重譯續虞初。饒他短後成齊俗，佩玉居然利走趨。」❹與林紓集中翻譯外國小說不同，嚴復翻譯的都是西方社會科學方面的著作。中國近代的文化的翻譯，有一個特別值得注意的現象，這就是非常突出地通過了日本這一中間環節。但嚴復的獨特性則是直接通過西文翻譯西方文化。梁啟超對中國西洋大多數留學生，沒有承擔起西方文化的翻譯角色，甚感惋惜：「晚清西洋思想之運動，最大不幸者一事焉，蓋西洋留學生殆全體未參加於此運動。運動之原動力及中堅，乃在不通西洋語言文字之人。」❺像他這樣的一批人就是如此，他們都通過日本來翻譯傳播西學，因此難免「稗販、破碎、籠統、膚淺、錯誤」諸弊。但嚴復則令他敬仰：「時獨有侯官嚴復，先後譯赫胥黎《天演論》，斯密亞丹《原富》，穆勒約翰《名學》、《群己權界論》，孟德斯鳩《法意》，斯賓塞《群學肄言》等數種，皆名著也。雖半屬舊籍，去時勢頗遠，然西洋留學生與本國思想界發生關係者，復其首也。」❻梁啟超的這一說法並不誇張。

　　不管是科學知識的輸入，還是文化翻譯，嚴復都是要把中國引向一個新的觀念和價值世界，以消解中國傳統舊世界中那些沒有生命力的東西。歸納一下，他所作的觀念和價值轉換主要有：

　　　社會價值一元化──社會價值多元化
　　　個人能量泯滅的相安相養──個人潛力釋放的競爭

❹　《嚴復集》，第二冊，頁四一三。
❺　《梁啟超論清學史二種》，復旦大學出版社，1985年，頁八〇。
❻　同❺。

道功義利的對立——經濟利益與倫理道德的統一

不自由、不平等——自由、平等

以書本為研究對象——以自然為研究對象

主觀心習性——客觀實證性

演繹優位——歸納中心

好古循環的歷史觀——進步的歷史觀

大一統主義——分治主義

人治——法治

智德力上的弱民——智德力上的強民

舊學——新學

守舊——變法

專制制度——民主制度

　　從形式上看，嚴復要實現轉換的東西，都是在西方成長起來的東西。因此，往往會有這樣的問題，即成長於西方的那些東西怎麼會適合於中國呢？或者它對中國也是有效的嗎？但是，對嚴復來說，這些新的觀念雖產生於西方，但它們具有「普遍的特性」，正像物理學的定理一樣，不會只對西方國家是真理。因此，它們對中國也是有效的。嚴復對「公理」、對「知識」的推崇，就在於其它們的「普適性」。嚴復的根本努力，就是要把中國納入到文明世界的「普遍化」中。所謂「歐化」、「西化」，其實質都是「普遍化」。與此對立的則是「特殊化」，即把自己置於「普遍化」之外，強調其不同。而這一方面的觀念，卻相當有市場，而這恰恰成了中國問題的癥結。

　　正是由於嚴復的「獨自性」，他自然就能對中國近代以來的思想發展產生廣泛的影響。中國新思想往往都能在他那裏找到來源，

如「自由主義」、「科學主義」、「民主」、「公理主義」、「進化主義」。
與他同時代的康有為、梁啟超、譚嗣同等維新派程度不同的受到過
他的影響。新文化、新思想人物，如胡適、魯迅、毛澤東等也受過
他的觀念洗禮。特別是他所傳布的「進化論」。 胡適在這一方面為
我們提供了具有說服力的事實：楊千里先生「有一次，他教我們班
上買吳汝綸刪節的嚴復譯本《天演論》來做讀本，這是我第一次讀
《天演論》，高興的很。他出的題目也很特別，有一次的題目是『物
競天擇，適者生存，試申其義』。……這種題目自然不是我們十幾
歲小孩子所能發揮的，但讀《天演論》， 做『物競天擇』的文章，
都可以代表那個時代的風氣。……《天演論》出版之後，不上幾年，
便風行到全國，竟做了中學生的讀物了。讀這書的人，很少能瞭解
赫胥黎在科學史和思想上的貢獻。他們能瞭解的只是那『優勝劣敗』
的公式在國際政治上的意義。在中國屢次戰敗之後，在庚子、辛丑
大恥辱之後，這個『優勝劣敗，適者生存』的公式確是一種當頭棒
喝，給了無數人一種絕大的刺激。幾年之中，這種思想像野火一樣，
延燒著許多少年人的心和血。『天演』、『物競』、『淘汰』、『天擇』
等術語都漸漸成了報紙文章的熟語，漸漸成了一班愛國志士的『口
頭禪』。 還有許多人愛用這種名詞做自己或兒女的名字。陳炯明不
是號競存嗎？ 我有兩個同學，一個叫做孫競存，一個叫做楊天擇。
我自己的名字也是這種風氣底下的紀念品。我在學堂裏的名字是胡
洪騂。有一天的早晨，我請我二哥代我想一個表字，二哥一面洗臉，
一面說，『就用「物競天擇適者生存」的「適」字，好不好？』我很
高興，就用「適之」二字」❼。

　　當然，我們不想誇大嚴復的影響。由於他自身的限制，他縮小

❼　《胡適自傳》，黃山書社，1991年，頁四六～四七。

了他的影響。他一味求古的文言文，使許多讀者望而生畏。我們看到，在他的論著中，他很喜歡使用生僻的怪字，而這些怪字，在先秦的典籍中也不多見。他不能適應從文言到白話文的轉變，梁啟超在這一點上比他進步得多，因而他的文章贏得了廣泛的讀者。他的行為方式，還帶有不少傳統的色彩。他把中國「富強」的基礎設置在「國民性」的改造上，即智德力的提高上，強調新教育的重要性，但是，他卻不能在教育事業上安心，實際上在這一方面他有不少的機會。他不是政治性的人物，卻對政治抱有興趣。他與袁世凱的關係，給他帶來了不少的非議。他的婚姻觀念也不是新式的，而後來這是改革的重要方面之一。

二、解釋歷程

不管如何，嚴復仍以自己的工作為他爭取到了在思想史上被不斷話語的地位。隨著歷史的推移，作為「研究對象的嚴復」，也已經有了不少的積累，從文本到觀點，從大陸到海外，對他的研究都在發展變化著，這又為我們提出了需要加以回顧和清理的任務。在此，我們簡略地勾畫一下。

研究嚴復的歷史，可以分為兩大階段：第一大階段是在五〇年代以前；第二大階段是在五〇年代以後。第一大階段可分為嚴復逝世前和逝世以後至五〇年代；第二階段可分為從五〇年代到七〇年代中和從七〇年代末至今。

嚴復是1921年去世的，在他去世前他已經確立了他在中國近代思想史上的地位，因此，他在世時，他就受到了思想界的評論，並出現了不同的觀點。一方面，他受到了不少人的肯定性評價。如為

他作序的吳汝綸、夏曾佑等對他的翻譯和學問都給予了很高的稱道。但另一方面，他受到了尖銳的批評。章太炎可謂這一方面的代表。他對嚴復的文章和學問均有微詞。特別是，他對嚴復所傳播的西方觀念，提出了挑戰。章太炎也是用文言文表達其思想觀念的人，這一點上他與嚴復沒有什麼差別。他是古文經學的最後一位人物，在國學上比嚴復有權威。但他也是具有新觀念的人，在這一方面，嚴復則更有發言權。他對嚴復的批評集中在「進化」、「公理」和「宗法社會」等幾個觀念上。在嚴復的帶動下，「進化」和「公理」成為中國近代思想中的核心觀念，受到了人們的廣泛認同。對此，章太炎深感不滿，他不僅認為它們在理論上有問題，而且指出它們成了新的「束縛人」的東西❽。的確，章太炎所說的「問題」是存在的，他能提出質疑顯示了一種懷疑意識。但是，他忽視了「進化」和「公理」為中國所帶來的知識上和價值上的意義。對於嚴復所說的「宗法社會」觀念，章太炎認為，它與中國根本不合。在他看來，甄克思提出的「宗法社會」觀念，主要是立足於西方的社會歷史得到的，因此它對與西方不同的東方歷史的社會並不適合，嚴復硬把這種觀念套在中國社會上，實在是驢頭不對馬嘴。對嚴復來說，中國近代以前一直主要是「宗法社會」，而沒有過渡到西方早已達到的「國家社會」上，實際上也就是近代「民族國家」上。嚴復的這一說法，作為分析中國社會發展的範式，並不像章太炎所說的那樣完全不適合，因為中國傳統社會強烈的「宗法」特性，是不容易否認的。章太炎反對把中國說成是「宗法社會」，與他堅持的「種族排滿」密切相聯。他把這種觀念與近代「民族主義」觀念，混為一談。對他

❽　參見章太炎的〈四惑論〉，《章太炎全集》（四），上海人民出版社，1985年。

來說，把中國說成是「宗法社會」並加以超越，就是對「革命排滿」民族主義的一種反動。實際上，章太炎的「排滿」，恰恰帶有很強的「宗法性」，與其說是「民族主義」，更應說是「種族主義」❾。對嚴復的評論，還有一種表彰和質疑同時存在的情況，如梁啟超就是如此。總起來說，嚴復在世時所受到的基本上是一種比較簡略性的評論，還談不上系統性的研究。

　　從嚴復逝世到五〇年代，不僅出現了有系統和有分量的研究論文，而且也有了專門性的著作。作為有代表性的論文，可列舉出張家森的〈嚴復輸入之四大哲學家學說及西洋哲學界最近之變遷〉、賀麟的〈嚴復的翻譯〉、劉芝城的〈嚴復所介紹及所抱持的政治學說〉、林耀華的〈嚴復社會思想〉、鄭學稼的〈嚴侯官先生的政治經濟思想〉、佐禹的〈嚴復和黑格爾〉、周振甫的〈嚴復的中西文化觀〉、〈嚴復思想轉變之分析〉等。這些論文分別從不同的方面和角度對嚴復作出了研究和解釋，提出了一些值得注意的觀點，達到了相當高的水準。如林耀華和周振甫的論文就是如此。周振甫通過對嚴復思想前後演變的對比考察，把嚴復思想的發展劃分成不同的階段，這是第一次對嚴復思想所作出的較為系統的疏理。林耀華集中研究了嚴復的社會思想，並對嚴復的生平也作了一些有價值的考察。這一時期專門性的研究著作有王遽常的《嚴幾道年譜》和周振甫的《嚴復思想述評》。《嚴幾道年譜》是在已有的嚴復研究基礎上❿，對嚴復生平事蹟所作出的最為詳盡考察的第一部著作。正如書名所顯示的那樣，《嚴復思想述評》則對嚴復的思想第一次作了系統性的研究。

---

❾　參見章太炎的《〈社會通詮〉商兌》，載同上書。

❿　此前有關嚴復的年譜已有嚴復長子嚴璩所作的《侯官嚴先生年譜》，不知此書出版於何年。

　　五〇年代後至七〇年代中期，由於思想研究被納入到了政治意識形態的軌道上，由於「革命」成為「天然」的正當和合理，對嚴復的研究也像其它許多研究一樣，也帶上了濃厚的意識形態色彩。「唯心主義」、「唯物主義」、「不可知論」、「庸俗的進化論」、「反動」等觀念都與嚴復聯繫了起來，思想觀念和方法的單一、簡單化是其主要特點。當然，有價值的論文也不是沒有，如王栻的〈嚴復在維新運動時期(1895–1898)的思想活動〉、王汝丰的〈嚴復思想試探〉、史余生的〈論嚴復的進化歷史觀〉等。這一時期，還出版了一部王栻的《嚴復傳》，盡管不令人滿意，它仍是第一部有關嚴復的傳記。

　　七〇年代末以來，由於學術研究和思想空間的鬆動和擴大，學術界對嚴復的研究也有了新的面貌。論文的數量和質量都有了顯著的提高。也有了新的專門性著作。有關嚴復著作文獻的研究也有所突破，王栻主編的《嚴復集》(四冊)，代表了這一方面的最高水準。但是，不能否認，我們現在對嚴復的研究還不夠，不少論文沒有新意，在一般層次上重複；詳盡的嚴復年譜、有分量的傳記和思想論著，至今都沒有出現；還有尚未被觸及到的問題和盲點，已有的一些問題也需要深化；有關嚴復本人的文獻和材料也有待於新的發現等等，這都是大陸嚴復研究所面對的課題。

　　需要注意的是，幾十年來，海外的嚴復研究出現了不少重要的成果。這些成果集中在臺灣、日本和美國。在臺灣，圍繞著嚴復發表了不少專題論文，如賴建成的〈亞當史密斯與嚴復〉、郭正昭的〈從《演進論》探析嚴復危機型的意理結構〉、黃克武的〈嚴復對約翰彌爾自由思想的認識 —— 以嚴譯《群己權界論》(*On Liberty*)為中心之分析〉、周昌龍的〈嚴復自由觀的三層意義〉等，都是值得注意的研究成果。可惜的是，在臺灣還沒有有分量的專門研究著作。

美國的嚴復研究最受稱道的是史華慈 1964年出版的《尋求富強：嚴復與西方》(*In Search of Wealth and Power: Yan Fu and the West*)。這部著作從嚴復對西方經典的翻譯和思想介紹入手，以比較的方法，對嚴復所理解的西方思想同史華慈所認為的西方思想的本義作了全面的對比，從中發現了許多不同和扭曲的地方。這部來自另一個文化系統的非漢文寫作的嚴復研究著作顯然是獨特的，它不僅提出了一些重要的觀點，而且提供了一個新的研究視角，因而受到了海內外學界的關注和好評。當然，對這部著作提出批評意見完全是可能的。如它主要是去發現嚴復在把一種文化引進到另一種文化的過程中所產生的不一致或誤解現象。但是，他顯然把這一方面誇大其詞了，嚴復實際上在很大程度上都比較準確地理解了他所要理解的對象。正如日本的漢學水準一樣，日本的嚴復研究也出現了一些重要的成果。在論文方面，如高田淳的〈嚴復《天演論》的思想——走向普遍主義的嘗試〉、緒形康的〈嚴復與穆勒的名學〉、手代木有兒的〈嚴復的尚古主義和世界像的變容〉等，都有較高的學術價值。特別值得一提的是緒形康，他以《翻譯文化論》為題所完成的博士論文，是日本第一部研究嚴復的專門性著作，書中對嚴復思想中一些重要觀念作了細致的考察，深化了嚴復的研究。

　　儘管海內外的嚴復研究，都出現了許多重要成果，但是，就嚴復在中國近代思想史上的地位而言，我們對他的研究還不太相稱，我們期待著新的更多的重要成果出現。

主要參考書目

一、著作

（一）一般著作

- （美）喬治・霍蘭・薩拜因：《政治學說史》，上、下冊，北京：商務印書館，1983年版。
- 朱維錚校注：《梁啟超論清學史二種》，上海：復旦大學出版社，1985年版。
- （美）費正清主編：《劍橋中國晚清史》上、下卷，北京：中國社會科學出版社，1985年版。
- 鍾叔河：《走向世界：近代知識分子考察西方的歷史》，北京：中華書局，1985年版。
- （法）夏爾・季德　夏爾・利斯特：《經濟學說史》上、下，北京：商務印書館，1986年版。
- （英）歐內斯特・巴克：《英國政治思想——從赫伯特・斯賓塞到現代》，北京：商務印書館，1987年版。
- （德）E.卡西勒：《啟蒙哲學》，濟南：山東人民出版社，1988年版。
- 余英時：《中國思想傳統的現代詮釋》，南京：江蘇人民出版社，1989年版。
- 韋政通：《中國十九世紀思想史》（上）、（下），臺北：東大圖書公司，

1991年版。

・曹錫仁：《中西文化比較導論：關於中國文化選擇的再檢討》，北京：中國青年出版社，1992年版。

・金觀濤　劉青峰：《開放中的變遷：再論中國超穩定結構》，香港：香港中文大學出版社，1993年版。

（二）專門著作

・周振甫：《嚴復思想述評》，上海：中華書局，1940年版。

・王蘧常：《嚴幾道年譜》，臺北：臺灣商務印書館，1977年版。

・王栻：《嚴復傳》，上海：上海人民出版社，1957年版。

・郭正昭：《嚴復》，臺北：臺灣商務印書館，1978年版。

・商務印書館編輯部：《論嚴復與嚴譯名著》，北京：商務印書館，1982年版。

・陳越光、陳小雅：《搖籃與墓地——嚴復的思想和道路》，成都：四川人民出版社，1985年版。

・林保淳：《嚴復——中國近代思想啟蒙者》，臺北：幼獅文化事業公司，1988年版。

・張志建：《嚴復思想研究》，桂林：廣西師範大學出版社，1989年版。

・牛柳山、孫鴻霓編：《嚴復研究資料》，福州：海峽文藝出版社，1990年版。

・王中江：《嚴復與福澤諭吉——中日啟蒙思想比較》，開封：河南大學出版社，1991年版。

・高惠群、馬傳裒：《翻譯家嚴復傳論》，上海：上海外語教育出版社，1992年版。

・史華慈：《尋求富強：嚴復與西方》，南京：江蘇人民出版社，1995年版。

・歐陽哲生：《嚴復評傳》，南昌：百花洲文藝出版社，1994年。

・福建省嚴復研究會編：《'93年嚴復國際學術研究會論文集》，福州：海

峽文藝出版社，1995年。

二、論文

（一）一般論文

- 郭正昭：〈社會達爾文主義與晚清學會運動(1895–1911)——近代社會思潮衝擊研究之一〉，載《中央研究院近代史研究所集刊》，1972年12月，第三期。
- 王爾敏：〈清季知識分子的自覺〉，載《中央研究院近代史研究所集刊》，1977年6月，第二期。
- 汪榮祖：〈晚清變法思想之淵源與發展〉，載《國立臺灣師範大學歷史學報》，第七期。
- 侯家駒：〈中國人價值觀的演變——從義利之辨、本末之分到自利之說〉，《中國人的價值觀——社會科學觀點》，臺北：桂冠圖書股份有限公司，1994年。
- 文崇一：〈道德與富貴：中國人的價值衝突〉，載同上書。
- 何友森：〈清代經世思潮〉，載《漢學研究》，1995年6月，第十三卷第一期。

（二）專門論文

- 鄭學稼：〈嚴復先生之生平及其思想〉（上），載《民主評論》，1954年11月，第五卷二二期。
- 鄭學稼：〈嚴復先生之生平及其思想〉（下），載《民主評論》，1954年12月，第五卷二五期。
- 來云農：〈嚴復晚年之政論〉（上），載《新中國評論》，1957年8月，第十三卷第二期。
- 來云農：〈嚴復晚年之政論〉（下），載《新中國評論》，1957年9月，第十三卷第三期。

・（日）熊野正平：〈嚴復的變法自強論〉，載《社會科學研究》五，1963年。

・（日）高田淳：〈嚴復《天演論》的思想——走向普遍主義的嘗試〉，載《東京女子大學比較文化研究所紀要》二十，1965年。

・許國三：〈嚴復的社會思想〉，載《社會導進》，1965年10月，第一卷第三期。

・伍稼青：〈嚴幾道先生的生平〉（上），載《暢流》，1965年11月，第三六卷六期。

・伍稼青：〈嚴幾道先生的生平〉（下），載《暢流》，1965年11月，第三二卷七期。

・高田淳：〈史華慈的嚴復論〉，載《比較文化》十二，1965年。

・吳萬頌：〈嚴復的教育思想〉，載《新時代》，1971年11月，第十一卷十二期。

・錢公博：〈嚴復的經濟思想〉，載《經濟思想論集》，臺北：學生書店，1975年。

・郭正昭：〈從《演進論》探析嚴復型危機感的意理結構〉，載《中央研究院近代史研究所集刊》，1978年6月，第七期。

・項退結：〈當代中國哲學述要〉，載《哲學與文化》，1980年9月，第七卷九期。

・季甄馥：〈論嚴復的哲學思想及其歷史地位〉，載《江西大學學報》，1980年，第三期。

・殷鼎：〈嚴復在中西思想史比較研究上的首出地位〉，載《南開學報》，1981年12月，第六期。

・房德鄰：〈嚴復與西學〉，載《北京師範大學學報》（社科版），1985年5月，第三期。

・（日）緒形康：〈嚴復與穆勒的名學〉，載《中哲文學會報》，1985年，第十號。

・緒形康：〈嚴復的翻譯論〉，《愛知大學文學論叢》，1989年7月。

・（日）手代木有兒：〈嚴復的尚古主義和世界像的變容〉，《中國：社會與文化》，第五號，1990年6月。

・楊國榮：〈嚴復與實證主義〉，《哲學研究》，第五期，1991年5月。

・（日）高柳信史：〈嚴復思想中科學的位置〉，《中國哲學研究》，1993年3月，第六期。

・手代木有兒：〈嚴復的英國留學——其軌跡與西方認識〉（載《中國——社會與文化》，1994年6月，第九號。

・黃克武：〈嚴復對約翰彌爾自由思想的認識——以嚴譯《群己權界論》(On Liberty)為中心之分析〉，載《中央研究院近代史所集刊》，1995年6月，第二四期上冊。

・周昌龍：〈嚴復自由觀的三層意義〉，載《漢學研究》，1995年6月，第十三卷第一期。

嚴復年表 ❶

1854年（咸豐四年）一歲

1月出生於福州南臺蒼霞洲。原籍河南固始。唐末遷福建侯官（今閩侯），世居陽崎鄉（上崎）。先祖不乏科舉及第者。父業醫，名聞周圍眾鄉里，人稱「嚴半仙」。排行第二。乳名體乾，初名傳初。

1859年（咸豐九年）六歲

跟隨五叔嚴厚甫（名煃昌）讀書。五叔嚴肅寡言笑，不善為教，引不起學習興致。

1863年（同治二年）十歲

父延聘宿儒黃少岩為之師，於家館中授教四書五經。黃少岩為學漢宋並重，著有《閩方言》一書。喜與講明代東林故事，樂聽之。

1864年（同治三年）十一歲

繼續師從黃少岩讀書。

1865年（同治四年）十二歲

黃少岩不幸病逝。病篤時，薦其子黃孟修為其授讀。孟修時為拔貢生。

1866年（同治五年）十三歲

6月父染霍亂病故。家貧个冉從師。時左宗棠創設福州馬尾船廠，旋交

---

❶ 本年表主要參考了嚴璩的《侯官嚴先生年譜》（載《嚴復集》）、王蘧常的《嚴幾道年譜》和柬爾編的〈嚴復生平、著譯大事年表〉（載《論嚴復與嚴譯名著》）。

沈葆楨主持。船廠設有船政學堂，招收英少。報名入考，作文〈大孝終身慕父母論〉，沈公奇之，遂以優異成績錄取。與王氏完婚。

1867年（同治六年）十四歲

入船政學堂後學堂。習英文、數、理、天文、航海術等課目。始改名宗光，字又陵。

1871年（同治十年）十八歲

大考優等。畢業。上「建威」艦實習。遊新加坡、檳榔等地海口。

1872年（同治十一年）十九歲

登福州船廠自制其「揚武」艦實習。遊日本橫濱、長崎等港口。

1874年（同治十三年）二十一歲

跟隨軍艦往臺灣勘各海口，歷月餘而歸。長子嚴璩生，字伯玉。

1876年（光緒二年）二十三歲

與劉步蟾等同學被派往英國習海軍專業。為國家正式派出之第二批留學生。

1877年（光緒三年）二十四歲

入格林威治皇家海軍學院。修高等數學、化學、物理、海軍戰術、公法、建築、海軍砲臺等課程。駐英公使郭嵩燾見而賞之，引為忘年交，時逢休息之日，至使署，暢論中西文化之異同。

1878年（光緒四年）二十五歲

曾赴法國巴黎遊覽。

1879年（光緒五年）二十六歲

歸國。任福州船政學堂教習。改名復，字幾道。

1880年（光緒六年）二十七歲

李鴻章創辦天津水師學堂，調任為學堂總教習（教務長）。

1881年（光緒七年）二十八歲

讀斯賓塞《社會學研究》，佩服不已。致函四弟嚴觀瀾，言在水師學堂

不自在之事。

1885年（光緒十一年）三十二歲

回閩鄉試。落第。

1888年（光緒十四年）三十五歲

赴京參加順天府鄉試。落第。

1889年（光緒十五年）三十六歲

再赴京參加順天府鄉試。再落第。升任學堂會辦（副校長）。

1890年（光緒十六年）三十七歲

升任學堂總辦（校長）。 與王綬云合資創辦河南修武煤礦。致函四弟嚴觀瀾，言其李鴻章勸其戒掉鴉片，深受感動。

1892年（光緒十八年）三十九歲

王夫人逝。納妾江氏。受託譯英國友人宓克《支那教案論》。

1893年（光緒十九年）四十歲

赴閩鄉試。落第。友人郭嵩燾逝，悲痛不止。作挽聯挽詩悼之，云：「平生蒙國士之知，而今鶴翅鶉鶉，激賞深漸羊叔子；惟公負獨醒之累，在昔蛾眉謠諑，離憂豈僅屈靈均。」次子嚴瓛生。

1894年（光緒二十年）四十一歲

致長子書，痛惜時事，言讀書為真實事業。

1895年（光緒二十一年）四十二歲

〈論世變之亟〉、〈原強〉、〈闢韓〉、〈救亡決論〉等文先後載天津《直報》，宣揚西學和變法，以圖富強。譯《天演論》。

1896年（光緒二十二年）四十三歲

受李鴻章之命在天津辦「俄文館」，任總辦。與張元濟等在北京創辦「通藝學堂」，培養人才。〈原強〉、〈闢韓〉等文，轉載於梁啟超等所辦之《時務報》，張之洞見而惡之，視為洪水猛獸。命屠守仁作《〈闢韓〉駁議》問難。致函梁啟超，言中國富強最終依賴於民智、民德、民力，對梁頗致鼓勵。

1897年（光緒二十三年）四十四歲

與夏曾佑、王修植等人在天津創辦《國聞報》，社論多出其手。又有〈論中國教化之退〉、〈有如三保〉、〈道學外傳〉等文載其上。始譯《原富》。三子嚴琥生。致函吳汝綸書，論譯事與學事。

1898年（光緒二十四年）四十五歲

〈擬上皇帝書〉刊於《國聞報》。光緒帝召見，問詢近日之新著，對以有〈擬上皇帝書〉。未及進呈而政變起。作〈戊戌八月感事詩〉，悼其被殺君子，譏政變事。又作有〈哭林晚翠〉（即林旭）。〈西學門徑功用〉（原題〈八月初三日侯官嚴先生在通藝學堂演說西學門徑功用〉）載《國聞報》（9月22日、23日）。《天演論》由湖北沔陽盧氏慎始基齋木刻出版。始譯斯賓塞《群學肄言》。

1899年（光緒二十五年）四十六歲

始譯約翰・穆勒《群己權界論》。續弦朱夫人。致張元濟書，論譯事。

1900年（光緒二十六年）四十七歲

離津赴滬。在滬開名學會，講演名學。上海人士召開大會，組織「中國國會」，被推選為副會長。始譯約翰・穆勒《名學》。

1901年（光緒二十七年）四十八歲

應張翼之請赴津主持開平礦務局。致函吳汝綸，請其為《原富》作序。李鴻章卒，作有挽聯「使生平盡用其謀，其成功或不止此；設晚節無以自見，則士論又當何如」。

1902年（光緒二十八年）四十九歲

受管學大臣張百熙之聘，任京師大學堂編譯局總辦。所譯《原富》由上海南洋公學譯書院出版。〈與《外交報》主人書〉載張元濟主編之《外交報》，批評「中體西用」之論。〈與《新民叢報》論譯事書〉、〈尊疑先生覆簡〉載梁啟超在東京所辦之《新民叢報》，就「經濟學」譯名及譯文雅俗同梁啟超商兌。〈主客評議〉載《大公報》（6月26日至28日）。

1903年（光緒二十九年）五十歲

所譯斯賓塞《群學肄言》、約翰・穆勒《群己權界論》分別由文明編譯書局、商務印書館出版。譯出甄克思《社會通詮》。 知音吳汝綸逝，傷感不已。作挽詩曰：「平生風義兼師友，天下英雄惟使君。」

1904年（光緒三十年）五十一歲

辭編譯局職。離京赴滬。所譯甄克思之《社會通詮》由商務印書館出版。手批《老子》。

1905年（光緒三十一年）五十二歲

協助馬相伯創辦復旦公學。因開平礦務局訴訟事與張翼同赴倫敦。時孫中山在英，晤面相談，意見頗不合。歸國順途遊覽法國、瑞士、意大利等地。所譯《穆勒名學》由金陵金粟齋木刻出版。編著《英文漢詁》由商務印書館出版。《評點老子道德經鈔》由門人熊季廉在東京出版。致函曹典球，論譯事。

1906年（光緒三十二年）五十三歲

任復旦公學校長，旋即辭職。在上海青年會就政治學問題作八次演講，所講內容合編為《政治講義》，由商務印書館出版。受安徽巡撫恩銘之聘任安慶高等學堂監督（校長）。赴京擔任同考官。〈實業教育 —— 侯官嚴復在上海商部高等實業學校演說〉載《中外日報》（7月2日）。〈述黑格爾惟心論〉載《寰球中國學生報》（第二期，7月）。在安徽高等學堂作〈憲法大義〉演說。

1907年（光緒三十三年）五十四歲

辭安慶高等學堂監督。

1908年（光緒三十四年）五十五歲

受學部尚書榮慶之聘任審定名詞館總纂。由京赴津。受女學生呂碧城之請，在津邊譯邊講耶芳斯之《名學淺說》。手批《王荊公詩集》。

1909年（宣統元年）五十六歲

任憲政編查館二等諮議官、清理財政處諮議官、福建省顧問官。所譯耶

芳斯《名學淺說》由商務印書館出版。受賜文科進士，作詩〈初七見邸抄作〉，云：「生平獻玉常遭刖，此日聞詔本不圖」。

1910年（宣統二年）五十七歲

任資政院議員。海軍部設，特授為海軍協都統。五子嚴玷生。致函朱夫人，言對江氏之苦惱。

1911年（宣統三年）五十八歲

始批《古文辭類纂》。作〈民國初，政府未立，嚴子乃為此詩〉，云：「鐙影回疏靈，風聲過檐隙。美人期不來，烏啼曙窗白。」 表達了對民國的失望之情。

1912年（民國元年）五十九歲

任京師大學堂總監督（校長）、兼文科學長，旋即辭職。任袁世凱總統府顧問。〈原貧〉載《平報》（12月28日）。致函熊純如，言中國必在天演中淘汰惡性。

1913年（民國二年）六十歲

列名「孔教會」發起人。在中央教育會演說〈讀經當積極提倡〉。〈論中國救貧宜重何等之業〉載《平報》（1月24日至25日）。〈說黨〉載《平報》（3月4日至5月4日）。〈天演進化論〉載《平報》（4月12日至5月2日）。〈思古談〉載《平報》（4月21日至22日）。致函熊純如，對國家前途不樂觀。

1914年（民國三年）六十一歲

任袁世凱政府參議院參議。《民約》平議》分兩期載《庸言報》（2月）。所譯衛西琴之《中國教育議》由文明書局出版。被推為約法會議議員。海軍部設海軍編史處，被聘為總纂。收集外國報刊有關歐戰新聞，摘要論述，送總統府備覽。致函侯疑始，論處世之道，懺悔早年議論之失。

1915年（民國四年）六十二歲

楊度奉袁世凱旨義，發起籌安會，強拉參加，無奈列名。袁世凱授意夏壽田持重金訪問，勸其撰文批駁梁啟超有關國體問題之看法，最後被婉言謝

絕。哮喘病時有發作。

1916年（民國五年）六十三歲

　　手批《莊子》。哮喘病加劇。致函熊純如，對梁啟超自由破壞之言論大加批評；解釋列名籌安會之經過，多有愧意；在一片要求袁世凱退位聲浪中，持不可退之論。袁世凱羞憤病死，時都下盛倡懲辦復辟帝制禍首，在親友勸求下，赴津避難。

1917年（民國六年）六十四歲

　　冬入北京東郊民巷法國醫院治療。

1918年（民國七年）六十五歲

　　秋回福州避冬，入冬氣喘日甚。

1919年（民國八年）六十六歲

　　春至滬，入上海紅十字醫院治療。秋赴京，入協和醫院治療。

1920年（民國九年）六十七歲

　　回福州養病。致函熊純如，言早年吸食鴉片給晚年帶來難以忍受之痛苦，奉勸人們切勿沾染。

1921年（民國十年）六十八歲

　　夏間至鼓山避署。致函諸子，述對迷信應取之態度。入秋氣喘不止，自覺病危，手繕遺囑，訓示後昆：「一、中國必不可亡。舊法可損益，必不可叛；二、新知無盡，真理無窮。人生一世，宜勵業益知；三、兩害相權：己輕群重。」10月27日病逝於福州市郎官巷。

人名索引

五劃

六劃

八劃

十二劃

十四劃

十五劃

十六劃

名詞索引

七劃

八劃

十二劃

十三劃

世界哲學家叢書 (一)

書　　　　　名	作　　　者	出　版　狀　況
孔　　　　　子	韋　政　通	已　　出　　版
孟　　　　　子	黃　俊　傑	已　　出　　版
老　　　　　子	劉　笑　敢	已　　出　　版
莊　　　　　子	吳　光　明	已　　出　　版
墨　　　　　子	王　讚　源	已　　出　　版
淮　　南　　子	李　　增	已　　出　　版
董　仲　　舒	韋　政　通	已　　出　　版
揚　　　　雄	陳　福　濱	已　　出　　版
王　　　　充	林　麗　雪	已　　出　　版
王　　　　弼	林　麗　真	已　　出　　版
阮　　　　籍	辛　　旗	已　　出　　版
劉　　　　勰	劉　綱　紀	已　　出　　版
周　敦　頤	陳　郁　夫	已　　出　　版
張　　　　載	黃　秀　璣	已　　出　　版
李　　　　覯	謝　善　元	已　　出　　版
楊　　　　簡	鄭　曉　江貴李　承	已　　出　　版
王　安　石	王　明　蓀	已　　出　　版
程顥、程頤	李　日　章	已　　出　　版
胡　　　　宏	王　立　新	已　　出　　版
朱　　　　熹	陳　榮　捷	已　　出　　版
陸　象　山	曾　春　海	已　　出　　版
王　廷　相	葛　榮　晉	已　　出　　版
王　陽　明	秦　家　懿	已　　出　　版
方　以　智	劉　君　燦	已　　出　　版
朱　舜　水	李　甦　平	已　　出　　版

世界哲學家叢書 （二）

書　　　　　名	作　　者	出　版　狀　況
戴　　　　　震	張　立　文	已　　出　　版
竺　　道　　生	陳　沛　然	已　　出　　版
慧　　　　　遠	區　結　成	已　　出　　版
僧　　　　　肇	李　潤　生	已　　出　　版
吉　　　　　藏	楊　惠　南	已　　出　　版
法　　　　　藏	方　立　天	已　　出　　版
惠　　　　　能	楊　惠　南	已　　出　　版
宗　　　　　密	冉　雲　華	已　　出　　版
湛　　　　　然	賴　永　海	已　　出　　版
知　　　　　禮	釋　慧　岳	已　　出　　版
嚴　　　　　復	王　中　江	已　　出　　版
章　　太　　炎	姜　義　華	已　　出　　版
熊　　十　　力	景　海　峰	已　　出　　版
梁　　漱　　溟	王　宗　昱	已　　出　　版
殷　　海　　光	章　　　清	已　　出　　版
金　　岳　　霖	胡　　　軍	已　　出　　版
馮　　友　　蘭	殷　　　鼎	已　　出　　版
湯　　用　　彤	孫　尚　揚	已　　出　　版
賀　　　　　麟	張　學　智	已　　出　　版
商　　羯　　羅	江　亦　麗	已　　出　　版
維韋卡南達	馬　小　鶴	排　　印　　中
泰　戈　爾	宮　　　靜	已　　出　　版
奧羅賓多·高士	朱　明　忠	已　　出　　版
甘　　　　　地	馬　小　鶴	已　　出　　版
拉達克里希南	宮　　　靜	已　　出　　版

世界哲學家叢書（三）

書　　　　　名	作　　者	出　版　狀　況
李　　栗　　谷	宋　錫　球	已　　出　　版
道　　　　　元	傅　偉　勳	已　　出　　版
山　鹿　素　行	劉　梅　琴	已　　出　　版
山　崎　闇　齋	岡　田　武　彥	已　　出　　版
三　宅　尚　齋	海老田輝巳	已　　出　　版
貝　原　益　軒	岡　田　武　彥	已　　出　　版
楠　本　端　山	岡　田　武　彥	已　　出　　版
吉　田　松　陰	山　口　宗　之	已　　出　　版
亞　里　斯　多　德	曾　仰　如	已　　出　　版
伊　壁　鳩　魯	楊　　適	已　　出　　版
柏　　羅　　丁	趙　敦　華	排　　印　　中
伊　本　·　赫　勒　敦	馬　小　鶴	已　　出　　版
尼　古　拉　·　庫　薩	李　秋　零	已　　出　　版
笛　　卡　　兒	孫　振　青	已　　出　　版
斯　賓　諾　莎	洪　漢　鼎	已　　出　　版
萊　布　尼　茨	陳　修　齋	已　　出　　版
托　馬　斯　·　霍　布　斯	余　麗　嫦	已　　出　　版
洛　　　　　克	謝　啓　武	已　　出　　版
巴　　克　　萊	蔡　信　安	已　　出　　版
休　　　　　謨	李　瑞　全	已　　出　　版
托　馬　斯　·　銳　德	倪　培　民	已　　出　　版
伏　爾　泰	李　鳳　鳴	已　　出　　版
孟　德　斯　鳩	侯　鴻　勳	已　　出　　版
費　希　特	洪　漢　鼎	已　　出　　版
謝　　　　　林	鄧　安　慶	已　　出　　版

世界哲學家叢書（四）

書　　　　名	作　　者	出　版　狀　況
叔　本　華	鄧　安　慶	排　印　中
祁　克　果	陳　俊　輝	已　出　版
彭　加　勒	李　醒　民	已　出　版
馬　　赫	李　醒　民	已　出　版
迪　　昂	李　醒　民	已　出　版
恩　格　斯	李　步　樓	已　出　版
約　翰　彌　爾	張　明　貴	已　出　版
狄　爾　泰	張　旺　山	已　出　版
弗　洛　伊　德	陳　小　文	已　出　版
史　賓　格　勒	商　戈　令	已　出　版
雅　斯　培	黃　　藿	已　出　版
胡　塞　爾	蔡　美　麗	已　出　版
馬克斯・謝勒	江　日　新	已　出　版
海　德　格	項　退　結	已　出　版
高　達　美	嚴　　平	已　出　版
哈　伯　馬　斯	李　英　明	已　出　版
榮　　格	劉　耀　中	已　出　版
皮　亞　傑	杜　麗　燕	已　出　版
索　洛　維　約　夫	徐　鳳　林	已　出　版
馬　賽　爾	陸　達　誠	已　出　版
布　拉　德　雷	張　家　龍	排　印　中
懷　特　海	陳　奎　德	已　出　版
愛　因　斯　坦	李　醒　民	排　印　中
玻　　爾	戈　　革	已　出　版
弗　雷　格	王　　路	已　出　版

世界哲學家叢書（五）

書　　　　　名	作　　者	出　版　狀　況
石　　里　　克	韓　林　合	已　　出　　版
維　根　斯　坦	范　光　棣	已　　出　　版
艾　　耶　　爾	張　家　龍	已　　出　　版
奧　　斯　　丁	劉　福　增	已　　出　　版
馮　‧　賴　特	陳　　波	排　　印　　中
魯　　一　　士	黃　秀　璣	已　　出　　版
蒯　　　　　因	陳　　波	已　　出　　版
庫　　　　　恩	吳　以　義	已　　出　　版
洛　　爾　　斯	石　元　康	已　　出　　版
喬　姆　斯　基	韓　林　合	已　　出　　版
馬　克　弗　森	許　國　賢	已　　出　　版
尼　　布　　爾	卓　新　平	已　　出　　版